财政部规划教材
全国财政职业教育教学指导委员会推荐教材
全国高职高专院校财经类教材

营 销 策 划

（第二版）

李高伟　王　瑶　主编

中国财政经济出版社

图书在版编目（CIP）数据

营销策划/李高伟，王瑶主编．—2版．—北京：中国财政经济出版社，2013.2
财政部规划教材．全国财政职业教育教学指导委员会推荐教材．全国高职高专院校财经类教材
ISBN 978-7-5095-4286-6

Ⅰ．①营…　Ⅱ．①李…②王…　Ⅲ．①营销策划-中等专业学校-教材　Ⅳ．①F713.50

中国版本图书馆CIP数据核字（2013）第030156号

责任编辑：张　铮　　　　责任校对：杨瑞琦
封面设计：陈　瑶

中国财政经济出版社 出版
URL：http：//www.cfeph.cn
E-mail：cfeph@cfeph.cn

社址：北京市海淀区阜成路甲28号　邮政编码：100142
发行处电话：88190406　财经书店电话：64033436
北京富生印刷厂印刷　各地新华书店经销
787×1092毫米　16开　14.5印张　314 000字
2013年7月第2版　2013年7月北京第1次印刷
定价：29.00元
ISBN 978-7-5095-4286-6/F·3474
（图书出现印装问题，本社负责调换）
本社质量投诉电话：010—88190744
反盗版举报热线：88190492、88190446

编写说明

本书是财政部规划教材、全国财政职业教育教学指导委员会推荐教材，由财政部教材编审委员会组织编写并审定，作为全国高职高专院校财经类教材使用。

根据《财政部 2012—2015 年学历教材建设规划》的要求，结合技能型、实用型人才培养目标的需要，我们对 2010 版的《营销策划》教材进行了修订。

为更好地贯彻当前高职教育教学指导思想，我们从培养实际操作能力出发，将学习内容与工作任务对接，将实际工作岗位工作任务与营销策划人员的知识掌握和技能提高相结合，重组编写了这部更加强调可操作性的“理实”一体化教材。

修订后的教材定位更加准确，重点更加突出。我们从形式和内容上进行了以下调整：

1. 教材框架设计突出了项目教学、行动导向的思路和理念，将原来的章节体例修改为项目和任务。

2. 为了突出项目化教学，在每一个项目下对原有的内容作了调整。如将原来的学习目标分成了：知识的掌握和技能的提高，并增加了任务导入，将原案例分析改成了案例引导，同时在每一个案例引导后面增加了问题引入。

3. 为了突出行动导向，将节的标题和大标题作了调整，以“任务”形式命名强调了具体内容与实际工作的对接。

4. 在内容中增加了“营销实例”栏目；在每个任务的最后增加了【思考与训练】栏目。

本书可作为高职高专院校管理类、经济类各专业教材用书，也可作为企业营销管理人员的培训教材。

参与本次教材修订的人员是：李高伟、王瑶、冯一娜、黄睿、杨庆平、朱思文。李高伟负责项目一的修改编写，王瑶设计了本次修订的思路和样例并负责项目三的修改编写，冯一娜负责项目二、项目七的修改编写，黄睿负责项目四、项目十的修改编写，杨庆平负责项目五和项目八的修改编写，朱思文负责项目六、项目九的修改编写。全书由李高伟和王瑶担任主编并负责统编定稿。

本教材还为任课老师制作了电子教案及电子课件，如果需要，请登录如下网址下载：http：//www. zgcjjy. com。

本书在编写过程中，参阅、引用了大量的书籍以及网络资料，在此一并致谢！

本书囿于编者的学识与经验，书中难免有错误与疏漏，恳请读者不吝赐教。

编　者

2013 年 1 月

目录

项目一 营销策划概论

学习目标

知识的掌握：

- ☐ 了解营销策划的起源、现状、原因和发展趋势
- ☐ 理解策划与营销策划的含义
- ☐ 掌握营销策划的分类、内容和特点
- ☐ 掌握营销策划应遵循的原则

技能的提高：

- ☐ 通过对营销策划的了解，提高对营销策划重要性的认识
- ☐ 能够根据企业现实需要选择营销策划的工作类型

项目描述

分析多个知名企业营销策划的成功案例，对营销策划的重要性形成全面认知，同时确定各企业营销策划的类型、特点以及原则。

案例引导

营销策划助奥巴马成为美国首任黑人总统

奥巴马，这位做联邦参议员不到4年、没有足够的从政经验与可以炫耀的政绩、参选一开始并不被看好的肯尼亚后裔，却在2008年美国总统大选中击败诸多强手，不仅如愿当上了总统，还创造了许多个第一：美国第一个黑人总统，美国第一个拒绝使用政府提供的公共竞选资金（8400万美元）的总统，美国第一个“互联网总统”。

这位黑人总统竞选成功，靠的是其助选团队周密有序的营销策划。从本质上讲，奥巴

马是多方利益联盟打造的一个政治品牌，互动营销、整合营销传播、联盟营销、聚众营销，特别是网络营销和事件营销等一系列先进的营销策划理念与方法，在奥巴马竞选过程中应用得淋漓尽致。从竞选之初，奥巴马团队准确洞察了社会大势，即被经济危机和海外战争困扰已久的美国民众渴望变革的民心本意，选择了一个“变革”、“打破传统”的定位，树立起改革先锋的崭新形象，凸显与对手的差异。同时，他们另辟蹊径，利用互联网的优势，吸引了大量的民众力量，利用口碑营销的影响力，拉动其支持率节节攀升，并最终确保其荣登总统宝座。奥巴马的竞选营销策划紧扣目标选民的心理，他采取的拉式策略，让传统竞选模式“花银子砸的推式策略”黯然失色。奥巴马的竞选实践大大提升了广告、营销、公关手段的进化和发展。美国总统大选，是当之无愧的全球营销策划第一大案，奥巴马的成功再次向公众展示了营销策划的魅力和神奇所在。

（资料来源：依据 http：//www. jakj. com. cn/yingxiao。）

【思考】

1. 美国总统奥巴马竞选团队是通过哪些营销策划手段赢得最后成功的？

2. 你可以从奥巴马团队的胜利中，获得哪些关于营销策划的启示？

任务一
了解策划与营销策划

一、了解策划

（一）理解策划的内涵

今天人们所说的策划，通常包括计谋、谋划、安排的含义。归纳起来，策划就是对某件事、某个项目有何计划、打算，用什么计谋，采取何种筹划、计策，然后综合实施运用，使之达到较好的效果。

在西方国家，策划一词就如同我们国家的“计划”一词一样，有很高的使用频率。而我们的近邻日本，则把策划称之为企划。以上的种种定义说明了一个道理：策划是一种非常复杂的活动，它不同于一般的“建议”，也不是单纯的“点子”，它其实是一种包含创造性的计划。因此，策划必须是为了解决现存问题，为实现特定目标，提出新颖的思路对策，并制订出具体可行的方案，达到预定效果的一种综合创新活动。

当前理论界对策划一词普遍接受的解释是：策划是指人们为了达到某种预期的目标，借助科学方法、系统方法和创造性思维，对策划对象的环境因素进行分析，对企业资源进行组合和优化配置，进而进行的调查、分析、创意、设计并制订行动方案的行为。

从策划定义中，我们可以看出策划包括以下几个特征：

1. 有明确的主题目标。策划如果没有主题目标，就成了一些无目的的构思的拼凑，不能解决任何问题。

2. 有崭新的创意。策划的内容及手段必须新颖、奇特，扣人心弦，使人观后印象深刻，打动对方的心。

3. 有实现的可能性。应当在现有人力、财力、物力及技术条件下有实现的可能性，否则再好的策划也是空谈。

（二）熟悉策划的要素

策划主要有四个基本要素：策划的主体、策划所需的资源和条件、策划的思维方法、策划的对象和目标。具体内容见表 1－1。

表 1－1

策划要素名称	含　义	要素内容
主体	策划人或决策者	• 可以是自然人，也可以是“智囊团”或组织 • 策划者能力的高低直接影响策划的成败及效果
资源和条件	显在的/潜在的优势和条件	• 策划资源就是策划者在策划时能充分调配的人、财、物的资源 • 策划就是在条件允许的情况下，最大程度地整合自身的优势力量和资源，保证策划工作顺利完成
思维方法	创新手段和方法	• 策划者要打破常规定势、收敛的思维方式，采用逆向思维、立体思维、发散思维、交叉思维等方式，形成更有价值的创意
对象和目标	策划的具体对象及要达到的目标	• 策划是为达成某一目标而进行的活动，有较强的方向性和目的性 • 策划必须对象清晰、目标明确

（三）明确策划的功能

策划的功能是指策划的功效，大致可概括为以下五个方面：

第一，竞争功能。竞争功能就是策划人以智谋及其策划方案协助策划主体赢得政治、军事、文化、经济、科技和社会形象等方面的优势地位。

第二，放大功能。放大功能就是通过策划帮助策划主体在资源不足的情况下，实现以无博有、以小博大的神奇效果。

第三，预测功能。预测功能就是帮助策划主体对长远问题或本质问题进行准确的判断，提高策划主体对未来形势的把握和适应能力。

第四，决策功能。决策功能就是帮助决策主体谋划、探索、设计多种备选方案。策划是决策的一种方式，通过这种方式进行决策，可以提高决策的质量。

第五，创新功能。创新功能就是利用科学的策划程序，帮助策划主题探索解决问题的有效途径，寻求新的突破，实质上也就是如何创新的问题。

策划实例

让总统帮你卖书

美国某出版商有一种书滞销，他忽然想出一条妙计：给总统送去一本书，并多次上门征求意见。总统因忙于政务而不愿与出版商多纠缠，便回答说：这本书不错。于是出版商便大张旗鼓地宣传："现有总统喜爱的书出售，欲购从速"。因此，滞销书很快销售一空。不久，这位出版商又有一种书卖不出去，他又送给总统一本，请总统提建议。总统接受了上次的经验，想借此教训一下出版商，就说"这本书糟透了。"出版商闻之，喜出望外，到处宣传："现有总统最讨厌的书，欲购从速"，此书又销售一空。第三次，出版商又将一本书送给总统，请总统对此书进行审阅。总统接受了前两次教训，对书不作任何答复，出版商看出总统的心思，脑子一转，又大做广告说："现有总统难以下结论的书，欲购从速"，很快书又被抢购一空。总统哭笑不得，出版商大发横财。

出版商利用总统的影响力，不断策划出别具匠心的图书广告，超强的创新能力，让出版商笑到了最后。

（资料来源：《青年文摘》1994 年第 10 期。）

二、了解营销策划

（一）理解营销策划的含义

营销策划，顾名思义就是对市场营销活动有目的地进行筹划、谋划，通过对市场进行分析，选择市场需要的产品，确定适当的价格、适当的时间和地点，采用合适的促销方式，让顾客得到某种需求的满足。简而言之，营销策划就是商务营销策略。

具体而言，营销策划的含义有广义或狭义之分。狭义的营销策划属于传统策划思想，即4P公式。它是以营销策略性策划为核心的营销组合策划，即产品 + 价格 + 渠道 + 促销。广义的营销策划实际上超越了传统的现代营销策划思路，即4P（产品、价格、渠道、促销） +2P（权力、公关） +1S（服务） +1C（顾客）。它既包括营销战略性策划、营销策略性策划，又包括营销方式策划。其立足点已经从企业本身扩大到社会的各种组织。综合以上两点，我们可以给出营销策划的定义：**营销策划就是企业通过激发创意，有效地配置和运用内外资源，选定可行的营销方案，达成预定目标或解决某一问题。**

（二）明确营销策划与营销管理相关工作的关系

营销管理是对企业的营销活动所进行的计划、组织、实施和控制。但是，在营销活动开始实施之前须进行策划，也就是说我们若想对营销活动实施管理，必先对其进行谋划和规划——营销策划。因此，营销策划就是营销管理的一个分支，是对整个营销管理活动的统筹规划，是对所有营销环节进行的筹划和谋略。

根据所谋划和规划的营销环节的不同，营销策划可以划分为营销战略策划、营销调研策划、产品策划、定价策划、渠道策划和促销策划等内容。

实际工作中，营销策划与营销管理中一些典型工作项目如营销计划、营销决策、企划等是有区别的：

1. 营销策划与营销计划。策划与计划不同。计划是具体的实施细则，任何策划都必须有计划，但不是所有的计划都有策划。有的计划是长远的目标打算，不具备现实操作性；有的计划是常规的工作流程，不具备创新性。此外，策划与计划的区别还在于：一个是主动性的，目标性很强的行为；一个是被动性的，规划性很强的行为。策划更表现为战略决策，包括分析情况、发现问题、诊断把脉、优化方案、整合优势；而计划往往表现为掌握原则和方向，按部就班的工作流程。

策划实例

西铁城如何扩大手表影响力

西铁城手表为了解决“如何扩大影响”这一营销问题，智囊部门首先进行营销策划。经过一段时间的研究，他们确定了飞机空投手表这一方案，并选择澳大利亚作为空投点，且拟订出营销策划方案，并根据策划方案进行营销计划。有关人员根据营销策划方案进行具体实施，如第一步的工作是和澳大利亚官方商谈，获准在澳大利亚首都的某广场空投；第二步是在某机场租几架直升飞机；第三步是委托澳大利亚报纸登载有关空投手表的广告。于是，在澳大利亚一家发行量颇大的报纸上，某日刊出一则引人瞩目的广告，大意为某广场空投手表，捡到者即可拥有此手表。这下子引起了澳大利亚人的广泛关注。空投那天，直升飞机如期而至，数千只手表从高空天女散花般地纷纷落下，早已等候多时的来自四面八方的人们沸腾了，那些捡到了从几百米高空扔下的手表的幸运者发现手表依然完好无损、走时准确时兴奋不已，个个奔走相告。西铁城的这一创举立刻成为各新闻媒体报道的一大热点。

西铁城手表的营销策划目标是为了扩大西铁城手表的知名度，于是这个策划的一切活动都是为了实现这一目标。手表的宣传本可利用电视广告等手段来达到这一目标，但是一般的电视广告不具备创造性，也不会引起如此巨大的轰动，而西铁城手表的策划者在促销活动中融入了自己的创意，运用飞机来表现自己商品的质量，这是一种前无古人的策划。可见，这里的计划是营销策划之后的具体工作，也就是如何把策划的结果一步步地落实到行动中去。那么，策划的核心工作就是把握方向性，把创意汇总、整理，形成书面策划。而营销计划则是保障策划方案顺利实施的一系列工作的安排过程。

（资料来源：CNNIC 报告《市场总监必知的企业策划基本知识》。）

2. 营销策划与营销决策。决策就是做决定，重在优选方案，以抉择为重点，以聚合思维为主，决策属于对一个事物的判断，有的时候并不需要创意和论证，也不需要实施和评估。

策划与决策显然是不同的。策划是创意、论证、操作和反馈的过程，决策是建立在论证的基础上，对创意这个环节并不强调，论证只是决策的前奏，某些决策，如经验决策（也称个人决策）是不需要论证的。策划强调创意、创新，这是策划的灵魂，没有创意、创新，就不是真正意义上的策划。

3. 营销策划与企划。“企划”一词源于日语的“企画”，通俗地说，企划就是从现状出发，运用智慧思考并付诸实施，从而达到目标的一切努力。在企业内部，企划是企业整体性与未来性的策略，它包括构思、分析、判断、归纳一直到策略执行、方案实施、事后反省与评价过程，简言之，企划就是企业完成目标的一套程序。

营销策划则是对企业营销活动的谋划和规划，更加注重企业活动中的营销环节，也更加注重对活动的谋划和规划。

（三）熟悉营销策划的要素

营销策划是市场经济条件下企业营销成功的重要前提。要进行营销策划，必须具有以下几方面的要素：

1. **营销策划目标**。营销策划目标也就是策划的对象。一定时期内企业营销活动的具体内容很多，未来的营销活动要策划的项目也很多，要搞好营销策划，首先必须策划目标。策划目标可以是单一目标，也可以是复合目标。

策划目标是有一定时间、空间限定和数量限定的。从企业角度而言，确定策划目标应当慎重。常规性的营销活动，即企业能顺利进行和开展的营销业务不需要系统策划。策划的目标一般是企业营销活动中的重点、难点问题，是影响企业营销全局，制约企业生存、发展，而企业靠自身实力又难以解决的问题。这样的策划目标，才有策划价值和实际意义。

2. **营销策划的主体**。营销策划的主体是指进行营销谋划、提出策划方案的策划者。就企业营销策划而言，策划主体可以是企业内部人员，也可以是企业外部人员。由于策划是一种高智力密集型的创造性活动，因而对策划主体有着特殊的知识、文化、能力素质的要求。现代营销策划主体多由专业性的咨询策划公司及有关科研机构担任，或是由专业研究人员担任。企业在开展营销策划前，应优化选择策划主体。

3. **营销策划信息**。营销策划作为一种谋划、规划的过程，是一种分析、比较、研究的过程，也是不断思维的过程。企业要保证策划活动的顺利进行，必须占有大量的第一手资料，掌握足够的营销信息；应根据营销策划的目标要求，搜集与策划目标相关的各种信息，包括本企业内部可控的信息，及与此有关的市场环境信息、消费需求信息、竞争对手的信息等。充分地搜集信息，可使企业在策划过程中比较、选择、去伪存真，保证策划方案的正确和可行。

4. **营销策划物质技术手段**。营销策划主要是一种思维活动，但同时又不能离开必要的物质技术手段。营销策划过程需要计算、筛选、绘制图表，有的还要进行模拟等，因此，离不开一定的物质技术设备。

三、明确开展营销策划的条件

一项好的营销策划在实施中必须依靠相应的营销管理作为保障，否则就不可能达到营销策划的目标。有效的管理可以在某种程度上弥补营销策划的不足和漏洞。在企业中选择有效的策划实现途径，能够使企业的营销策划活动取得事半功倍的效果；而建立完备的营销策划机构和选取优秀的策划人才，则是营销活动在企业中顺利开展的重要条件和保证。

（一）选择有效的营销策划实现途径

企业进行营销策划，主要通过两种途径来实现：一种是通过“自力更生”的方式，即企业自行组织企业内的营销管理人员进行策划；另一种则是借助于“外力”，即通过对外聘请专门的营销策划人员或专业的策划公司来进行策划。当然，企业也可以把两种方式结合起来应用。

（二）建立营销策划组织机构

策划的过程虽然可以通过不同途径来实现，但无论是哪种，都需要围绕策划的主题设置专门的行动机构，以保证策划工作的顺利进行。

所谓营销策划组织，一般也称“策划部门”（企划部门），是负责企业策划的职能部门。在现代企业，特别是大型企业中，一般都设置了策划部门，并明确了策划部门的职责与权限、与其他部门的相互关系、人员或岗位设置。营销策划职能在现代企业运作中是必不可少的，虽然有的企业没有设置专门的策划部门，但它的职能都包含在了具有策划功能的部门中，如市场部、投资部、项目部、发展部、营销部、公关部等。

相关链接

世界商务策划师联合会（WBSA）制定的策划部门规范中，规定了策划部门要承担以下的基本职能：

第一，编制企业策划年度工作计划并实施年度工作计划。它的主要内容包括年度策划课题、课题的组织实施、完成期限和工作标准。以是否关系到企业生存与实质性发展为依据，将课题分为重大课题和一般课题。

第二，进行策划并编制策划方案。结合决策和创意，为企业进行策划并编制策划方案。策划的主要类别包括企业战略策划、企业生态策划、企业融资策划、企业管理策划、企业营销策划等。策划方案主要包括课题的提出、创意设计、策划描述、策划总结和实施建议。

第三，编制可行性研究报告。根据决策，为策划项目编制可行性研究报告。可行性研究报告主要包括法律可行性报告、技术可行性报告、市场可行性报告、行销可行性报告、操作可行性报告和财务分析报告，并附带调查报告等支持性文件资料。

第四，编制项目实施计划。根据决策，为决定实施的项目编制实施计划。实施计划主要包括背景与目的、目标与任务、组织与分工、方法与步骤、接口与程序、检查与奖罚，以及计划的动态控制说明等内容。计划的支持性文件是策划方案、可行性研究报告及相关资料。

第五，发现潜在和现实的危机并提出预防和消除意见。对企业经营过程中任何一个方面出现的危机或危机可能，包括项目计划的实施过程，都应及时指出它的存在并提出预防和消除的意见，对关系到企业生存的重大危机应以书面形式直接向最高管理者提出。

第六，培育和发展企业创新机制。通过制度建设和适当的培训，在企业内部建立起鼓励创新的制度体系，逐步形成企业内部全员的创新意识和氛围。

第七，负责企业专家系统的建立、维护和使用。根据企业决策的实际需要，建立企业的专家系统，为企业决策提供高水平的专业指导和公正性的评判，应定期与专家进行信息交流，必要时可采取协议方式聘请顾问，接受咨询或专题评审。

思考与训练

请你分析一个企业的成功营销策划案，分析该策划案对企业的成功提供了哪些保障？同时分析这个企业是如何做好营销策划案的？

任务二

了解营销策划类型

一、按照策划主体划分

按照策划主体划分，营销策划可分为企业自主型策划和外部参与型策划。

（一）自主型策划

企业自主型策划主要是指由企业内部的营销策划部门承担营销策划职能，开展营销策划工作。企业自主营销策划的特点是：策划人员熟悉企业内部的资源状况和条件，熟悉行业和市场状况，制订的策划方案可操作性比较强，但方案的创意和理念设计因受企业文化、管理体制、企业领导人个性和观念的影响比较大，否定意识差或不敢否定，因而往往缺乏开拓创新精神。

策划实例

史玉柱的成功

史玉柱依靠自主开发的桌面中文电脑软件 M－6403，成功地创立了巨人公司。1993年，巨人公司进军房地产行业，持巨资兴建号称当时中国第一高楼的巨人大厦，并同时进军保健品市场。但终究由于房地产项目资金链断裂，欠下巨额债务，整个集团陷入困境。身负重债的史玉柱并没有就此倒下，他凭借之前在保健品行业打拼时积累的丰富经验和其敏锐的营销洞察力，把一个“润肠通便、改善睡眠”的功能性保健品“脑白金”，策划成一个送礼佳品。脑白金跳出保健品营销的固有框架，避免了单一同质性的产品功能诉求，准确把握了“礼尚往来”这一中国人的礼品情结，将脑白金定位成礼品。就是这个“礼品”定位，让脑白金在短短的两三年内为史玉柱带来了十几亿元的销售奇迹。脑白金的成功不仅让史玉柱还清了债务，还重新展示了史玉柱超凡的策划才能。

（资料来源：http：//tiyu. xooob. com/zhsj/200812/361924 _ 1043820. html）

（二）外部参与型策划

外部参与型策划是指企业委托专门从事营销策划的经济组织为企业提供营销策划服务，提供营销策划方案。外部参与型营销策划的特点是显性投入高、隐性投入少，起点较高，视角独特，创意新颖，理念设计战略指导性强，策略制定的逻辑性、系统性强，但由于外部策划者对行业、对企业、对市场以及营销实际运作缺乏深入细致的了解，可操作性可能不够强。

二、按照策划客体划分

按照策划客体划分，营销策划可分为营销战略策划和营销战术策划。

（一）营销战略策划

营销战略策划注重企业的营销活动与企业总体战略之间的联系，是指对企业生存、发展重大营销问题及营销总体组合作出全局的、长期的、整体的、系统的策划。正是由于战略策划在营销策划中方向性和全局性的重要地位，其要解决的问题应包括：企业的竞争对手是谁？应采取何种竞争战略？企业在营销的哪些方面可以获得竞争优势？怎么运用市场营销为企业获得可持续的竞争优势？

因此，营销战略策划通常细化为以下策划类型：

- **市场定位策划**。市场定位策划包括市场细分、选择目标市场和市场定位，即企业依据总体战略和营销目标进行市场细分，选择要进入的目标市场，并且为产品和企业本身进行市场定位。
- **企业竞争战略策划**。竞争战略的策划就是企业根据所处竞争环境的分析找出并运用企业的核心竞争力的策划。竞争战略策划要做的就是制定竞争战略，使企业在分析外部环境、行业竞争环境、企业内部环境的基础上，运用自己的优势，利用外部机会提高企业竞争力。
- **企业发展战略策划**。企业发展战略是关于企业发展的谋略。企业发展是成长、壮大的过程，其中既包括量的增加，也包括质的变化。企业发展也需要合理的规划、安排，对企业发展整体性、长期性、基本性的谋略规划就是企业发展战略策划。一般而言，企业发展战略策划涉及企业中长期干什么、靠什么和怎么干等三大方面问题的规划。
- **企业形象策划**。企业形象是指企业文化的综合反映和外部表现，是企业通过自己的行为、产品、服务在社会公众心目中留下的整体印象。企业形象策划是营销策划的重要组成部分。良好的企业形象可以通过企业人员、管理、产品、服务、企业品牌等诸多方面得以体现，因此，相应的企业形象策划就应是对以上各因素系统的策划过程。

相关链接

比尔·盖茨的战略策划

比尔·盖茨是公认的商业奇才，但微软并不是其直觉和简单激情的产物，因为他清楚地知道微软将去何方，而且为其征途铺下了正确的战略之路。比尔·盖茨当初遵循的以下六个企业发展战略，使其最终获得了软件市场的统治地位：

(1) 将你的经理集中于攻占一个有潜力且竞争对手不多的市场。

(2) 尽量以较大的规模提早进入看好的市场。

(3) 建立自己的领地。

(4) 从每一个可能的方面和途径入手来建造保护自己领地的堡垒。

(5) 针对年度总利润制定你的商业战略。

(6) 使消费者无法拒绝使用你的产品。

因此，一个企业若想取得成功，好的发展战略策划是手段、工具。企业只有善用这个手段，才会发展得更好。而一份好的发展战略策划正如比尔·盖茨所言，是由目标和战略共同构成的，目标考验的是耐力，战略考验的是智慧。拥有耐力和智慧，才有可能成就最初的梦想。

（二）营销战术策划

营销战术策划侧重按照总体营销战略策划，制订相应的具体行动计划。与营销战略策划相比，战术策划具有短期性、局部性、个别性、具体性的特点。战术策划主要包括围绕营销管理中的4P展开的策划，即产品策划、价格策划、渠道策划、促销策划。

- **产品策划**。产品策划主要是针对企业的产品与产品组合方案，以及顺应消费者与市场需要的市场开发活动的设计、谋划工作。营销策划工作内容是围绕产品展开的，它涵盖了从产品研发至消费者购买全过程的策划，即对产品到商品的全过程策划。具体包括：产品卖点策划、产品组合策略策划、产品生命周期策略策划、产品品牌策略策划、产品包装策略策划、新产品开发策略策划等典型工作项目。

- **价格策划**。由于价格是营销组合中唯一与企业收入有直接联系的因素，因此价格策划是产品营销策划的关键。价格策划是企业为了实现一定的营销目标而协调处理各种价格关系的活动。随着市场中同质化竞争激烈程度的加强和消费者需求的不断变化，竞争者和消费者逐渐成熟，价格策划已经不仅仅是价格制定和调整的策划。要想运用价格这个有力杠杆撬动销售，价格策划就需要以整个市场和企业为背景，掌握定价目标和方法、影响价格的因素、价格变动和组合策略。

- **渠道策划**。渠道是产品从生产到达最终消费者手中所经历的通道。渠道策划包括渠道长度、宽度、广度的策划以及渠道组织制度的策划。因此，营销渠道一方面包括分析消费者服务需求；另一方面包括企业选择分销通路限制条件，评估、确定并改进营销渠道。

- **促销策划**。在现代市场，企业仅仅拥有一流的产品、合理的价格、畅通的销售渠道是远远不够的，还需要一流的促销活动将企业的产品信息正确、及时地传递给消费者，并采取恰当的促销手段激发消费者的购买欲望，促成其购买行为。因此，促销策划就是创造性地谋划与设计促销组合，使公关促销、广告促销、销售促销和人员促销等促销工具达到最佳配合。促销策划所要完成的主要任务是在企业经营资源有限的基础上，选择适宜、高效的促销手段以获取目标市场。

思考与训练

请以一个你熟悉的企业为例，分析其成功的营销策划属于哪一种营销策划类型。

任务三

了解营销策划的特点与原则

一、了解营销策划的特点

营销策划具有以下五大特点：

（一）创新性

创新是营销策划的灵魂，营销策划的关键在于创新，没有创新的营销策划，或许就只是一个计划或者一个报告。因此，创新性决定了营销策划的有效性。营销策划的逻辑可以用下式表示：

科学的创意×实现的可能性=最大的预期效果

营销策划要求策划者具有创新性思维，创新性的具体要求包括：

（1）丰富的想象力，能突破某些关键，产生特殊效果；

（2）思维的发散性，即能够从不同角度、方向思考；

（3）创造性想象力；

（4）敏锐的洞察力；

（5）积极的求异性，不轻易从众、盲从。

（二）动态性

任何的营销策划活动，都不是一成不变的，它是一个动态的过程，是一个发展的过程，我们所面对的市场状况也是如此。因此，营销策划工作要集灵活性和变通性为一身，能随时适应变化着的市场。营销策划的动态性表现在两个方面：

1. 在策划之初，就要考虑未来形势的变化，作一定的预测，并使方案具有灵活性、可调适性的特征，以备将来适应环境变化之需。

2. 策划方案在执行过程之中，根据市场的变动和市场的反馈及时修正方案的不足之处，让方案能更好地适应变化了的市场，更贴近市场。

策划实例

在美国快餐业并未排入大鳄之列的肯德基，在中国市场上却是做得顺风顺水，成为中国快餐市场的领头羊。成功的背后我们发现，肯德基立足中国市场，凭借应市而动的动态营销策划理念做到中式饮食与西式快餐模式的完美融合。日前，肯德基声称将在上海推出米饭类产品——“培根蘑菇鸡肉饭”和“巧手麻婆鸡肉饭”。不仅是肯德基，2010 年春节过后，“咖啡老大”星巴克也换上了“上午喝咖啡，下午喝茶”的新广告牌，新推出碧螺春等 9 款中国茶。

洋巨头真的开始抢占中国餐饮业的“蛋糕”了，肯德基和星巴克给我们国内企业上了很好的一课。当然国内企业也不必太过惊慌，只要善于发现、加强培育，将消费新热点转变成持久的消费习惯，就能促进消费升级和产品换代，从而推动产业转型，为经济发展方式转变添加新的动力。

（资料来源：《肯德基卖米饭抢了谁的“蛋糕” 推动产业转型》，http：//biz. ppsj. com. cn/2010 - 3 - 23/2491025140. html。）

（三）超前性

营销策划是对未来环境的判断和对未来行为的安排，它是一种超前性行为。

营销策划是一种判断，这个判断借助于两个系统来实现：一是组织起来的形象系统，二是组织起来的概念系统。前者是凭借现实世界的各种形象资料，通过形象思维作出的未来预测；后者是凭借抽象世界的间接化和概括化了的理论资料，通过逻辑思维作出的未来预测。通过这两个系统形成判断预测，就构成为营销策划的前提。没有这两个前提，营销策划就变成了无的放矢的冒险行为。

营销策划是一种安排。这种安排是借助于两个系统来完成的：一个是组织起来的经验系统，一个是组织起来的创造系统。前者是借助丰富的经验将各种营销要素进行传统的组合，而形成最优化效果模式。这种方法具有较大的安全性和保险系数，但效用可能稍差。后者是借助高超的创造力将各种营销要素进行前所未有的新组合而形成的优化效果模式。虽然这种方法具有很大的风险性，但也可能产生最佳的效果。

（四）主观性

营销策划是建立在对未来预测的基础上，是客体作用于主体后所形成的主观产物，因而就决定了营销策划的主观性。虽然营销策划所依据的信息都是客观、现实的，但经过人脑的思维操作，就有了主观的烙印。

（五）复杂性

营销策划是一项系统工程，是一项非常复杂的智力操作工程。

首先，营销策划需大量的知识和直接经验的投入。一项优秀的营销策划方案，需要大量经济学、管理学、市场学、商品学、心理学、社会学、文化学、策划学、营销学等多种知识的综合运用和融会贯通，并且能够非常灵活地与策划知识结合起来。

其次，要有大量的当前知识和直接经验运用到营销策划中。优秀的营销策划创意来源于对现实大量信息的占有、分析和提炼。营销策划要求策划人员对市场状况有清楚、全面、系统的认识理解。

再次，营销策划需要进行庞杂的信息处理。在着手准备时，便要积极主动地搜集各方面的信息，如政治信息、经济信息、法律信息、商品信息、消费信息、价格信息等。

最后，营销策划不但要处理大量的营销信息，进行综合分析、比较分类、抽象概括，还要进行策划创意，思考出新的方法，最后进行系统化、语言化，以方案的形式表达出来。

二、明确营销策划的原则

营销策划一般需要遵循以下七项基本原则：

（一）战略性原则

营销策划是从战略的角度对企业营销目标、营销手段进行事先的规划和设计，一旦营销策划方案完成，将作为企业未来相当长时间内的营销活动的指南。因此，企业在进行营销活动策划时，必须从企业发展战略的角度谋划决策，立足当前，放眼未来，务求科学、周密、细致和完善。

（二）信息性原则

信息是营销策划的基础，营销策划是在对市场信息进行了充分了解和考察后进行设计的，没有这些信息的存在将导致营销策划的盲目性和误导性。充分和可靠的信息可以帮助策划者及时准确地作出营销决策。营销决策是对未来行为所作的当前决定，其基础是科学预测，而科学预测的前提是信息。此外，及时、充分、可靠的信息有助于监控营销活动。一个完整的营销计划，并不会随营销方案的确定而结束，它必须伴随整个营销策划过程。因为任何超前设计，都不可能考虑到未来可能出现的所有变量，因此必须在执行过程中加以适当调整，这种调整不是随心所欲地修改，而是根据市场提供的可靠的信息来作修改和完善。

当今社会正向信息社会发展，信息在营销策划中的地位越来越重要。

（三）公众性原则

营销策划是以公众为核心，以满足消费者（公众）需求为中心来作出营销决策，制订营销方案。公众的主体是现实和潜在的消费者，这些消费者包括自然人、政府采购部门、供应商、分销商等。是否充分体现公众利益、为消费者着想，是营销策划能否成功的关键。

（四）时效性原则

时效性原则是指在最佳的时间获得最好的效果。在营销策划中，决策方案的价值将随着时间的推移和条件的改变而变化。时效性原则要求营销策划既要做到“适时”，也要达到“高效”。具体而言，要求企业处理好时机和效果的关系。

（五）可操作性原则

营销策划是企业在市场调研的基础上通过科学分析，为实现企业战略目标而制定的一种整体谋划和策略。创意再好但不便于操作，这样的营销策划方案没有价值，因此营销策划在实际工作中必须具有可操作性。

（六）效益主导原则

营销策划期望达到的最佳效果是企业以最小的投入换来最大的收益，因为企业制订营销策划方案的直接目的就是要取得经济效益，否则有违企业进行营销策划的初衷。

（七）整体规划原则

企业在进行营销策划时不可孤立地去思考策划事项，而必须站在全局高度整体把握营销策划目标，系统设计具体事项，并保证其实施。古人云：“善谋者，谋势，不善谋者，谋子”。“谋势重于谋子”，其中的“势”指的是全局和整体，而“子”指的是局部和部分。

整体规划原则要求营销策划要有全局观念，要部分服从全局。

思考与训练

以一个你熟悉的企业为例，分析其成功的营销策划案例，并分享给其他人，大家头脑风暴后确定该策划案具有的特点以及遵循的原则。

复习思考题

1. 什么是策划？
2. 什么是营销策划？其构成要素有哪些？
3. 营销策划与营销计划、营销决策等营销管理工作有何区别？
4. 营销策划人需要具备哪些基本素质？
5. 营销策划应遵循的基本原则是什么？

案例分析

什么造就了宝马的王者地位不动摇

宝马是驰名世界的汽车企业，20 世纪 90 年代，他们抓住国际汽车市场调整和亚洲中产阶级崛起的机遇，策划并制定了一系列市场营销策略，随着这些营销策略的逐步实施，宝马在亚洲市场的销售额逐年提高。那么，宝马具体是怎么做的呢？

一、宝马的品牌定位

“最完美的驾驶工具”是宝马别处心裁的品牌定位。这个诉求结合三大要素：设计、动力与科技。从而树立了宝马“尊贵、年轻、活力”的形象，这一形象与传统品牌奔驰汽车的“尊贵、传统、豪华”区分开来。宝马公司所有的传播沟通策略都至少以其中一项作为主题依据，每一个要素的定义都特别考虑到宝马的顾客群，使宝马在亚洲成为“成功的新象征”。

二、宝马的产品策划

宝马的汽车种类繁多，分别以不同系列来设定它们的等级。所有车系都具备了宝马汽车惯有的优雅风格、潜在动力、高品质的做工，以及无与伦比的安全标准，从而进一步稳固了宝马“成功的新形象”。

三、宝马的价格策划

宝马以高于其他大众品牌车的价格出现。这一价格定位的策划是基于宝马优于其他品牌的产品及具备完善的服务性，以及宝马品牌象征的价值。作为宝马汽车品质的指标，价格也传达了品牌象征；相对于竞争品牌的专用性与独特性，消费者的社会成就可以在他的生活里得到反映。从价位角度再次折射出宝马“成功的新形象”。

四、宝马的广告、直销、项目策划

如上所述，宝马对亚洲市场的目标主要在加强宝马的形象，并赋予宝马的顾客一种价值：当和顾客接触时，他们无时无刻不忘传达宝马与生俱来的实力——创新、动力、美感。因此，宝马的沟通策略无不紧紧围绕着宝马新形象来进行。

依据上述战略目标，宝马通过自己的沟通管道——广告、直销、项目策划等进一步把这一战略变成了现实。

独具特色的宝马市场行销策划，集中反映在它的品牌定位、产品策略、定价策略和促销策略上。此外，宝马还对一些特别锁定的目标客户开展了一些特别项目策划，如每月定期和某些主要的新闻记者聚会；和一些媒介代表探讨车子的功能；和特别目标客户群尝试七系列的宝马，进口商主动提供一些社交及文化活动；资助一些现有和固定的活动，如运动、社交和文化等。

通过以上有效、完整的营销策划和营销手段，宝马牢牢地站稳了亚洲市场，其豪华车市场中的王者地位不可动摇！

（资料来源：刘昱：《经典营销案例新编》，经济管理出版社2008年版。）

【案例思考】

1. 从宝马的成功看策划在市场营销中的重要作用是什么？

2. 宝马的市场营销策略与其他品牌汽车的营销策略有何区别？

“小沈阳”的营销关注

牛年最受关注、百姓评论最多、人气最旺的人，当属小沈阳了。春节晚会上小沈阳诙谐的才艺表演打动了全国观众的心，迅速赢得了社会大众聚焦式的口碑效应。

大年初一，小沈阳的节目在优酷和土豆等视频网站上点击率超过50万，而他刚刚开设的新浪博客也因为春晚原因点击率从不到9000一路飙升到500万之上。

百度一下“小沈阳”，找到相关网页约443万篇，他独有的幽默给千家万户带来欢笑。据说目前他的身价已经涨了600倍，在大众娱乐圈他的个人品牌价值得到极大的提升。

现在，走到哪儿都会听到小沈阳的经典台词，人们会用小沈阳的那句“这是为什么呢”作为时髦的调侃工具，而观看小沈阳的视频也成为一件再自然不过的事。即使节目千篇一律，即使很多节目效果并不好，即使已经看过很多次，但是人们还是乐此不疲地一遍又一遍地观看。

营销学界的学者对小沈阳现象给予了很高的关注。多个学者从2月1日（正月初七）到2月13日，纷纷给予不同角度的关注。

小沈阳的下一个关注热点一定是企业。“小沈阳”域名被抢注，小沈阳的服装被模仿，出版社找到小沈阳希望他能出书，演出商找到小沈阳希望他能走秀，唱片商找到小沈阳告诉他“小沈阳专辑”会卖到多火。

这是为什么呢？

实力超群的品牌品质

品质是品牌的生命，成功的品牌一定要有过硬的品质。小沈阳出生于开原市一个贫苦的农民家庭，自小就表现出超人的艺术天分。高中毕业以后，进入铁岭县艺术团学习二人转表演，2000年进入吉林林越艺术团，2006年正式成为赵本山的弟子，开始系统地学习二人转。通过老师的悉心指导和自身的刻苦努力，小沈阳在艺术的道路上有了质的飞跃，并开始在电视剧里崭露头角。他不仅二人转演得好，歌唱得也非常棒，模仿能力更是惊人，刀郎、刘德华、张雨生、阿杜、阿宝等歌星的声音，他都能模仿得惟妙惟肖，令人叹为观止。

个性鲜明的品牌形象

鲜明的品牌形象对于品牌的传播影响巨大，是品牌成功的重要条件，尤其是对于演员这个职业来说更是如此。小沈阳在舞台上的形象是男扮女装，背一个挎包走遍各地，一身另类的女性装扮滑稽可笑，令人过目不忘。拿小沈阳自己的话来讲，他是一副典型的变态模样。虽然形象有些恶俗，但他唱歌、表演、脱口秀、模仿秀样样精通。从表演风格上来讲，小沈阳幽默诙谐，动作夸张滑稽，语不惊人死不休，尤其是一口地道的东北话和一句“这是为什么呢？”给广大观众留下了深刻的印象。

依托名牌开展口碑营销：春晚 + 老赵

酒香也怕巷子深。再好的品牌也离不开得力的市场营销。实现最好的营销效果，自然需要有最好的营销时机和舞台。小沈阳正是抓住了春晚这个最大的舞台，来实现了轰动式的营销。作为一名演员，上春晚是最大的心愿，虽然没有报酬，但春晚庞大的观众群体对于提升一个演员的知名度来讲可以说是无与伦比，从这个意义上来讲，春晚简直就是一个效率极高的“造星机器”。正因如此，对于一名普通的演员来讲，要想上春晚简直比登天还难。小沈阳又是凭什么能在春晚上一炮走红呢？因为他找到了赵本山这座最大的“靠山”。

乘势而起，借势而生

应当说，在目前春晚观众对节目要求越来越高，不再满足于一张张老面孔的情形下，小沈阳这颗新星是应运而生的。从品牌营销的角度来讲，“小沈阳”这个品牌无疑是符合市场需求的，自然会大获成功。

古人孟子曰：“虽有智慧，不如乘势”，顺势而安，乘势而起，借势而生，造势而雄！

小沈阳有一定的功底，即有幽默智慧，任何人在任何行业的卓越表现都是靠自己的努力换来的。俗话说：台上一分钟，台下十年功！付出不一定有回报。但是他的成功更大一部分在于“乘势”，乘的是本山大师的势，赵本山已经在央视的舞台上活跃了近 20 年了，公认的“小品王”，他的徒弟大家肯定会有所期待、给予关注，所以小沈阳便乘势而起，借势而生！如果按照品牌的角度来看，这就是背书品牌的作用，就背书品牌简单地理解就是：这个新生品牌背后是一个公认的大品牌。

赵本山，作为当前中国小品演员第一人，无疑就是一座难以逾越的大山，作为赵本山在 2006 年收的徒弟，小沈阳正是凭借老师赵本山的提携才得以走上春晚舞台的，也就是说，正是依托“赵本山”这个名牌，“小沈阳”品牌才得以成功营销的。

（资料来源：《“小沈阳”的营销关注》，http：//blog. sina. com. cn/s/blog_4912c3760100n71w. html）

【案例思考】

1. 小沈阳为何能够一炮走红？试用市场营销策划的相关条件与原则来说明小沈阳成名的原因。

2. 对小沈阳的未来发展之路，你认为该做好哪些营销管理和策划工作？

策划实训

营销策划岗位认知训练

实训目的：理解营销策划工作性质和特点，明确企业中营销策划岗位典型工作所要求具备的能力、素质，初步形成营销策划职业发展规划。

实训方式：根据教学班级人数来确定数个小组，每一小组人数以 3 ~ 5 人为宜，小组要合理分工。在教师指导下统一认识、统一口径，基本统一判断标准；而后分别进行不同资料和数据的采集，并以小组为单位组织讨论，在充分讨论的基础上，形成小组的课题报告。

实训内容：访问学校周边企业内的营销策划人员，根据他们对自身职业生涯的描述以及对营销策划工作岗位的认识，总结和归纳以下内容：

1. 营销策划岗位主要包括哪些具体工作？
2. 为了能够很好地完成这些工作，营销策划人员应该具备哪些能力、素质？
3. 这些能力、素质中哪些是最关键的？
4. 可以通过哪些途径来使这部分能力、素质提高？
5. 对于在校生来说，最欠缺的是以上能力、素质中的哪几项？
6. 企业策划人员建议通过哪些方式、方法能够提高这部分能力、素质？

调查小组成员根据调查内容，结合自身实际，制定一份营销策划职业发展规划表。

营销策划职业发展规划表

阶段	内容	时间安排	计划目标	达到程度

项目二
营销策划的程序与方法

学习目标

知识的掌握：

□ 掌握营销策划的基本程序

□ 了解营销策划创意的运用和营销策划创意思维方法

□ 了解营销策划书的结构和基本组成内容

技能的提高：

□ 熟悉营销策划的程序，能够针对营销某一活动进行策划程序设计

□ 掌握一般的营销策划创意技巧，能够运用营销策划创意思维方法开展创意活动

项目描述

应用营销策划书撰写的基本方法和一般技巧，结合实际的营销策划项目拟定一份合理的营销策划计划书。

案例引导

“世界第一跨海大桥——杭州湾跨海大桥”营销策划创意

“杭州湾跨海大桥——世界第一大桥”是国道主干线，是跨越杭州湾的便捷通道。跨海大桥的建成对大桥两岸来说无论在政治、经济、商业、交通、文化价值以及旅游方面都是一个天赐良机，有可能通过对大桥的营销活动，形成多方面的品牌效应，以大桥为载体，营销策划界的专家拟从十个方面的进行主题创意策划。

主题一——品牌篇：一个著名的单体品牌可以提升整个城市的品牌、定位。世界各国

著名桥梁对城市旅游、经济、文化建设的贡献（旧金山大桥等），都是有目共睹的事实，显然“第一大桥”对于提升大桥两岸的城市品牌更是一个巨大的利好。

主题二——文化篇：国家、民族、区域的文化与大桥的结合，从而利用这个“第一”的旅游吸引物将其推向全世界。另外就是全国甚或是世界各国的桥文化以此可以整合形成新的桥文化载体，比如建大桥博物馆或桥文化博物馆等。

主题三——旅游篇：“世界第一”是一个很好的“旅游吸引物”，如果能以此为契机将其和整个大江南的文化甚至一些民族的文化有机的结合起来，会为整个江南的旅游做出不可估量的贡献。

主题四——经贸篇：跨海大桥是一个综合性的特大系统工程，从地区经济、交通、物流、商贸、文化、旅游等系统入手进行大手笔的经贸大策划，充分发挥“大桥效应”及“大桥经济”。

主题五——国际篇：“第一跨海大桥”是世界级品牌，上海作为国际城市举办的世博会，宁波有国际服装节，沪杭甬都有充足的国际资源进行整合。

主题六——感情篇：大桥建设者的感情，大桥两岸人民的情感，大桥的建立，大大缩短两岸人民的交流时间与成本，大大促进了上海与浙东地区人民的交流。

主题七——精神荣誉篇：国家的象征，城市的自豪，民族品牌的载体。中国不但有万里长城，还有世界第一跨海大桥，要把大桥看成开放中国、改革中国、盛世中国、伟大中国的一个符号、一个标志。

主题八——商圈板块篇：两小时经济圈的整体带动，合作伙伴整体效益的提升，大大加强了大上海各经济板块之间特别是长三角右翼的经济整合力量，从而产生联动效应。

主题九——投资开发篇：大桥的品牌之路不但使其成为沪杭甬旅游经济圈中新的、最亮的旅游产品之一，而且能使两边的嘉兴、海盐、平湖、南汇、慈溪、余姚、上虞等成为新一轮投资开发的热土。

主题十——物流篇：宁波北仑深水港、上海国际港口对整个沪杭甬经济圈的贡献，对大桥而言，其蜂拥而至的过往客流、商贸车辆，每天将有可观的收入，另外是对大桥两端经济圈的“聚合作用”，必将带来两端经济持续的“化合反应”。

（资料来源：选自 http：//www. anyhe. com/simple/？ t95. html）

【思考】

1. 一份完美的营销创意是如何产生的？可以运用的方法有哪些？
2. 我们又将如何把营销创意转化成一份切实可行的营销策划方案？

任务一

了解营销策划的程序

营销策划在实践过程中不应该有完全固定的步骤、完全规范的程序和一成不变的框架。但每一项成功的营销策划都是科学性与艺术性相结合的企业市场活动行为，具有很强的实践性，构成其整体的各个部分相互联系并具有一定的逻辑性。所以，保持一个合理规范的策划工作流程，可以使策划者确保理想的工作秩序和节奏，提高工作效率，保证策划工作的质量。一般而言，营销策划包括以下七个步骤，如图 2－1 所示。

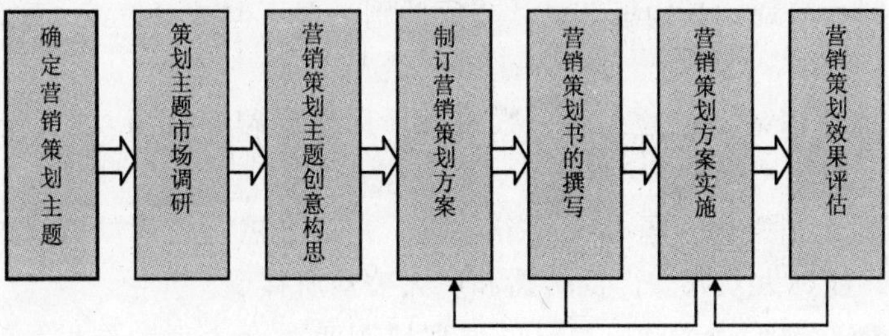

图 2－1　营销策划的一般流程

一、确定营销策划主题

营销策划是为解决企业经营中出现的问题而进行的一种谋划性工作，具有很强的目的性。营销策划主题是营销策划活动的中心内容，是企业进行营销策划的目标指向。在具体实施过程中，应关注以下问题：

（一）明确策划目标

营销策划的主题是多层次、多层面的。它表达的可能是企业发展战略的大主题，也可能是企业实施某方面活动、推行某种营销策略和具体举措的小主题。

一般说来，不论是企业战略性主题，还是营销策略性主题，企业营销策划主题可以归纳为以下几种：

1. 维持生存；
2. 获取当前最高利润；
3. 提高市场占有率；
4. 获取优异质量。

（二）掌握企业现状

营销策划主题的确定，还需要重点了解企业以下几个方面的现状：

1. 企业经营时期；
2. 企业形象；
3. 企业危机；
4. 企业扩大规模；
5. 企业管理；
6. 企业人力资源；
7. 企业营销策划；
8. 社会公益；
9. 企业文化；
10. 市场竞争。

（三）确立营销策划主题的特征

针对不同主题的策划，其构思、设计有所差别，但不同的营销策划主题却都有着共同的特征，表现在：

1. 鲜明性。即营销策划主题必须引人入胜，用意新颖，言简意赅，与众不同，触动公众心灵。

2. 通俗性。即营销策划主题必须通俗易懂，一目了然，将策划概念加工提炼成通俗的语言和图像等，能为大众媒介广泛传播和广大公众所接受。

3. 刺激性。即营销策划主题应当具备强烈地刺激公众心理的作用，使其产生某种行动的心理效应。

4. 独特性。即营销策划主题要传递给公众丰富的信息并留下持久的印记，具有独到奇特之印象。

5. 简明性。这是营销策划主题所折射的内涵要简洁明了，反映其深刻的本质，广为公众传播和喜爱。

二、构思营销策划主题

确定了营销策划主题并进行了市场调研之后，营销策划者就要运用各种创意思维方法对策划主题进行想象力开发和运作，使策划主题具有新颖性和可行性。

对策划主题的创意是营销策划的核心，一般的策划主题开发就是人们常说的“寻找好主意和好点子”。但营销策划主题创意构思不仅仅局限于“主意和点子”，它需要一定的系统性，即除了具有一定的虚构性外，还必须产生相对的新颖性、超前性和可操作性，这将在下节中详细论述。

三、制订营销策划方案

从确定主题、搜集分析资料到开发运作，实际上策划已经开始，只不过没有体现在文案中而已。随着创意的不断细化，对其可行性的不断评估以及计划的不断深入，一个完整的策划方案就逐步显现了。

（一）设计方案

营销方案设计大致有五个阶段：

第一阶段：准备阶段。

准备阶段的主要工作是为营销策划方案的正式设计进行信息准备。所有的调研信息都必须被策划人所消化和吸收，使它变成大脑中信息系统的一部分。信息消化吸收的结果是要求策划人必须对所有汇总的调研信息做到心中有数，能随时调研使用。

第二阶段：酝酿阶段。

酝酿阶段是借助于信息、知识和经验，在大脑中构思各种可能方案，然后对这些方案进行自我考证和自我否定的过程。

酝酿阶段是艰辛的智力操作过程。因为任何一项有创意、有价值、有效果的方案构成，都不是一蹴而就的，都必须经历这一历程，才能最后出现“得来全不费工夫”的结局。

第三阶段：豁朗阶段。

经过酝酿阶段的紧张思索后，在脑中突然闪现出新的构思，一段时间的艰苦工作，终于有了一个结果。

能否进入豁朗阶段，还决定于两个基本条件：一是思维积累。只有经过酝酿状态的强力思维积累，并达到一个临界值时，豁朗才突兀而至。二是信息触动。当思维积累达到临界值时，如果这时有来自外界环境或记忆系统的信息触动，即可瞬间出现豁朗状态。

第四阶段：论证阶段。

对营销策划方案的论证一般有四种，见表2－1。

表2－1

论证方式	论证内容
经验判断	经验判断是借助已有经验对设计好的方案的可行性进行主观评估，其方式有两种：(1) 直接经验判断。借助于自身经历的各种直接营销事实，对营销方案进行直接判断。这种评估的可靠性取决于评估人自身直接经验的丰富程度。直接经验越丰富，评估就越准确，那些经常从事营销策划和营销操作的营销大师们，常常能一眼判断方案的可行性；(2) 间接经验判断。借助于自身掌握的他人的营销事实，来对营销方案进行的直接评估。间接经验判断的可靠性取决于间接经验的丰富程度，但其准确性稍逊于直接经验判断。
逻辑推论	逻辑推论是借助于逻辑原理，对需要论证的方案进行恰当的推演，以此来判断方案可行性的方法。
专家论证	是使用最多的一种方式。它是将营销方案交给有丰富营销知识和经验的营销专家进行论证，借助于专家的知识、经验来判断方案的可行性。只有满足下列三个条件的专家，才能进行方案评估：(1) 论证专家必须是营销方面的专家；(2) 论证专家不仅是理论家，还必须是实践家；(3) 论证专家必须对企业、行业和环境情况非常熟悉。
选点试行	有些营销策划方案，由于运行涉及面大、投入多，除了采用上述方式进行论证外，还应当在一定范围内进行试运行，借助试运行的反馈效果来确认方案的可行性。

第五阶段：文案阶段。

当营销策划方案经过论证认为可行时，就进入方案设计的最后阶段——文案阶段。此阶段的主要任务是将设计好的方案用文字等形式表达出来，写成具体的可操作的策划书。

（二）优化方案

优化方案主要是对营销目标、实现营销目标所需要的条件、营销战略与战术、营销方案策划的步骤与时间、营销方案策划的人员与经费、营销策划方案的效果与评估、营销策划方案实施的附加条件等各项内容进行明确和完善。具体包括：

- 充分考虑企业的现有资源、条件。
- 充分考虑营销策划方案高层决策者的信任和支持。
- 充分考虑企业其他相关部门的协调、配合。
- 充分考虑国家政策、法规和国际相关条例。

（三）确定进程

为了确保策划工作的效率，策划过程的各项工作何时开始、何时结束，都应有具体准确的日程表，只有这样才能保证策划方案的实施按时、按质、按量地进行，预期的效果才能按时达到。策划进程可分为四个阶段，见图 2－2。

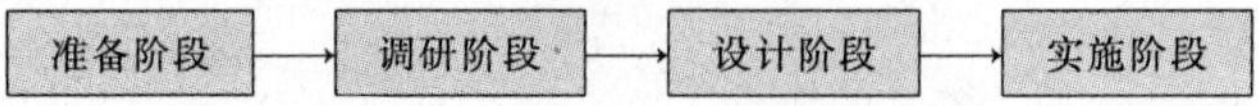

图 2－2

（四）经费预算

营销策划的经费预算是营销策划方案顺利实施的重要保障。经费预算应尽可能详尽周密，各项费用应尽可能细化，尽可能真实反映策划方案实施的投入大小，力争将各项费用控制在最低成本上，以求获得最优的经济效益。

1. 预算原则。包括效益性原则，经济性原则，充足性原则，弹性原则。

2. 预算经费，包括两大方面，即策划活动本身发生的经费和营销活动需要发生的经费。

（1）策划活动本身发生经费指企业要为策划活动所支付的费用，其主要项目有：市场调研费用，信息搜集费用，人力投入费用以及策划报酬。

（2）营销策划方案费用是指按照营销策划执行所发生费用。营销策划方案预算一般运用目标任务法进行计算。所谓目标任务法就是将营销方案所要实现的目标分解成具体的任务，再计算完成这些任务所需要的资金投入，这样就可以作为实现营销方案的费用预算。

策划实例

目标任务法计算

某公司准备在南京市场实现年销500万瓶新型运动饮料的任务。根据在其他市场的经验，他们计划进行为期两个月的广告宣传，广告暴露频次为50次，共需要费用10万元。组织免费试饮活动一次，共需要费用3万元，组织推销机构和促销活动需2万元。共计15万元。这15万元就是该公司的新型运动饮料要打开南京市场，并达到年销500万瓶目标的营销费用预算。

四、撰写营销策划方案

营销策划方案又称为营销策划文案，是根据营销策划项目的内容、特点所描述的为实现营销策划目标而进行行动的实战方案。它是策划者协调和指导策划参与者行动的规划。关于营销策划方案的撰写将在任务三中详细讲述。

五、实施营销策划方案

营销策划的目的在于实施。营销策划方案实施的着重点在于组织各种活动，进行资源分配和利用，将方案付诸实践，使其转变为有效的成果。因此，营销策划方案在实施前和实施过程中都有许多不可忽视的关键环节：

（一）宣传造势

营销策划方案实施前和实施过程中，企业要注意进行对外宣传造势，这样能够扩大影响，处理好外部关系，促进策划方案的顺利实施。对于产品品牌的策划，宣传造势有利于品牌力的提升；对于价格策划，宣传造势有利于突出产品的市场定位；对于顾客满意策划，宣传造势有利于体现企业为顾客着想的形象。无论是哪一种营销策划，对外的宣传造势都是必要的。宣传造势形式有：广告、新闻稿、对外宣传、多媒体作品等。

（二）高层支持

营销策划方案成功实施的一个关键是赢得企业高层的支持。高层支持的项目，或称“一把手”工程，往往能够推行得比较顺利。在项目实施中，最经常的项目牵头人是客户方负责运营的老总或总经理。企业营销策划方案实施，不应当仅仅是营销部门的事情，而应当是整个企业在高层领导的直接指导之下的多方协同调整，因为实施涉及的是市场、销售、服务等多个与客户打交道的部门和流程。企业内部的高层管理必须承担项目负责人的角色，才能让策划实施顺利地开展。

（三）沟通协调

1. 策划人员与企业管理人员之间的沟通协调。一旦营销策划方案得到高层的批准后就应立即与企业管理人员沟通，让其了解策划方案的目的、程序、方法等，并寻求管理层的合作。协调好企业内部的组织关系，明确组织内各部门机构及人员的责权利及相互关系，强化内部组织的配合协助。

2. 策划人员与企业一般员工之间的沟通协调。企业一般员工是策划方案的具体实施者，因此，在策划方案实施过程中要通过各种方式使企业一般员工了解策划方案，理解策划活动的必要性，从而支持并认真执行企业营销策划方案。策划人员与普通员工之间要做好信息沟通，并通过印发内部资料、举行报告会、进行培训、召开座谈会、填写调查表等多种形式进行沟通协调，确保营销策划方案在企业最基层能得到全面地贯彻实施。

（四）过程控制

过程控制是保证策划成功实施的必要的管理手段。控制通过搜集信息，掌握策划的执行结果，来确定策划方案与执行结果的偏差，进而找出产生偏差的原因，制定相应的对策和措施，然后再进行信息反馈，以纠正偏差或继续实施策划或进行新的企业策划活动。

营销策划方案的实施结果是多种复杂因素共同作用的，如果实施结果出现偏差，原因大多是企业不可控的外部环境发生了变化。这就要求策划者如同重视编制策划方案一样来重视策划实施过程中的管理，正确处理内外部各方的关系，合理运用策划实施所需要的人、财、物信息等资源，实现企业、环境、企业经营目标、策划目标与策划执行结果的协调统一。

六、评估营销策划效果

（一）实施效果评估的类型

策划方案实施的效果评估，可分为阶段性评估和终结性评估。

阶段性评估，主要是指营销策划方案过程中进行的阶段评估，其目的是了解前一阶段方案实施的效果如何，并可以为下一阶段实施营销策划方案提供指导及经验教训等。

终结性评估，主要是指在策划方案实施的最后阶段进行的总结性评估，其目的是了解和掌握整个营销策划方案的实施效果，为以后的方案提供参考。

（二）实施效果评估的内容

不同的营销策划方案要达到不同的目的：对于没有经济目的的实施效果，如社会效果、政治效果、文化效果、法律效果等可以用定性的方法来进行评估；对于有经济目的的实施效果可以用定量的方法，通过一定的数量指标来进行评估。

1. **市场占有率**。市场占有率又称“市场份额”。是指某一品牌产品某一时期在某地区的市场占有率，或是指该品牌在该时期内的实际销售（量或额）占整个行业的实际销售（量或额）百分比。市场占有率既是评估企业经营态势和竞争能力的重要指标，也是进行市场营销方案实施效果评估的重要指标。

2. **品牌及企业形象**。品牌及企业形象是反映企业在市场中的地位的重要指标，也是作为评估营销策划方案实施效果的一个重要指标。在目前的市场环境中，消费者除重视商品实际功能外还注重“软价值”，如所获得的良好感、优越感、幸福感、超价值的服务等。因此，在营销策划中，提升品牌及企业形象成为策划的重要内容。在评估时，品牌及企业形象是否得到提升以及提升程度成为方案实施评估的常用指标。可以根据实际情况对品牌及企业的知名度、美誉度、反映度、注意度、认知度、传播度、忠诚度及追随度等进行评估。

3. **成本指标**。成本指标是指在策划活动进程中各项成本的控制，付给相关工作人员的报酬，调查、公关活动等专项费用。在营销策划方案实施进程中，成本指标也是评估的一个重要指标。

思考与训练

通过调查，了解在现实生活中某些典型行业（房地产、零售、快速消费品等行业）中的企业在进行营销策划工作时的具体工作流程是什么样的？请选取一个行业企业进行详细说明。

任务二

构思营销策划的创意

营销策划是根据企业营销的历史、现状而谋划未来的行为。营销策划是一种创新的行为，要创新，就要把创意贯穿于营销策划的过程之中，创意成功与否是营销策划是否出新的关键，从某种意义上说，创意是营销策划的灵魂。

一、运用营销策划创意

（一）创意的含义

什么是创意？创意是指人们在经济、文化活动中产生的新的思维成果，是一种创造新事物、新形象的思维方式和行为。创意是人类智慧的体现，人类的发展离不开创意，创意既是科学，又是艺术。

创意大师黄霑说：创意就是所有元素的重新排列和组合。

爱因斯坦认为：创意就是想象力。想象力比知识更重要。因为知识只是定义了我们普遍熟悉和了解的，而想象力使我们发现和创造。

有“创意产业之父”之称的英国著名经济学家约翰·霍金斯认为：创意是人类的本性之一，有时清楚有时又很模糊。这样才能创造出令人惊异的产品。只有通过各种各样的思维碰撞才能陈述出更好的点子。

（二）创意的要素

创意有三个要素：构思、选择素材和表现手法。

- **构思**，是指对未来的目标、功能、范围以及策划涉及的各主要因素和大体轮廓的设想与初步界定。它是一种创造性地探索过程，是策划的基础和首要步骤，其实质在于挖掘企业可能捕捉到的市场机会。

- **选择素材**，是创意的基本载体，与生活密切联系，也是体验品牌价值、形成创造性思维的重要资源。
- **表现手法**，是指产生杰出创意的各种手法，如组合、改良、新用途等。

（三）创意的特点

创意作为一种思维方式具有很显著的特点：

1. 积极的求异性。创意思维实际是一种求异思维。求异性贯穿于整个创意形成的过程之中，表现为对司空见惯的现象和人们已有认识持怀疑、分析和批判的态度，并在此基础上探索符合实际的客观规律。营销策划活动既是一种创意活动，也是一种求异活动，只有建立在积极的求异思维基础之上，才能独树一帜，引起市场广泛的关注。

2. 睿智的灵感。灵感是人们接受外界的触动而闪现出的智慧之光，它是人们在平时知识积累的基础上，在特殊情况下受到触动而迸发出来的创造力，灵感是随意迸发的，是不刻意获得的。但灵感是思维的积累，有知识、材料的积累，才有灵感的迸发。

3. 敏锐的洞察力。洞察力是以批判的眼光，准确入微、入木三分地观察并认知复杂多变的事物之间的相互关系的能力，并能提出正确的见解。敏锐的洞察力是创意者提出构想和成功解决问题的基础。

4. 丰富的想象力。想象是表象的深化，想象力是人们凭借感知而产生的预见、设想。想象力是发展知识的源泉，也是推动创意发展的源泉。想象力包括联想、设想、幻想，它使思维无拘束地自由驰骋，也使智慧充分地发散和辐射。

策划实例

“空手道”预约

日本的角荣建设银行董事长田式美是一位赤手空拳闯天下的人物。他相信世上有“没资金却能赚大钱”的生意，就用心寻找，最终想出了一套“预约销售”的方法。这办法说来很简单。比如，有人要买某栋楼，他就先找到买主，同他商量：“那栋楼约值100万日元以上，主人现有意80万脱手，请你买下它，保证两个月内可赚一成！超出一成利润时，超出部分由我得，如赚不到一成时，我赠你一成利润。”等买好后，他便代其销售。他往往能以相当于买价两倍左右的价格脱手。

对买主来说，两个月就有一成利润，比银行存款利息高得多，十分划算；而对田式美来说则不需要任何本钱。依靠这种提成，田式美的生意越做越大。他本来一无所有，经过十年奋斗，竟成为日本有名的建筑企业家了。

所以，成功的创意不仅是企业成功的源泉，更是造就成功企业家的主要途径之一。

（资料来源：百度文库——国内外经典八大营销创意案例。）

（四）营销策划创意的基本规律

1. **择优规律**。通过“择优选取”，以实现创意的规律。选择就是通过比较定取舍，而择优的标准就是有利于出奇制胜。由于营销活动是动态的系统，因此，营销策划构思设计过程择优的标准不能一成不变。

2. **相似规律**。对客观事物中存在的大量相似的现象加以研究和运用，以实现创造意图的规律。营销活动中有很多问题存在着相似之处，对这些相似现象深入研究，了解它们之间的关系和规律，往往能产生新的创意构思。

3. **综合规律**。把解决营销问题的某些要素、方法等重新加以组合，以实现创意的规律。在营销活动中，以组合为手段，以提高协作为标准，就可以产生新的构思，并取得成效。

4. **对应规律**。按照事物存在的对立性、对称性去开发运作，以实现创意的规律。一切事物都存在着对立面，对立统一规律也表现在营销策划活动的创新中，如少品种、大批量、追求规模效益与多品种、小批量、追求品种效益，就是两种思路完全相反的经营方法。在市场竞争中，别人生产“矛”，你就生产“盾”；别人以高档产品见长，你可以薄利多销取胜。总之，不能跟在别人后面亦步亦趋，要走自己的路，创出自己的特色，才能出奇制胜。

（五）营销策划创意的作用

营销策划中有关产品、企业、广告、品牌等的创意可引起人们的注意并最终导致消费者做出购买决定。好的创意就是要寻求消费者的兴奋点、产品的卖点、企业的亮点、消费者对企业及其产品的共鸣点。所以，营销策划中好的创意必然会起到以下作用：

1. 加深公众对企业的印象；
2. 影响公众的态度；
3. 引导公众舆论。

二、营销策划的创意思维

（一）营销策划创意思维的步骤

营销策划工作是一个复杂的系统工程，必须有一个线路图。从营销策划工作的背景、问题点、策划实效，探寻营销策划的运行途径、作业流程，明确应该如何走，最终能带来什么效果。营销策划创意一般包括六个步骤，见表 2－2。

表 2－2

创意思维步骤	实施内容
第一步：明确策划目标	营销策划者在创意前必须弄清委托者的本意、要求并从中提炼出主题，把有限的时间与合作者的智慧汇集其中，避免产生歧义或南辕北辙。

续表

创意思维步骤	实施内容
第二步：寻找策划线索	一是从现有的知识、情报中获得。发表于报刊、杂志、书籍中的知识或信息能够启发策划人员，给予暗示或启迪。策划者运用智慧对这些信息进行选择、加工、整理和组合，就可以获得策划线索。 二是通过个人或集体的智慧产生。可能产生新奇的“点子”，或者依靠众人产生“真知灼见”，最后成为策划的线索。
第三步：分析运行环境	企业的内外部环境是进行创意的依据，因而要对企业的内外部环境进行透彻分析，以引发出合乎环境的准确创意。
第四步：加工处理信息	策划者要对所有的资料进行认真分析，借助电脑对信息的量化分析和人脑对企业实态的感性分析进行整理加工，去粗取精，去伪存真，在反复的调研、探索、切磋的过程中，策划者不仅对情况把握十分清楚，而且会产生突发创意。
第五步：产生创意灵感	创意既是策划者灵感闪现的过程，也是一种可以引发，并需要催生的系统工作。
第六步：形成策划创意	策划创意是将暗示、灵感、突发念头等初级层次的“想法”，经过整理、琢磨而形成有结构层次的可能实现的“构思”。即单纯的念头，只能算一种“想法”，而不是策划创意。在诸多“想法”中，实际能发展成策划创意的，仅有很少一点。在各种策划线索的基础上形成策划创意是一个再创造的过程。

（二）营销策划创意思维的方法

1. **移植创意思维**。移植创意思维是指将某一领域的原理、方法、技术或构思移植到另一领域而形成新创意的思维方法。它是人们思维领域的一种嫁接现象，生物领域的嫁接可以产生新的物种，科技领域的移植、嫁接可以产生新的科技成果。同样，企业营销策划可通过对不同领域、不同行业的企业某些方面进行移植、嫁接，从而形成新的营销创意。

移植创意思维又分直接移植创意和间接移植创意两种。直接移植创意是学习过程，也是全面的克隆过程；而间接移植创意不仅是学习过程，还包括创新过程，是策划者通过对事物相似性的发现，套用某一事物规律的结果。如国内一些大型企业在解决其战略和流程管理问题时，也很多移植美国、日本等一些成熟企业的模式与范例。

2. **逆向创意思维**。当大家都朝着一个固定的思维方向思考问题时，而你却独自朝相反的方向思索，这样的创意思维方式就叫逆向创意思维。人们习惯于沿着事物发展的正方向去思考问题并寻求解决办法。其实，对于某些问题，尤其是一些特殊问题，从结论往回推，倒过来思考，从求解回到已知条件，反过去想或许会使问题简单化，使解决它变得轻而易举，甚至因此而有所发现，创造出惊天动地的奇迹来，这就是逆向创意思维和它的魅力。例如司马光砸缸，有人落水，常规的思维模式是“救人离水”，而司马光面对紧急险情，运用了逆向思维，果断地用石头把缸砸破，“让水离人”，救了小伙伴的性命。

逆向创意思维实际上是一种沿原有思路的相反方向进行思索的创意方式。使用逆向创意思维方式常常能获得新奇的策划创意。

策划实例

"反复印机"的发明

日本是一个经济强国，却又是一个资源贫乏国，因此他们十分崇尚节俭。当复印机大量吞噬纸张的时候，他们一张白纸正反两面都利用起来，一张顶两张，节约了一半。日本理光公司的科学家并没有就此满足，他们通过逆向思维，发明了一种"反复印机"，已经复印过的纸张通过它以后，上面的图文消失了，重新还原成一张白纸。这样一来，一张白纸可以重复使用许多次，不仅创造了财富，节约了资源，而且使人们树立起新的价值观：节俭固然重要，创新更为可贵。

（资料来源：http：//baike. baidu. com/view/636898. htm）

3. **侧向创意思维**。侧向创意思维与正向创意思维是不一样的，正向创意思维遇到问题，是从正面去想，但是侧向创意思维是要你避开问题的锋芒，从侧面去想，是在最不打眼的地方，也就是次要的地方，多做文章。这样往往会有意想不到的效果，会更简单更方便。通俗地讲，侧向创意思维就是利用其他领域里的知识和资讯，从侧向迂回地解决问题的一种思维形式。

4. **重点创意思维**。重点创意思维就是抓住重点，从核心点关键处进行突破的创意思维方法。重点创意思维是策划工作的重要创意方法和思维方式，其核心是策划人在面对复杂的策划问题和策划对象时，首先要努力寻找突出某一环节、某项业务等个别线索，主动地缩小策划对象，使策划对象简单化、明了化。通过重点突破，进而把局部策划产生的功效传递给整个原策划对象，最终解决整体策划问题。也就是说，要善于捕捉要点，并加以放大、突出，甚至要大肆张扬，使整个策划对象显现出不可替代的优势。

重点创意思维也是形成差异的关键所在，依照"USP——独特的销售主张"观点，这个"点"必须具备三个方面要求。一是强化策划对象具体的特殊功能和利益；二是这个特殊性是对手做不到或无法提出的；三是所强调的主张必须是强有力的，聚焦一点，吸引消费者。这一点是突出的一点，营销人员称为"诉求点"，传媒又称之为"卖点"、"亮点"、"炒作点"。

5. **组合创意思维**。组合创意思维方法是指在思维过程中根据营销策划的任务，将不同性质的事物或功能组合在一起从而产生创意的方法。运用组合思维进行创造，其方法是无穷的。组合的主要类型一般有以下四种：

一是主体附加。是指在某一事物原有的属性中补充或增加新的内容，主体附加的附件只是起补充完善或利用主体的作用。例如：电扇加定时器、电冰箱加温度显示器、彩色电视机上附加遥控器、带橡皮头的铅笔、含微量元素的食品等。

二是异类组合。是两种或两种以上不同类型的技术思想的组合，以及两种或两种以上不同功能物质产品的组合。组合对象（技术思想或产品）来自不同的方面，一般无主次关系。

三是同类组合。同类组合是若干相同事物的组合。参与组合的对象在组合前后基本原理和结构一般没有根本的变化。往往具有组合的对称性或一致性的趋向。

四是重新组合。就是在事物的不同层次分解原来的组合，然后再按照新的目标重新安排的思维方式。重组作为手段，可以更有效地挖掘和发挥现有技术的潜力。

6. **联想类比创意思维。**联想类比创意思维方法是指通过对已知事物的认知而联想到未知事物，并从已知事物的属性去推测未知事物也有类似属性的方法。例如：A与B两个事物，A具有a、b、c三个属性，B有a、b两个属性，通过联想类比，可推断B或许也有与A类似的属性c。

联想类比法包括以下类型：

一是直接类比。即简单的在两个事物之间直接建立联系的类比方法。如鲁班因野草的边缘割破手指而发明了锯子；高尔基的《海燕》，以高傲的海燕在乌云浓重的天空中飞翔，使人联想到十月革命前沙皇的统治与无产阶级英勇奋斗的情景。

二是拟人类比。即将问题对象同人类的活动进行类比的方法。赋予非人类的具体事物以人的思维和想象。企业形象设计本身就是把企业拟作人进行的设计和策划，赋予人的理念、人的视觉美感和行为方式，使之在社会公众中产生美好的形象。

三是因果类比。即一种从已知事物的因果关系同未知事物的因果关系有某些相似之处，而寻求未知事物的方法。如鸟类飞行距离与其翼长有关，信天翁翼长达4米，故可连续飞行数月，于是人类研制出了远距离飞行的U－2型飞机。

四是结构类比。即由未知事物与已知事物在结构上的某些相似而推断未知事物也具有某种属性的方法。如把经济运行结构与交通运行结构进行类比，就可以由红、绿、黄指示灯对车辆的管理推及国家宏观调控与市场运作的关系。

三、营销策划的技巧

（一）把握时机

把握时机就是选择策划时机。机会的捕捉是指营销策划者能在最佳时间点上推行策划方案，以期获得策划活动成功。一般而言，当社会发生重大事件（如大选、地震、海啸、抗洪抢险、食物中毒等）或热点新闻报道（教育乱收费、医疗药品价格、房地产升温、股票涨跌等），公众、媒体等都会把目光聚集在这些事件上，此时的人气效应十分可观，如能针对性地衔接策划活动，必将能起到巧借东风的作用，甚至起到意向不到的效果，这种机会，人们称之为“策划时机”。

（二）公关造势

“势”，词义丰富，可解释为态势、权力、威力、发展趋势以及时机等。营销策划中的渲染造势，就是指企业在进行营销活动时，根据营销策划方案设计的具有企业特色和鲜明个性的组织活动，利用公关手段，通过新闻媒体、网络工具等多种方式，制造声势、扩大影响，给公众留下深刻印象或强烈意识，以努力实现企业营销策划目标。

（三）模仿创造

模仿创造是指通过模拟仿制已知事物来构造未知事物。通过模仿他人的经营模式而很快使自已跃进到新的高的层次，节省了研究成本，进而增强了企业的竞争力。成功的模仿就是一种自我创新。

在模仿中创新。模仿创造不是抄袭、照搬，而是因时、因地、因物、因势而采取最适合的创意，对已知事物的模仿只是借鉴，通过借鉴在此基础上做出适合未知事物的选择、再造。模仿只是入门的钥匙，紧接着必须致力于创新。

基于模仿的创新，为赶超先进的企业带来了“后发优势”。

一是避免大量资源投入。因为技巧的发明以及产业的形成，是建立在多年人力、财力和物力的投入之上。“拿来主义”使得追赶中的企业可以避开发明的巨大耗费。

二是避免风险。在很大程度上，“高风险”就是对突破性技巧的定义。而追赶中的企业，能够在市场走向清晰，风险减弱的条件下，利用新技巧，开拓市场。在技巧成型的情况下，针对市场，完善改造性的创新工作，使企业更有机会成功。

三是后进企业的勇气。创新者总是瞻前顾后，追赶者却能神闲气定。

但是需要一再强调的是：这种后发优势只有在摆脱了单纯而被动的模仿前提下才会生效。否则，后进企业虽然紧追先进，但只能跟在别人后面，却无法赶超。

策划实例

战后日本经济的发展

战后初期的日本企业，工业技术落后欧美20余年。跨入20世纪70年代，其震撼世界的赶超奇迹却令人无法继续无视这个岛国的技术实力。这个奇迹的产生，最初也起始于大规模引进和模仿欧美技术。由政府参与规划和支持的有计划有步骤的技术引进，为日本企业带来一条迅速改变技术落后局面的捷径。

战后的日本能迅速在钢铁、汽车、电子、数控机床等领域赶上甚至超过欧美，靠的并不是被动的模仿。有人说日本人“花一块钱买进技术，花三块钱进行改进创新”。购入的欧美自主技术，并没有被直接使用，而是用来肥沃了日本原本贫瘠的技术创新土壤。

（资料来源：新浪论坛《走向超级大国——中国及潜力大国崛起战略研究》。）

思考与训练

结合自身实际思考，如果你是一名营销策划人员常用的营销创意方法会是哪些？

任务三

撰写营销策划书

营销策划书是营销策划方案的书面表达形式，也称策划文案或策划方案。撰写营销策划书是营销策划的具体成果。营销策划书撰写的规范性将有助于营销决策人员和组织实施人员最大限度地理解策划者的意图和策划思想，在充分理解的基础上选择和执行营销方案，使策划的效果尽可能得以实现。

营销策划的最终成果将在策划书中体现出来，营销策划书是未来企业营销操作的全部依据。策划书一般来说没有一成不变的格式，它依据产品或营销活动的不同要求在内容与撰写格式上也有变化，但策划书必须具备鲜明的目的性、明显的综合性、强烈的针对性、突出的操作性、确切的明了性等特点，即体现“围绕主题、目的明确、深入细致、周到具体、一事一策、简易明了”的要求。

一、营销策划书的撰写原则

为了提高营销策划书撰写的准确性和科学性，撰写过程必须遵循以下原则：

- **逻辑思维原则**。策划的目的在于解决企业营销中的问题，因此，必须要按照逻辑性思维的原则来构思、编制策划书。营销策划书编制的逻辑思路，首先，是设定情况，交代策划背景，分析产品市场现状，再把策划中心目的全盘托出；其次，是进行具体策划内容的详细阐述；再次，是明确突出解决问题的对策。
- **简洁朴实原则**。在编制营销策划书时，要注意突出重点，抓住企业营销中所要解决的核心问题，深入分析，提出可行性的相应对策，对实际操作要具有指导意义。
- **可操作性原则**。编制的策划书要用于指导营销活动，其指导性涉及到营销活动中的每个人的工作及各环节关系的处理。因此其可操作性非常重要。不能操作的方案创意再好也无任何价值。不易于操作还会耗费大量的人、财、物，导致费用增大，成本上升。
- **创意新颖原则**。营销策划书应创意新、内容新、表现手法新，给人以全新的感受。新颖的创意是策划书的核心内容。

二、营销策划书的撰写准备

（一）明确撰写思路

1. 营销策划方案设计给谁。营销策划方案的制订，第一步必须弄清策划方案的提供对象是谁，不同的接受者所要求的标准是不一样的。

2. 营销策划方案的作用是什么。需要说服别人开展营销策划，但仅以口头形式又无法说清楚，此时就需要设计策划方案，通过策划方案将策划人的意图向不同的审议者传达。

3. 营销策划方案的最终设计目的是什么。从根本上说，营销策划方案设计目的就是使决策者接受策划的内容，并确保策划能按方案顺利实施。

4. 为什么要设计营销策划方案。营销策划方案可使策划操作更具有科学性、系统性和可行性。总之，设计好的营销策划方案就是为了使策划得以被理解、操作和实施。

（二）确定撰写要点

营销策划方案的种类，因提出的对象和目标不同，而在形式和体裁上有很大的差别。但是，任何一种营销策划方案，其基本内容均应包括下列要点，可以概括为“5W2H1E”：

- What（什么）——策划目标：将策划目标进一步具体化、指标化，并说明实现目标的基本要求和标准。

• Who（谁）——策划人员：确定策划中承担各项任务的主要人员及责权利。

• Where（何处）——策划实施：确定策划中承担各项任务的部门及场所。

• When（何时）——策划日程：列出实现各个目标的时间进度表。

• Why（为什么）——策划原因：主要是向策划实施人员说明策划目标，阐明策划的必要性、可行性等，以期实施人员便于理解和执行。

• How（怎样）——策划手段：确定各部门、人员，实现目标及行为的顺序、时间、资金、其他资源等的管理控制方式。

• How many（多少）——策划预算：按策划确定的目标（总目标或若干分目标），列出细目，计算所需经费，以控制策划活动严格按预算进行。

• Evaluation（估测）——策划评估：确定实施项目策划情况的标准，以及由谁检查评估工作和出现偏差如何处理等。

需要特别指出的是，虽然说“5W2H1E”是营销策划方案的基本内容，缺一不可，但这并不意味着它们是营销策划方案的全部内容。不同专题的营销策划方案，其目标和要求各异，因而内容也千差万别。

（三）营销策划书的基本框架

依据营销策划活动的一般规律及特性，营销策划书的基本框架分为两大部分：

1. **策划基础部分**。策划基础部分主要是对企业营销背景、市场环境进行分析。具体视策划内容而异。

主要内容：

（1）宏观环境分析，包括政策法律因素分析、经济因素分析、技术因素分析、社会文化因素分析等；

（2）微观环境分析，包括竞争对手营销战略及状态分析，企业内部优劣势分析等；

（3）企业概况分析，包括企业的历史情况、现实生存状况及未来发展设想等；

（4）对调查材料的分析，包括企业目标市场需求调查；购买者购买力调查；购买行为方式调查；企业适应市场需要状况的调查；企业的影响力、知名度、满意度的调查等。

撰写要求：

分析要准确，材料要充实。对原始材料的处理必须实事求是，不能随意胡编，不能任意编造或夸大缩小。选用的素材要充分，要为行动方案的形成提供充足的、必要的条件。

2. **行动方案部分**。行动方案部分主要是对企业营销活动的范围、目标战略、策略、步骤、实施程序和安排等的设计。

主要内容：

（1）如何确定目标市场，包括市场细分、市场定位（含对市场定位和对企业的市场定位）、目标市场的选择与确定等。

（2）如何占领目标市场，包括产品策略（新产品开发、产品改良、品牌包装等策略）、价格策略（价格制定、价格变动策略）、渠道策略（分销渠道的选择）、促销策略（商业广告、人员推广、营业推广、公关活动等方面的策略）。

撰写要求：

明确的针对性、强烈的创新意识、切实的可行性。

三、营销策划书的结构

不同专题的营销策划书因其目标、要求及方法的不同，在结构内容上自然有很大差别，然而万变不离其宗，一份比较完整规范的营销策划书，其基本结构可以用“2+4”来表达：

“2”就是营销策划书的一个开头与一个结尾。开头表达项目与策划背景，结尾表达效果预测与评估。

“4”是策划方案的主体结构，分为四个部分：一是从战略营销的角度进行分析，制订市场目标方案；二是从项目营销的角度进行定位，制订行动实施方案；三是从服务营销的角度进行管理，制订业务处理方案；四是从品牌营销的角度进行设计，制订宣传推广方案。市场营销策划书基本结构如表2-3所示。

表2-3　　市场营销策划书的基本结构

构成		内容	作用	要求
封面		策划方案名称、客户名称、策划人、提案日期、策划适用时间段、保密级别及编号	策划书标志	封面纸张比正文纸张厚；保密等级分为“秘密、机密、绝密”
概要		策划方案内容高度概括	画龙点睛	简练
目录		策划方案内容提纲	策划构成框架	简练
前言		策划目的、方法、意义等说明	策划背景与过程	简述策划任务、策划原因、策划过程
正文	界定问题	确定策划主题与目标	策划任务	目前存在的营销问题
	环境分析	重要环境因素分析	策划依据	分析：市场因素、竞争因素、消费者因素等
	SWOT分析	企业的优势、劣势、威胁与机会	策划依据	可与环境分析合并
	营销目标	市场目标、财务目标、消费者满意目标等	确定营销目标	明确具体
	营销战略	产品市场推广战略、业务拓展战略、市场竞争战略、投资组合战略	总体布局	如产品市场推广战略策划的重点是：STP营销（市场细分、选择目标市场、市场定位）
	营销组合策略	产品策略、价格策略、渠道策略及促销策略	具体对策	按实际情况选择4P内容
	行动方案	人员安排、道具设备、时间计划、地点选择	执行蓝本	谁、何时、何地、做什么、如何做成
	财务分析	费用预算、风险预测、应急方案	可行性分析	总费用、项目费用、阶段费用
	控制方案	执行控制、风险预测、应急方案	保证成功	及时把握实施信息

续表

构　成	内　容	作　用	要　求
结束语	总结、突出、强化策划人意见	提升策划水平	实事求是
附录	数据资料、问卷样本及其他背景材料	提高可信度	主要运用表格、图像

四、营销策划书的撰写要求与技巧

营销策划书和一般的报告文章有所不同，它对可信性和可操作性以及说服力的要求特别高。因此在撰写营销策划书时应十分注意可信性、可操作性以及说服力。

（一）营销策划书的撰写要求

1. 营销策划书的标题要引人注目。标题应直接切入主题，突出中心思想，能够吸引人们的眼球，并产生强烈的感召力。

2. 营销策划书的重点要让人印象深刻。策划书主要内容要从企业的实际出发，从营销策划的目标要求出发，选择关键的环节，强调做关键的事。

3. 营销策划书的依据要真实、准确，可信度高。企业的环境信息是建立营销策划书的基础。策划人要深入实地掌握第一手资料，认真运用策划工具进行分析评价，才能确保营销策划书的高质量。

4. 营销策划书的内容要不断更新。不同的营销策划书有不同的结构，要不断地学习，不断地汲取经验和教训，不断地进行创新，才能达到理想的效果。

5. 营销策划书的陈述要精炼，言简意赅。文字说明要表达准确，通俗易懂，让人一看就知道该干什么。文字含糊的营销策划书，会让人不知所云，等于放弃了策划执行力。

（二）撰写营销策划书的基本技巧

1. 合理使用理论依据。要提高营销策划内容的可信性，并使阅读者接受，就要为策划者的观点寻找理论依据，这是一个事半功倍的有效办法。但要防止纯粹的理论堆砌，纯粹的理论堆砌不仅不能提高可信性，反而给人脱离实际的感觉。

2. 通过举例说明。在营销策划书中适当加入成功与失败的例子对需要论证的问题加以说明，既可以充实内容，又能增强说服力，可谓一举两得。在具体使用时一般以多举成功例子为宜，选择一些国内外先进经验与做法，以验证自己的观点，效果十分明显。

3. 利用数字说明问题。营销策划书的内容应有理有据，任何一个论点最好都要有依据，而数字就是最好的依据。在营销策划书中利用各种绝对数和相对数来进行比较是绝对不可少的，而且要使各种数字都有可靠的出处。

4. 运用图表作数据分析。以图表的形式来描述，能简洁、系统地说明各种有关的数字资料。通过图表较好的视觉效果，阅读者可以直接查看数据的差异、图案和预测趋势，并能对有关数据进行对比，反映变量的变化趋势以及相互关系。例如，不必分析工作表中的多个数据列就可以立即看到各个季度销售额的升降，或很方便地对实际销售额与销售计划进行比较，如表 2－4 所示。

5. 突出重点，切勿面面俱到。在策划过程，不可以过分地贪求内容的全面，那样往往使一个策划里面包含太多的设计、太多的想法，目标过多，就会重点分散，即使有很好的方案，只要与主题无关，就要删除，不可贪心。

表 2－4　实际销售额与销售计划的比较

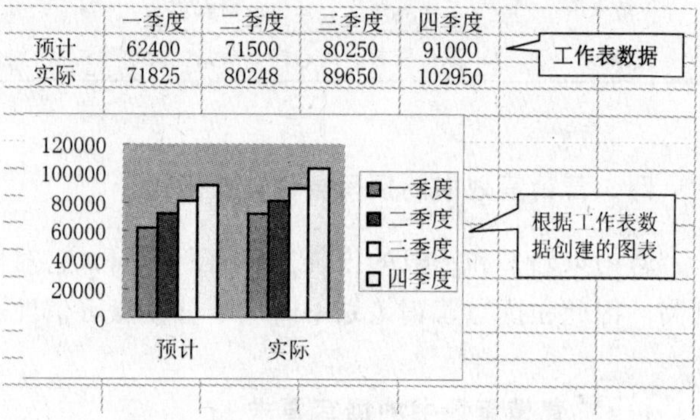

	一季度	二季度	三季度	四季度
预计	62400	71500	80250	91000
实际	71825	80248	89650	102950

6. 准备若干方案。拟定策划书，并没有硬性规定一次只能做一个策划方案，对于同一个主题同时做出两个或三个策划方案也是可以的。从企业的实践来看，在对策划进行审查时，一定会有种种的意见出现，所以事先准备替代方案是非常明智的。与其因第一方案遭否决而全军覆没，倒不如事先准备好后备方案，使成功的概率大为提高。

7. 有效利用版面设计，增强感染力。策划书的视觉效果的优劣在一定程度上取决于版面设计，故有效利用版面安排也是策划书撰写的技巧之一。这包括打印的字体、字与字的空隙、行与行的间隙、黑体字的采用以及插图和颜色等。优秀的版面设计能使策划书突出重点、层次分明、严谨而又不失活泼。

8. 重视细节，完善策划书。营销策划书的细节是十分重要的。首先，策划书中的错字、漏字会影响阅读者对策划者的印象，企业的名称、专业术语更不能出现错误。其次，一些专门的英文单词，差错率往往是很高的，在检查时要特别予以注意；如果出现差错，阅读者往往会以为由于撰写人本身的知识水平不高所致，这就影响了对策划内容的信任度。再次，纸张的好坏、打印的质量等都会对策划书本身产生影响。

思考与训练

撰写营销策划方案书时应该注意哪些问题？结合自身实际，思考你应如何克服以上问题的发生？

复习思考题

1. 营销策划程序一般包括哪些步骤？
2. 如何理解市场营销策划创意方法？
3. 如何培养和开发营销策划的创意思维？
4. 举出一个逆向创意思维法应用的策划案例？
5. 什么是营销策划方案？
6. 营销策划书具有什么作用？

7. 说明营销策划书的基本结构与写作要求？

案例分析

统一公司的饮料营销策划方案

初夏，饮料类产品的销售旺季已经来到，河南饮料市场上群雄逐鹿：康师傅、娃哈哈、乐百氏、可口可乐等竞争对手纷纷摩拳擦掌，准备重拳出击，实行新的促销策略。如何通过一系列的宣传、促销活动的开展，来推动夏季产品的销售。该企业的具体安排如下：

首先，企业希望通过大范围、高频率的平面媒体宣传来提升品牌知名度。具体计划是在河南第一大报《大河报》上投放整版《大河·统一美丽生活》硬广，并进行公交报站器广告，通过媒体先进行市场预热，为后边销售打好基础。

其次，有针对性的开展系列促销活动。详细安排如下：

1. 活动时间为5月31日至6月30日。以周为单位，对不同产品开展专题性促销活动如：冰红茶、绿茶等“茶”系列产品为一套系的促销，“鲜橙多、葡萄多”等“多”系列产品为一套系的促销等。

2. 周一到周五“买就送”，以买送搭赠（面类产品和饮料的捆绑）的形式带动人气低迷的时段销售。周末带动人气的“限时、限量惊爆抢购”，打击竞争对手，抢拉客源的“超低特价，超级好礼”。

3. 公益活动。适逢中高考时举行一个公益活动——您的爱心·我的学业，统一产品义卖表真情活动，以此来树立良好的企业形象。

4. 开展写生大赛。开展儿童妈妈写生大赛，在增进亲子关系同时，扩大统一品牌在孩子群体中的影响。

5. 活动期间还将邀请台胞河南办事处主任等一行来到活动现场做讲话，各大媒体记者也要到现场采访，统一河南分公司老总将亲自演讲，为活动造势。

此外，为保证以上活动能够顺利实施还要对活动实施过程中，所涉及的方方面面的情况进行周密安排。如：各职能部门的主要职责；促销活动开展前相关资源（场地、物料及人员）的准备。特别要注意的是在人员安排过程中，还要对于参与促销活动的相关人员进行有针对性的培训。

最后，要对整个促销活动的效果提出可行性评估方案。

（资料来源：中国营销传播网：http：//www. emkt. com. cn/）

【案例思考】

1. 统一公司的饮料营销策划方案的主题是什么？

2. 这个策划创意主题是否具有鲜明性和独特性？

3. 分析该主题是如何体现创意的三个元素？

策划实训

根据统一公司的饮料营销策划方案撰写一份营销策划书

实训目的：通过营销策划方案提供的材料，撰写一份内容完整、结构合理的营销策划书，达到掌握营销策划书的撰写方法，提高营销策划书的写作能力。

实训方式：根据案例提供的材料和营销计划书的基本格式要求，以小组为单位，建议每个小组以3～4个人为宜，分工合作共同完成一份题为"统一公司饮料营销策划方案"的营销策划书。

项目三 营销策划分析

学习目标

知识的掌握：

- □ 理解市场营销环境及相关的概念
- □ 熟练掌握对微观和宏观环境因素的分析技巧

技能的提高：

- □ 通过对SWOT的分析，能够找出企业的市场机会和所面临的威胁
- □ 能够分清企业的优势和劣势，为企业制订出营销策划方案

项目描述

应用SWOT分析方法，分析企业对市场营销环境变化的对策，制订企业营销策划方案。

案例引导

“都是PPA惹的祸”

几年前，“早一粒，晚一粒”的康泰克广告曾是国人耳熟能详的医药广告，而康泰克也因为服用频率低、治疗效果好而成为许多人感冒时的首选药物。可自从2000年11月17日，国家药监局下发“关于立即停止使用和销售所有含有PPA的药品制剂的紧急通知”，并将在11月30日前全面清查生产含PPA药品的厂家。一些消费者平时较常用的感冒药“康泰克”、“康得”、“感冒灵”等因为含PPA都成为禁药。

中国国家药品不良反应检测中心2000年花了几个月的时间对国内含PPA药品的临床

试用情况进行了统计，在结合一些药品生产厂家提交的用药安全纪录，发现服用含 PPA 的药品制剂（主要是感冒药）后已出现严重的不良反应，如过敏、心律失调、高血压、急性肾衰、失眠等症状；在一些急于减轻体重的肥胖者（一般是年轻女性）中，由于盲目加大含 PPA 的减肥药的剂量，还出现了胸痛、恶心、呕吐和剧烈头痛。这表明这类药品制剂存在不安全的问题，要紧急停药。

这次名列“暂停使用”名单的有 15 种药，但大家只记住了康泰克，原因是“早一粒，晚一粒”的广告非常有名。作为对媒体广泛询问的一种回应，中美史克公司 11 月 20 日在北京召开了记者恳谈会，总经理杨伟强先生宣读了该公司的声明，并请消费者暂停服用这两种药品，能否退货，还要依据国家药监局为此事件作的最后论断再定。他们的这两种产品已经进入了停产程序，但他们并没有收到有关康泰克能引起脑中风的副反应报告。对于公司生产的两种感冒药——康泰克和康得被禁，杨伟强的回答是：“中美史克在中国的土地上生活，一切听中国政府的安排”。为了方便回答消费者的各种疑问，他们为此专设了一条服务热线。据分析，康泰克与康得退下的市场份额每年高达 6 亿元。不过，杨伟强豪言：“我可以丢了一个产品，但不能丢了一个企业。”这句豪言多少显得悲怆：6 亿元的市场，没了！

6 亿元的市场，康泰克差不多占了中国感冒药市场的一半，这市场太大了！生产不含 PPA 感冒药的药厂，同时面临了天降的机会和诱惑。他们的兴奋形成了新的潮流。由于含 PPA 的感冒药被撤下货架，中药感冒药出现热销景象，感冒药品牌从“三国鼎立”又回到了“春秋战国”时代。

中美史克“失意”，三九“得意”，三九医药集团的老总赵新先在接受央视采访时称：三九有意在感冒药市场大展拳脚。化学药物的毒害性和对人体的副作用已越来越引起人们的重视。无论在国内还是国外，中药市场前景非常被看好。三九生产的正是中药感冒药，三九结合中药优势论舆论，不失时机地推出广告用语：“关键时刻，表现出色。”颇为引人注目。

也想抓住这次机会的还有一家中美合资企业——上海施贵宝，借此机会也大量推出广告，宣称自己的药物不含 PPA。

在这些大牌药厂匆匆推出自己的最新市场营销策略时，一种并不特别引人注意的中药感冒药——板蓝根，销量大增，供不应求。

2000 年 11 月发生的 PPA 事件后，谁能引领感冒药市场主流，曾被众多业内人士所关注。经过一年多的角逐，感冒药市场重新洗牌，新的主流品牌格局已经形成。调查显示，“白加黑”、“感康”、“新康泰克”、“泰诺”、“百服宁”等品牌在消费者中的知名度居前列。

（资料来源：《市场营销》，李文国，上海交通大学出版社，2005 年 2 月第一版。）

【案例思考】

1. 在这个案例中，中美史克公司遇到了什么危机？公司的经营环境发生了哪些变化？

2. 本案例中美史克公司遇到哪些宏观环境因素变化？公司是否采取了相应的对策？

3. 如果你是中美史克的总经理，在自己的产品被禁而竞争对手大举进犯的情况下，你下一步将采取何种措施？

任务一

分析营销环境

企业的市场营销活动是在一定的外界条件下进行的，企业所制定的营销策略要与市场营销环境相适应，因此，企业的营销策划受制于市场营销环境，在进行营销策划时必须考虑当时当地的市场营销环境，否则做出的营销策划方案就如同建立在流沙上的房子。对企业营销环境因素进行分析，掌握营销因素分析方法，是企业营销策划的重要前提和基础。

一、市场营销环境概述

市场营销环境是指作用于企业营销活动的一切外界因素和力量的总和。它是企业生存和发展的条件。市场营销环境的变化，既可能给企业带来市场机会，也可能给企业造成严重威胁。由于生产力水平的不断提高和科学技术的进步，当代企业的外部环境变化远远超过了企业内部因素变化的速度，企业的生存和发展越来越取决于其适应外界环境变化的能力。

环境因素对企业营销活动的影响方式有两种：一种是直接影响，另一种是间接影响。对企业营销活动产生直接影响的称为"**微观环境**"；对企业营销活动产生间接影响的称为"**宏观环境**"，宏观环境通过改变微观环境来间接影响企业的营销活动。企业反过来要适应、利用和改善市场营销环境。

环境分析的目的：

- 要识别环境中影响市场营销的主要方面和因素及其变化趋势；
- 理解这些因素对市场营销的影响范围及其程度；
- 发现环境中的机会和威胁；
- 揭示出面临机会和威胁时，企业较竞争对手所具有的优势和劣势。

二、分析微观环境因素

微观环境是指直接作用于企业营销活动的环境因素，包括企业本身、供应商、营销中介、顾客、竞争者和各类公众等因素。

（一）企业

企业为开展营销活动，必须设立某种形式的营销部门负责主要的营销工作。市场营销部门一般由营销部和销售部构成。它一般由品牌经理、销售经理、推销人员、广告及促销专家、营销研究人员、销售代表等组成。

营销部门不是孤立存在的，还面对着高层管理部门（董事会、总经理等）和其他职能部门（制造、采购、研究与开发、财务）。市场营销部门与其他部门既有多方面的合作，也存在争取资源方面的矛盾。这些部门的业务状况如何，它们与营销部门的合作以及它们之间是否协调发展，对营销决策的制定与实施影响极大。其中最主要的有：企业人力资源的分析、财力资源的分析、物质资源的分析、技术资源的分析、信息资源的分析等。

（二）供应商

供应商，是指向企业提供生产经营所需原料、能源、设备、资金、人力等生产资源的企业及个人。

供应商对企业的营销活动有实质性的影响，其提供的原材料数量及质量将直接影响产品的数量和质量，所提供资源的价格将直接影响企业的产品成本、价格和利润，其供货时间的保证程度将直接影响企业生产及销售三方面顺利进行。

供应商是影响企业营销的微观环境的主要因素之一。为了减少对企业的影响和制约，企业要尽可能多地联系供应商，向多个供应商采购，尽量避免过于依靠单一的供应商，以免与供应商的关系发生变化时陷入困境。

（三）营销中介

1. 中间商。中间商是指协助企业寻找顾客或直接与顾客进行交易的商业企业，对企业产品从生产领域流向消费领域具有极其重要的影响。它包括经销中间商和代理中间商。前者是转售商品的企业，对其经营的商品有所有权，如批发商、零售商；后者协助买卖成交，推销产品，对其经营的产品无所有权，如经纪人、制造代表等。

2. 实体分销商。实体分销商又称物流公司，是指便利交换的或是商品的实体分销者，如运输公司、仓储企业等。其基本功能是调解生产与消费矛盾，解决产销时空背离矛盾，提供商品的时间效用和空间效用，以适时、适地、适量地帮助完成商品由生产者到消费者的流转过程。

3. 营销服务机构。营销服务机构是指为厂商提供各种营销服务，协助生产企业开拓市场及销售推广的机构或企业，如营销调研公司、广告代理商、市场营销咨询企业等。

4. 金融中介机构。金融中介机构是指协助生产企业融资和保障货物购销储运风险的各种机构，如银行、保险公司等。金融中介服务机构不直接从事商业活动，但对工商企业的经营发展至关重要。随着市场经济的发展，企业与金融机构的关系越来越密切，企业的信贷资金来源、企业间的业务往来、企业财产和货物的风险保障等都会直接影响企业的生产经营活动状况。

（四）顾客

顾客是企业产品或服务的购买者，是企业营销活动的出发点。企业与供应商和中间商保持密切关系，就是为了有效地向目标市场的顾客提供商品和服务。因此，企业一切营销活动都应以满足顾客的需要为中心，顾客的获取和保留是企业利润的来源，是企业最重要的环境因素。

根据顾客购买产品的目的可以将顾客分为四个市场：

- 消费者市场，即购买商品和服务供自己消费的个人或家庭；

- 生产者市场，即购买商品及劳动投入生产经营活动过程以获得利润的组织；
- 中间商市场，即为了销售商品（劳务）而购买该商品（劳务）以获利为目的的组织；
- 政府（非营利组织）市场，即为提供公共服务或转赠需要者而购买商品（劳务）的组织。

企业须研究顾客的类型、需求的特点、购买欲望、购买动机、购买方式等，在全面细致地了解目标顾客的基础上进行营销决策。

（五）竞争者

竞争是市场经济的普遍规律，现代企业都处于不同的竞争环境中。企业的营销系统总会受到一群竞争对手的包围和影响，企业竞争对手的状况将直接影响企业的营销活动。企业要获得成功，必须在满足消费者需要和欲望方面比竞争对手做得更好。

对竞争对手的分析主要从以下五个方面进行：

- 竞争对手的目标市场；
- 竞争对手的自我评价；
- 竞争对手现行的营销战略；
- 竞争对手的能力；
- 利用市场信息分析竞争对手。

（六）公众

公众是指对一个企业实现其目标的能力及其经营活动有实际或潜在影响和兴趣的团体及个人。公众可能有助于增强一个企业实现自己目标的能力，也可能妨碍这种能力。企业面临的公众主要有以下七种：

1. 金融公众（融资公众），是指所有影响企业融资能力的组织及机构，如银行、投资公司、保险公司等。

2. 政府公众，是指与企业业务经营活动有关的各类政府机构，如行业主管部门，财政、工商管理部门，税务、物价、商品检验部门等。

3. 媒介公众，是指报纸、杂志、电视、广播等大众传播媒体。

4. 社区公众——地方利益公众，是指企业所在地附近的居民及社区组织。

5. 社团公众——市民行动公众，包括所有保护消费者权益的组织、环保组织及其他群众团体。

6. 一般公众，是指上述公众之外的社会公众。此类公众虽然不会有组织地对企业采取行动，但企业形象会影响他们对企业产品的购买选用。

7. 内部公众，是指企业内部的全体员工。员工的责任感及满意度必然会传播并影响外部公众，从而对企业的整体形象产生直接影响。

企业的营销活动不仅要针对目标市场的顾客，还应当考虑到有关各类公众。企业应力求保持与主要公众之间的良好关系，争取社会公众对企业的信赖和支持。

策划实例

农夫山泉接受海口工商局道歉很明智

闹得沸沸扬扬的农夫山泉“砒霜门”事件，有了最终调查结果。2010 年 1 月 5 日，海南省工商局称，经过 21 天的深入调查，确认检测机构初检结果有误，仪器老化，方法不标准为主要原因，海口市工商局在工作过程中存在程序不当的地方，但没有发现有关工作人员有违反廉政规定和徇私舞弊的行为。约一个月之前，当事企业农夫山泉与海口市工商局关系还是剑拔弩张，海口市工商局认定农夫山泉饮料砷或二氧化硫超标，而农夫山泉也准备将对方告上法庭。在此期间，农夫山泉的销售情况受到明显影响，而海口市工商局的执法行为是否合法也备受质疑。在海南省工商局的“调停”下，海口市工商局被证明没有执法腐败，农夫山泉也被证明产品不含砒霜。

在承认公布错误信息给生产企业造成不良影响后，海南省工商局还称其负责人多次主动约见企业负责人，坦诚与企业沟通，企业负责人对此表示理解和满意。1 月 7 日，农夫山泉发表声明，表示接受海口市工商局的道歉。双方合力，将大事化小，小事化了，最终双方共同走出危机，这才是双赢的局面。

（资料来源：新浪艾学蛟博客，2010 年 1 月 10 日。）

三、分析宏观环境因素

宏观环境主要包括政治环境、法律环境、经济环境、人口环境、社会文化环境、科学技术环境、自然环境等。宏观环境一般不直接对一个特定企业的营销活动产生影响，而是通过那些可以对企业的市场营销活动产生直接影响的微观环境因素起作用，然后对企业的营销活动产生影响。

（一）政治环境

在任何社会制度下，企业的营销活动都必定受到政治环境的制约。政治是经济的集中表现，政治环境的好坏直接影响宏观经济形势，从而也影响企业的生产经营活动。政治环境分析得准确，才能制定出与其相适应的营销战略，才能在战略实施中，当遇到暂时的、偶发的政治波动时有所应对。

政治环境是指企业市场营销活动的外部政治形势和状况给市场营销活动带来的或可能带来的影响，一般分为国内政治环境和国际政治环境。

1. **国内政治环境**。国内政治环境一般包括国家的方针、政策、路线及其调整变化。企业的营销活动作为社会生活的组成部分，总要受到政治环境的影响和制约。国家的方针政策不仅规定了国民经济的发展方向和速度，也直接关系到社会购买力的提高与市场消费需求的增长状况。企业要随时了解和研究各个不同阶段的具体方针和政策及其变化的趋势。

2. **国际政治环境**。从国际上说，政治环境主要涉及政治权力和政治冲突问题。政治权力是指一国政府通过正式手段对外来企业权利予以约束，包括进口限制、外汇控制、劳工限制、国有化等方面。政治冲突是指国际上重大事件和突发性事件对企业营销活动的影响。特别是在经济全球化的趋势下，企业在对外扩展时，如在国外办厂、开店、设立分支机构或作为企业的目标市场来考察时，必须认真了解、追踪这两者对企业营销活动的影响，随时准备应对相关国际政治环境的变化，及时调整自己的营销策略。

策划实例

西班牙火烧温州鞋

西班牙埃尔切市，当地时间2004年9月16日傍晚7点多，数千市民在“我们要吃饭，我们要生存”、“中国人滚出去”的口号声中，将价值数千万元的温州鞋付之一炬。

埃尔切市素有“欧洲鞋都”之称，几乎所有市民的工作都和鞋业有关。但精明的温州商人来了之后，50%以上的当地鞋厂被迫关闭，失业率非常高。温州鞋商能吃苦、善经营是出了名的，但埃尔切制鞋业协会提供的一些资料也显示：中国鞋商普遍不遵守西班牙政府规定的营业时间，星期天和节假日也营业，有时候甚至半夜也卸货；还有少数中国鞋商雇佣黑工等，这是当地法律所不允许的，引起了当地政府和居民极大不满。

温州每年由内贸转向外贸或兼顾外贸的制鞋企业在以20%～30%的数量递增。对比之下在欧盟，制鞋业日薄西山，成为夕阳工业，一再萎缩，从业人员逐月锐减。行业的迅速萎缩已严重影响到社会稳定，成为引发各种社会矛盾的诱因。

温州鞋商对事件的反应如何呢？“这是经济全球化带来的麻烦，西班牙人没有想到对手来得如此之快。”温州市工商联副会长陈国荣分析说，事件的本质不全在价格。他认为造成西班牙埃尔切鞋业危机的根本原因在于，当地制鞋业无法同质优价廉的外来鞋业竞争这一事实。

同时他也说，这是埃尔切发出的警示。价格的巨大差异是欧洲鞋业不可承受之痛。中国鞋业更应该警惕并积极应对具有“合法”色彩的技术性贸易壁垒。

（资料来源：中国服装网，2007年8月8日。）

（二）法律环境

企业了解法律、熟悉法律环境，既能保证企业自身严格依法办事，不违反各项法律，同时又能运用法律手段保障自身利益。市场营销活动中正当的竞争是在法律保障下进行，在法律允许的范围内企业可以发挥自身的管理、技术能力、营销水平。企业要重点了解和研究经济方面的法律及规定。

法律法规对企业行为的约束主要表现为对提供的商品、资源利用方式和竞争行为的激励或限制，其目的是保护环境、节约资源，以及建立和维护良好的市场秩序。基于可持续发展和公平、公正竞争的原则，法律法规对企业的生产活动、供应活动在降耗、减排、生态平衡和竞争秩序等方面的相关规定将越来越严格，企业的营销活动需要更多地考虑环保、生态和社会责任等问题。

法律法规对企业提供的产品和服务等给出了限制和支持，同时对消费者的需求也有一定的导向和制约，引导需求向良性的方向发展，即激励需求向节能、环保、非物质的方向发展，限制高物质消耗的、奢侈的，甚至有违社会道德的需求。这些需求导向或制约既可能给企业带来危机，也可能带来新的市场机会。

（三）经济环境

市场由那些想购买并且有购买力的人构成，而且这种人越多，市场的规模就越大。即，购买力是构成市场和影响市场规模大小的一个重要因素。同时，社会购买力还直接或间接地受消费者收入、价格水平、储蓄、信贷等经济因素的影响。

1. **消费者收入**。消费者的购买力来自消费者收入，所以消费者收入是影响社会购买力、市场规模大小以及消费者支出多少和支出模式的一个重要因素。

消费者并不会将全部收入都用来购买商品（包括物品和服务）。消费者的购买力只是收入的一部分。因此，在研究消费收入时，还需区分国民收入、个人收入、可支配的个人收入和可自由支配的个人收入。

进行经济环境分析时，还要区别货币收入和实际收入。因为实际收入会影响实际购买力。假设消费者的货币收入不变而物价下跌，消费者的实际收入便增加；相反，如果物价上涨，消费者的实际收入便减少。即使消费者的货币收入随着物价上涨而增加，但如果通货膨胀率超过了货币收入增长率，消费者的实际收入也会减少。营销人员应注意实际收入的变动趋势。

企业不仅要分析研究消费者的平均收入，而且要分析研究各个阶层的消费者收入。此外，由于各地区的工资水平、就业情况有所不同，不同地区消费者的收入水平和增长率也有所不同。

2. **消费者支出模式**。消费者支出模式主要受消费者收入水平的影响。随着消费者收入的变化，消费者支出模式就会发生相应变化。“恩格尔定律”指出：当家庭收入增加时，多种消费的比例会相应增加，但用于购买食物支出的比例将会下降，而用于服装、交通、保健、文娱、教育等的开支及储蓄的比例将上升。恩格尔系数就是食物支出占总收入的比例。恩格尔系数一般判定是：恩格尔系数在59%以上为贫困，50%～59%为温饱，40%～50%为小康，30%～40%为富裕，低于30%为最富裕。食物开支占总消费数量的比重越大，恩格尔系数越高，生活水平越低；反之，食物开支占的比重越小，恩格尔系数越低，生活水平越高。它反映人们收入增加时支出变化的一般趋势，已成为衡量家庭、地区以及国家富裕程度的重要参数。企业可从恩格尔系数了解目前市场的消费水平，也可以推知今后消费者变化的趋势及其对企业营销活动的影响。

消费者的支出模式不仅与消费者收入有关，还受到以下两个因素的影响：

（1）家庭生命周期的阶段影响。有孩子和没有孩子年轻家庭支出情况有所不同。没有孩子的年轻人家庭，往往把更多的收入用于购买冰箱、电视机、家具、陈设品等耐用消费品上，而有孩子的家庭，则在孩子的娱乐、教育等方面支出较多，用于购买家庭消费品的支出减少。当孩子长大独立生活后，家庭收支预算又会发生变化，用于保健、旅游、储蓄部分就会增加。

（2）家庭所在地点的影响。所在地点不同的家庭用于住宅建筑、交通、食物等方面的支出情况有所不同。

3. **居民储蓄和消费信贷**。社会购买力、消费者支出不仅直接受消费者收入的影响，而且直接受消费者储蓄和信贷情况的影响。

• 消费者的个人收入通常分为两个部分，一部分作为支付手段，用于当前开支；另一部分进行储蓄，用于未来的消费开支。在收入不变的情况下，储蓄数量越大，消费需求就越小，但潜在消费需求则越大；反之，储蓄数量越小，消费需求就越大，给企业提供的市场机会就越多。了解消费者储蓄的现状、变化趋势以及影响储蓄的各种因素，可以分析、判断消费者需求、支出和消费水平的变化。

• 消费信贷是指消费者凭借信用先取得商品使用权，然后按期归还贷款，即消费者预先支出未来的收入，提前消费。可见，消费信贷可以直接创造新的购买力。消费信贷的主要形式有短期赊销、分期付款、消费贷款等。消费信贷的规模和期限在一定程度上影响着某一时限内现实购买力的大小，也影响着提供信贷的商品的销售量。

（四）人口环境

市场是由那些想买东西并且有购买力的人（即潜在购买者）构成的，而且这种人越多，市场的潜在规模就越大。目前人口环境方面的主要动向有：

1. 人口迅速增长。人口迅速增长的主要原因是：随着科学技术的进步、生产力的发展和人民生活条件的改善，人类平均寿命大大延长，死亡率大大下降，世界人口尤其是发展中国家的人口持续增长，这意味着市场将持续增长。同样，中国的总人口在增长，市场潜力也是很大的。

2. 发达国家的人口出生率下降。发达国家人口出生率下降的主要原因是：越来越多的妇女参加工作，避孕知识的普及和避孕技术的提高。这种人口动向对儿童食品、儿童用品、儿童服装、儿童玩具等行业是一种威胁。因此，近几年来，美国等国家某些经营儿童食品和儿童用品的公司，或者到人口出生率高的国家去寻找市场，或者采取“转移”的对策，改行经营其他产品。例如，美国吉宝公司过去经营儿童食品，现在已转向以老年人为对象的人寿保险等盈利较多的行业。另一方面，这种人口动向对某些行业有利。例如，许多年轻夫妇有更多的闲暇时间和收入用于旅游、在外用餐、娱乐，因而给旅游业、旅馆业、体育娱乐业等提供了有吸引力的市场机会，促进了第三产业的发展。

3. 人口趋于老龄化。许多国家，尤其是发达国家的人口死亡率普遍下降，平均寿命延长。这种人口动向，无论对社会还是对企业营销的影响都将是深刻的。

4. 家庭结构发生变化。目前，人们普遍晚婚，婚后生育子女的数量持续减少，有的家庭甚至不要孩子；妇女婚后参加工作的人数也在增加。家庭的这种变化，引起了市场需要的相应变化。例如，由于普遍晚婚，致使市场对结婚用品的需要减少；由于离婚率很高，很多人离婚后不愿再婚，致使市场对住房、汽车、轮胎、日托服务等物品或服务的需要增加。近几十年来，家庭规模呈小型化趋势，给相应的家庭用品的行业提供了市场机会。

5. 非家庭住户迅速增加。非家庭住户主要有三种：

（1）单身成年人住户。这种住户包括未婚、分居、丧偶、离婚的单身成年人。这种住户需要较小的公寓房间、较小的食品包装和较便宜的家具、日用品、陈设品等。

（2）两人同居者住户。这种住户是暂时同居，需要较便宜的租赁家具和陈设品。

（3）集体住户。

6. 人口流动性大。许多国家的人口流动都具有两个主要特点：

（1）人口从农村流向城市。随着市场经济的发展，工业化和城市化趋势日益明显，人口必然不断从农村流向城市。这对零售商业结构影响很大。人口集中在城市使得居民需要和城市市场迅速扩大，于是在城市出现了繁华商业街。

（2）人口从城市流向郊区。第二次世界大战结束后，美国城市交通日益拥挤，污染日益严重，同时交通运输大大发展，许多人纷纷从城市迁往郊区，于是在大城市周围出现了郊区住宅区，而且在郊区住宅区周围出现了郊区的郊区。

7. 民族构成。一些国家的人口由多民族构成。美国人口基本是由过去两个世纪以来的移民构成的，因而是个多民族的国家。中国人口由56个民族构成。企业要调查研究这种人口动向，因为不同民族的消费者有不同的风俗、生活习惯和需要。

策划实例

人口断层导致需求下降　3年后楼市掉头向下？

尽管持续攀升的各项指标都在证明房地产市场未来的强劲走势，但仍有顶级投行逆向释放着悲观论调。著名投行法国巴黎百富勤的经济师秦红雨最新的预测是，中国的房地产市场3年之后可能掉头向下。

在“第二届中国经济论坛”上，谈到房地产市场未来走势时，秦红雨突然语出惊人：“我们认为，在2009年以后，房地产市场可能会有一个下滑。”

“房地产改革至今已有8年时间，对上世纪60年代人口高峰期出生的那代人而言，其购房需求已基本得到满足，许多人甚至已购了第二套房。”中国人口结构的变化，是秦红雨此次预测的基本依据，他相信该变化足以影响4年后的楼盘价格。秦红雨认为，“由于70年代计划生育政策的实施，结婚人口数开始相对减少，这样延续下来，在2009年后中国将出现一个巨大的住房需求断层，房地产市场因此必然面临重大调整。”

对此，北京大学宋国青教授昨天表示不能完全认同。“人口因素的确对房地产走势有一定影响，但房地产兼有消费性和投资性，影响房价的因素太多了”。

实际上，除了火热的中国楼市外，无论是在美国、西班牙还是澳大利亚，最近的媒体头条总是充斥着对全球房市前景的黯淡预期。被称为“神话不灭”的美国房价最近首当其冲，现房销售创下了36年以来的最大跌幅，涨疯了的莫斯科楼市最近也开始平静。

而摩根大通中国首席经济学家龚方雄则乐观地表示，中国经济增长强劲，外国投资者又极力看好中国房地产市场，而人民币升值又有相当的空间，未来三到五年中国房地产资产价值每年升值10%是合理的。

（资料来源：联合早报网，2006年11月27日。）

（五）社会文化环境

社会文化环境是指价值观念、生活方式、风俗习惯、宗教信仰、伦理道德、教育水平、语言文字等要素的总和。这种环境不像其他营销环境那样显而易见和易于理解，但对消费者的市场需求和购买行为会产生强烈而持续的影响，进而影响到企业的市场营销活动。

1. 文化。文化是人类需要和欲望的最基本的决定因素，也是影响消费者行为最为广泛的环境因素。文化有广义和狭义之分。广义的文化是指人类创造的一切物质财富和精神财富的总和，狭义的文化是指人类精神活动所创造的成果，如哲学、宗教、科学、艺术、道德等。消费者行为学将文化定义为一定社会经过学习获得的、用以指导消费者行为的信念、价值观和习惯的总和。信念包括大量心智或者语言表达，这些表达反映了一个人有关某物的特有的知识和评价。价值观也是信念，是为一定社会的成员所普遍接受并具有持久性的信念。习惯是公开的行为方式，它们构成特定环境中文化上被许可或可接受的行为方式。可以这样说，信念和价值观是人们行为的指南，习惯是人们日常的行为方式。

一个社会的文化特别是价值观会影响这个社会中人们的消费模式。例如，一个成就感很强的消费者可能会购买奢侈品来炫耀自己的成就；渴望年轻和充满活力的消费者可能会经常参加体育锻炼，购买时尚产品。市场营销人员在从事营销活动时，要研究目标市场消费者的价值观，特别是核心价值观。

市场营销受文化影响同时又影响文化。虽然市场营销人员很难改变一个社会的深层文化，特别是持久的、普遍被接受的价值观。但是，在一定时期内，企业市场营销活动可以强化或改变消费者的某种信念。在某种程度上，广告、音乐和服装设计都是在传播和制造文化。生产的产品和传播的信息要么唤起人们某种内心的渴望，要么给人们制造一个新的梦想，如梦想具有苗条的身姿、美丽的容颜、独立的精神、尊贵的地位等。可见，市场营销与文化是相互影响的。

相关链接

在一个国家或者一个特定社会，并不是每一个人都怀有相同的价值观。不同年龄、不同地区、不同民族的群体内部可能存在亚文化。这些次级群体的成员共同拥有某种独特的信念、价值观和生活习惯。不同亚文化群体之间在消费行为上可能具有很大差异，而同一亚文化群体中在消费品位和购买行为上可能表现出相似性，营销人员可以根据不同亚文化群体具有的不同需求和消费行为，选择不同的亚文化群体作为目标市场。目前，国内外营销学者普遍接受的是按民族、宗教、种族、地理划分亚文化的分类方法。比如，民族亚文化，是指不同的民族有独特的风俗习惯和文化传统；宗教亚文化，是指不同的宗教群体具有不同的文化倾向、习俗和禁忌；种族亚文化，是指白种人、黄种人、黑种人具有不同的文化传统、文化风格和生活态度；地理亚文化，是指地理环境差异造就了不同消费习性、消费特点和亚文化群体。

2. 价值观。价值观是指人们对社会生活中各种事物的态度和看法。作为整个社会的价值观是人与自然、人与人、人与社会关系的集中反映，对个体行为具有规范性。作为个人的价值观则主要是通过学习形成的。不同的文化背景下，价值观差异很大，影响着消费需求和购买行为。对于受不同价值观影响的消费者群体，营销管理者应研究并采取不同的营销策略。

策划实例

纳爱斯读懂中国人的价值观

20世纪90年代末，雕牌洗衣粉瞄准城市中档洗衣粉市场的空缺，一则“只选对的，不买贵的”广告，正中城市普通居民下怀。这个广告回避了当时众多洗衣粉广告的功能性宣传，反复用“我要雕牌”来引起消费者的注意力，并暗示雕牌的实惠价格。此广告家喻户晓，为雕牌知名度的提升起了很大的作用。接下来，雕牌洗衣粉继续贴近普通市民和城市弱势群体，关注城市中的热点——下岗，下岗女工女儿的一句“妈妈，我也能为你干活了”博得了大众的好感，许多偏爱外资品牌的消费者也在感动之余改用雕牌。雕牌洗衣粉不但赢得了眼球，也将其富有中国特色的亲情文化的品牌内涵传达到消费者的心中。

（资料来源：慧聪网小家电行业频道，2004年4月6日。）

3. 教育水平。教育程度不仅影响劳动者收入水平，而且影响着消费者对商品的鉴赏力和文化需求，影响消费者心理、购买的理性程度和消费结构，从而影响着企业营销策略的制定和实施。

4. 宗教信仰。宗教信仰与价值观的主要不同在于：宗教信仰在价值观念体系之中又加入了很多行为规范，具有很大的约束力。有些国家和地区的宗教组织在教徒的购买决策中有重大影响，有时一种新产品刚推出的时候，宗教组织就以该产品与其宗教信仰相冲突，提出限制和禁止使用；相反，如果能得到其赞同和支持，宗教组织就会号召教徒购买和使用，形成一种特殊的促销作用。因此，市场营销者必须研究各种宗教信仰的规范，在尊重人们宗教信仰的前提下，用恰当的营销策略满足宗教信徒的需求。

5. 道德规范。道德是一种社会意识形态，也是社会调整个人与社会之间及人与人之间关系的行为规范的总和。它是一种无形的精神力量，经常起着调整人际关系、维持社会生活秩序的作用。企业的营销决策和营销活动必须充分考虑到道德规范带来的影响。

6. 消费习俗。消费习俗是人们长期形成的消费方式。作为社会文化环境的一个部分，消费习俗是长期形成的，具有相对的稳定性。消费习俗在饮食、服饰、居住、婚丧、节日、人情往来等方面都表现出独特的心理特征和行为方式，从而影响着消费者的需求偏好和价值判断。市场营销人员要研究消费习俗，满足目标市场消费者习俗的需要。

7. 消费时尚。由于社会文化多方面的影响，消费者产生了共同的审美观念、生活方式和情趣爱好，从而导致社会需求的一致性，这就是消费时尚。消费时尚在服饰、家电以及某些保健品方面表现最为突出。消费时尚在时间上有一定的稳定性，但有长有短，有的可能长达几年，有的则可能是几个月；在空间上还有一定的地域性，同一时间内，不同地区流行的商品品种、款式、型号、颜色可能不尽相同。

（六）科学技术环境

科学技术是企业将自然资源转化为符合人们需要的产品的基本手段。科学技术与生产密切结合起来，会对国民经济各部门产生重大影响，随之而来的是新产业出现，传统产业被改造，落后产业被淘汰，并使消费对象的品种不断增加，范围不断扩大，最终必然使消费结构发生变化，从而使企业的市场营销面临新的机会和威胁。

因此，企业在进行科技环境分析时应注意：

1. 新技术出现的影响力及对本企业的营销活动造成的直接和间接的冲击；

2. 了解和学习新技术，掌握新的发展动向，以便采用新技术开发或转入新行业，以求生存和发展；

3. 利用新技术改善服务，提高企业的服务质量和效率；

4. 利用新技术，提高管理水平和企业营销活动效率；

5. 了解新技术的出现对人们生活方式带来的变化及其对企业营销活动可能造成的影响；

6. 新技术的出现引起商品实体流动的变化。

（七）自然环境

自然环境主要是指营销者所需要或受营销活动所影响的自然资源因素。从营销学的角度看，自然环境的发展变化给企业带来了一定的威胁，同时也给企业创造了机会。目前看，自然环境有以下四个方面的发展趋势：

1. 原料的短缺或即将短缺。各种资源，特别是不可再生类资源（如石油、矿藏等）已经出现供不应求的状况，对许多企业形成了较大威胁，但给致力于开发和勘探新资源、研究新材料及如何节约资源的企业带来了巨大的市场机会。

2. 能源短缺导致的成本增加。能源的短缺会给汽车及其他许多行业的发展造成巨大困难，但无疑为开发研究如何利用风能、太阳能、原子能等新能源及研究如何节能的企业提供了有利的营销机会。

3. 污染日益严重。空气、水源污染、土壤及植物中有害物质的增加，随处可见的塑料等包装废物以及污染层面日益升级的趋势，使那些制造了污染的行业、企业成为众矢之的，面临着社会谴责；而那些致力于控制污染、研究开发不会造成污染的产品及其包装物的企业，能够最大限度降低环境污染程度的行业及企业，则有着大好的市场机会。

4. 政府对自然资源加大管理及干预力度。各国政府从长远利益及整体利益出发，对自然资源的管理逐步加强。许多限制性的法律法规的出台，对企业造成了巨大的威胁及压力，同时也给许多企业创造了发展良机。

营销活动，既受自然环境的制约与影响，也要对自然环境的变化负起责任；既要保证企业可获利发展，又要保护环境与资源。这些只有企业实施可持续发展战略，达成与社会、自然的协调才能做到。

当前社会上流行的绿色产业、绿色消费乃至绿色营销以及生态营销的蓬勃发展，应当说就是顺应了时代的要求而产生的。

思考与训练

请你列举一些日常生活中与企业市场营销环境相关的事物和现象。

任务二

营销策划 SWOT 分析

一、SWOT 分析法概述

（一）SWOT 分析法的含义

SWOT 分析法，是由美国旧金山大学的管理学教授于 20 世纪 80 年代初提出来的，是一种能够较客观而准确地分析和研究一个单位现实情况的方法。SWOT 中四个英文字母分别代表：优势（Strength）、劣势（Weakness）、机会（Opportunity）和威胁（Threat）。从整体上看，SWOT 可以分为两部分：第一部分为 SW，主要用来分析内部条件；第二部分为 OT，主要用来分析外部条件。利用这种方法可以从中找出对自己有利的、值得发扬的因素，以及对自己不利的、要避开的东西，发现存在的问题，找出解决办法，并明确以后的发展方向。

（二）SWOT 分析法的原理

按照企业竞争战略的完整概念，战略应是一个企业“能够做的”（即组织的强项和弱项）和“可能做的”（即环境的机会和威胁）之间有机组合。著名的竞争战略专家迈克尔·波特提出的竞争理论从产业结构入手对一个企业“可能做的”方面进行了透彻的分析和说明，而能力学派管理学家则运用价值链解构企业的价值创造过程，注重对公司的资源和能力的分析。SWOT 分析，就是在综合了前面两者的基础上，以资源学派学者为代表，将公司的内部分析与产业竞争环境的外部分析结合起来，形成了自己结构化的平衡系统分析体系。

与其他的分析方法相比较，SWOT 分析法具有显著的结构化和系统性特征。就结构化而言，形式上，SWOT 分析法表现为构造 SWOT 结构矩阵，并对矩阵的不同区域赋予了不同分析意义；内容上，SWOT 分析法的主要理论基础也强调从结构分析入手对企业的外部环境和内部资源进行分析。SWOT 分析法的主要贡献就在于用系统的思想将这些似乎独立的因素相互匹配起来进行综合分析，使得企业战略计划的制定更加科学全面。

SWOT 方法自形成以来，广泛应用于战略研究与竞争分析，成为战略管理和竞争情报的重要分析工具。分析直观、使用简单是其重要优点。即使没有精确的数据支持和更专业化的分析工具，也可以得出有说服力的结论。但是，正是这种直观和简单，使得 SWOT 不可避免地带有精度不够的缺陷。例如，SWOT 分析采用定性方法，通过罗列 S、W、O、T 的各种表现，形成一种模糊的企业竞争地位描述。以此为依据作出的判断，不免带有一定程度的主观臆断。所以，在使用 SWOT 方法时要注意其局限性，在罗列作为判断依据的事实时，要尽量真实、客观、精确，并提供一定的定量数据弥补 SWOT 定性分析的不足，构造高层定性分析的基础。

（三）SWOT 分析法的意义

SWOT 分析法的意义可以概括为：扬长避短、趋利避害、丢掉包袱、加速发展。

• **扬长避短**。SWOT 分析法可以使企业从问题中找劣势予以克服，从优势中找机会，使企业在营销活动中扬长避短，充分发掘其市场潜力。

• **趋利避害**。SWOT 分析法通过让企业了解外部环境中蕴藏的机会和暗藏的威胁，使企业在营销活动中趋利避害。抓住市场营销环境中的机遇，避开对企业有威胁的因素，是企业在市场营销过程中竭力追求的。

• **丢掉包袱**。对于既处于劣势、又充满威胁的业务，企业应当果断放弃，以免影响长远发展。SWOT 分析法能使企业认识到这些问题业务的存在，从而丢掉包袱，轻装上阵。

• **加速发展**。对于企业来说，既充满了机会，又处于优势地位的业务，是企业应着力发展的业务。SWOT 分析法能使企业明确了解这些“黄金业务”，无疑可以使企业抓住良机，加速推动企业的发展。

企业营销战略的质量取决于企业的优势和劣势，以及企业适应环境机会和威胁的程度。因此，SWOT 分析法有助于营销策划者提高营销策划的质量。如果企业已经制定好了企业战略，那么其中 SWOT 分析和战略选择对影响策划者来说就是非常重要的参考。如果企业没有制定发展战略，营销策划者则需要自己进行分析。

（四）SWOT 分析的步骤

企业进行 SWOT 分析的具体步骤如图 3－1 所示。

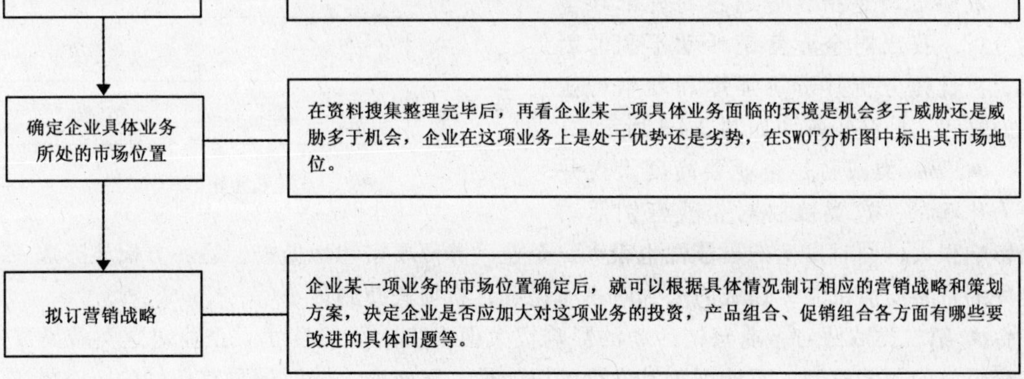

图 3－1　SWOT 分析步骤

二、企业的机会威胁分析

企业在搜集并整理了所需的外部环境资料后，就可以开始机会与威胁分析了。

（一）机会分析

机会分析是指企业通过对外部环境的分析，找出有利于企业营销活动的因素，并具体分析其影响强度和成功可能性的过程。

我们可以通过机会矩阵图（图3－2）来分析外部环境为企业提供的每一个机会，将其恰当归类并采取适当的策略来利用机会。

		成功概率 大	成功概率 小
吸引力	大	第一类	第二类
吸引力	小	第三类	第四类

图3－2　机会矩阵图

- 第一类机会是企业最向往的。吸引力大，表明市场营销活动的影响很大；同时企业成功的可能性也很大，企业应抓住这样的良机来加速发展。
- 第二类机会是企业应谨慎考虑的。虽然这类机会的吸引力很大，但企业成功的可能性小，不宜盲目跟风行动。
- 第三类机会是企业要着力分析的。虽然这类机会的吸引力不大，但企业成功的可能性大，企业应做好效益分析，如果发现利用这一机会获得的收益大于付出的成本，也可以考虑利用这一机会，促进企业营销活动的开展。
- 第四类机会是企业不应加以考虑的。这类机会对营销活动的影响不大，企业利用这类机会的成功概率又小，所以不应采纳。

机会所处的位置是变化的，第二类机会可能因企业自身的改变而进入了第一类，第一类机会也可能因环境因素的相互作用而掉到第三类。企业应做好环境监测，更好地利用机会，推动企业的发展。

（二）威胁分析

威胁分析是指企业通过对外部环境的分析，找出对企业营销活动不利的因素，再具体分析其影响强度和发生可能性的过程。威胁矩阵图如图3－3所示。

		发生概率 大	发生概率 小
严重性	高	第一类	第二类
严重性	低	第三类	第四类

图3－3　威胁矩阵图

- 第一类威胁是企业要高度重视并着力化解的。这类威胁对企业营销活动的影响很大，同时发生的可能性也很大，企业一方面要密切地监控，另一方面要形成一套良好的常备反应机制，在威胁来到时迅速化解，将损失减到最小。
- 第二类威胁对企业营销活动的影响很大但发生的可能性小。企业对这类威胁要有一套灵敏的预警机制，不能因为其发生的可能性小而忽略，同时还要有良好的应对措施。
- 第三类威胁是企业在生产经营过程中经常遇到的，它对企业营销活动的影响很小，但是发生的可能性大。对这类威胁企业要及时解决，不能因为其影响力不大而搁置起来，不然很可能会发生变化，造成巨大的影响。

- 第四类威胁对企业营销活动的影响不大，发生的可能性也不大。对这类威胁企业要做的是注意其动向，一经发现就及时解决，避免其转移为其他形式的威胁。

与机会一样，威胁也是会发生变化的。第三类威胁可能因企业不予理睬而变化成为第一类，第二类威胁也可能因为企业应对措施得当而转化为第四类。

（三）综合分析

我们将机会分析与威胁分析结合起来，运用到企业的某项业务之上，就可以了解这项业务所处的外部环境，从而为企业的决策提供依据。机会—威胁分析矩阵图如图 3－4 所示。

机会＼威胁	少	多
多	第一类	第二类
少	第三类	第四类

图 3－4　机会—威胁分析矩阵图

- 第一类业务是理想的业务，拥有的机会多，受到的威胁又少，是企业应着力发展的业务。

- 第二类业务拥有的机会虽多，受到的威胁也很多，是风险类业务，企业应慎重考虑，做好风险与收益分析。

- 第三类业务面临的机会与威胁都很少，一般是已经成熟的业务。企业在这类业务中所占的市场份额如果较大，则可加强发展，但不适宜作为新加入者来开展这类业务。

- 第四类业务是企业不愿沾惹的业务，面临的威胁很多，拥有的机会却很少，是企业经营中的麻烦业务，企业可以考虑从这类业务中撤出。

通过机会威胁分析，策划人员就能够清晰地了解到企业所处的外部环境，再根据企业的情况进行恰当的营销策划，推动企业的营销活动。

三、企业的优势劣势分析

企业的优势劣势分析又称为内部环境分析，是企业对自身的审视，指企业通过对内部影响其市场营销活动和业务发展的各种因素进行分析，找出拥有的优势和劣势，确定企业市场地位的过程。

（一）企业内部环境资料的搜集与分类

1. 资料的搜集。同外部环境资料的搜集一样，内部环境资料也以第一手和第二手两种方式获得。

第二手资料的获得主要是翻查企业过去的会计报表和会计账户，从中了解企业的生产销售规模、增长率、成本费用支出、利润水平、产品价格、市场分布、财务结构等方面的资料。

第一手资料则可以通过调查获得。访问法是最常用的方法，除此之外，还有观察法、讨论法和实验法等。调查的对象包括企业投资者、经营者、企业员工、中间商、供应商及顾客等，通过调查来获得第二手资料中缺乏的信息。

2. 资料的分类。资料的搜集完成之后，先要进行分类整理，企业内部环境信息按其反映的企业实力可以分为：

• 制造能力指标。这是反映企业的生产能力的一系列信息的总和，包括设备、制造费用、产品质量、废品率、技术水平和及时交货的能力等。

• 营销能力指标。这类指标用来反映企业开展市场营销活动的水平，包括市场份额、市场覆盖地域、服务水平、价格效果、广告效果和公共关系效果等信息。

• 赢利能力指标。这类指标用来衡量企业的赢利水平，包括销售利润率、总资产报酬率、资本收益率及资本保值增值率等。

• 抗风险能力指标。这类指标用来反映企业对营销环境变化的承受能力，主要包括公司信誉、弹性管理水平、资产负债率、流动比率、速动比率、应收账款周转率和存货周转率等。

• 组织能力指标。这类指标用来反映企业的生产经营活动的计划、实施和控制水平，主要包括领导评价、员工精神和创业导向等。

• 发展能力指标。这类指标用来反映企业的后续发展与可持续发展能力，主要包括研发开支占销售收入的比重、技术人员占企业员工的比重、员工的受教育程度以及员工培训费用等。

（二）企业的优势劣势分析

在对搜集的信息进行分类整理后，就可以进行企业的优势劣势分析了。如表 3－1 所示，我们可以将企业的各项能力用数量指数表示出来，从而了解企业的优势劣势所在。

第一列项目栏列出了企业内部环境的主要因素。企业可以根据行业情况和自身情况进行增减，要注意分类列出。

第二列评分栏是指企业对各个项目的评价。把评价结果量化，以百分制的形式给出，分数越高，表示评价越好。如企业的生产设备，如果是处于同行业领先地位，就可以给 80～100 分；如果只是一般水平，可以给 60～80 分；如果是落后于一般水平，则可以给 40～60 分；若是即将报废的设备，就应在 40 分以下。

第三列权数栏则表明了各个项目的重要性。权数应在 0～1 之间，项目的重要程度越高，权数就应越大，这也应该根据企业所处行业的情况、企业自身具体情形决定，同时也受到分析人的倾向影响。权数的给定还有一个限制，就是每一类中的各项目权数之和为 1。

表 3－1　企业优势劣势分析表

项目		评价	权数	结果
制造能力	设备			
	技术水平			
	产品质量			
	制造费用			
	及时交货情况			

续表

项　目		评　价	权　数	结　果
营销能力	市场份额			
	市场覆盖地域			
	服务水平			
	定价效果			
	广告效果			
	公共效果			
赢利能力	销售利润率			
	总资产报酬率			
	资本收益率			
	资本保值增值率			
抗风险能力	企业信誉			
	资产负债率			
	流动比率			
	应收账款周转率			
	存货周转率			
	弹性管理水平			
组织能力	管理层水平			
	员工协作精神			
	创业导向			
发展能力	R&D 开支比例			
	技术人员比重			
	员工受教育程度			
	培训费用			

第四列结果栏表示各个类目的最终得分。类目得分 = Σ（各项目得分 × 对应权数）。将各类的得分进行比较，就可以了解企业的长处是什么，短处又是什么了。

有时企业进行优势劣势分析是为了明确在市场中所处的地位，即企业在市场竞争中是处于优势还是处于劣势。根据表 3 - 1 得出各类得分后再根据表 3 - 2，就可以得出企业的综合分值了。

表 3 - 2 中各个类目权数的确定与表 3 - 1 中各个项目权数的确定一样，受到行业特点和企业状况的制约，还受分析人倾向的影响。如果分析人属于谨慎型的，抗风险能力的权数就会设得高一些。若是分析人敢于冒风险，该权数就会低一些。各类目之和为 1。

最后得出的综合值就是企业的市场得分，这一结果表明了企业在市场中的地位。

企业的综合值 = Σ（各类目得分 × 对应权数）

表 3-2　　企业优势劣势分析表（综合）

类　目	得　分	权　数	综合值
制造能力			
营销能力			
赢利能力			
抗风险能力			
组织能力			
发展能力			

（三）企业优势劣势分析注意事项

企业在进行优势劣势分析后得出的结果在一定程度上表明了企业的市场地位和优势、劣势所在，但要注意以下几个问题：

第一，这种分析方法虽然比较全面地考虑了企业内部环境的各个方面，但没有考虑到各个因素之间的关系和相互作用。

这种分析方法使用的是加权平均法，其结果必然是优势类（项）目弥补了劣势类（项）目，使综合值趋于平均。但是有时候，一些劣势类（项）目的存在会使优势类（项）目无法发挥作用，这时平均值就没有意义了。根据“木桶效应”，木桶能盛下的水由最短的木片决定，企业的实力也有可能由处于最劣势的类（项）目决定。比如，企业的制造能力很强，营销能力较差，分析得出的结果是一个平均水平，但事实上企业在市场的表现可能很差。

第二，在企业的各个方面都具有优势的情况下，企业也可能表现不佳。有时，企业各个部门的工作能力都很强，但总体效益却不佳，问题在于各部门间的协调与合作。因此，企业内部各部门的关系评估也是一项非常重要的内容。

第三，相反，在有些方面处于劣势时，企业也可能表现出良好的态势。我们必须了解，十全十美的企业总是很难达到的，在认识到企业存在暂时无法弥补的劣势时，应该积极发挥优势以弥补不足。

第四，企业认识到自己的优势和劣势后，不应只埋头于处于优势地位的业务而放弃处于劣势地位的业务。

在充分认识自我后，企业要做的是审慎考察各项业务，有优势的要继续保持，没有优势又无机会的可以放弃，但对有可能获取优势的业务要着力分析，把握机会发展新的优势。

四、企业的 SWOT 综合分析

企业仅仅只是进行机会与威胁分析和优势与劣势分析，是无法全面了解营销环境的，策划人员也不可能据此作出令人满意的策划方案。只有在全面分析企业的内外环境以后，才能有的放矢，针对所要解决的问题提出解决的方案。企业营销方案的制定就是要充分利用优势，克服或避免劣势，抓住面临的机会，避开威胁或尽量使其损失最小，可以通过象限法来确定企业的营销战略。如图 3 - 5 所示，企业的每一项具体业务都能在图中找到相应的位置，然后就可以根据其所处的象限拟定相应的营销战略。

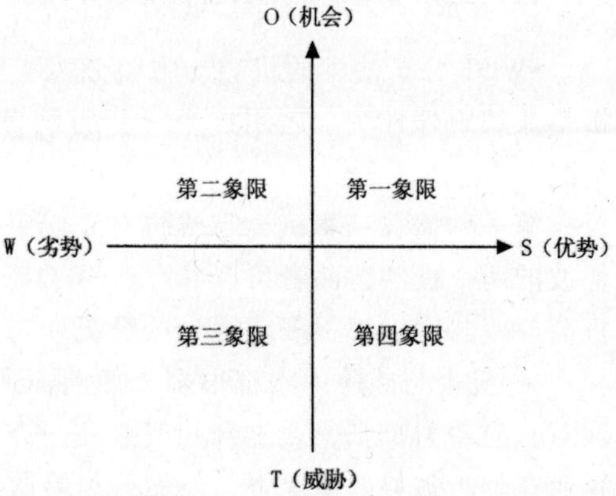

图 3 - 5　企业 SWOT 分析象限图

（一）扩张战略

在第一象限中，企业的外部环境中机会很多，威胁较少，同时企业在市场中又具有竞争优势，这时企业应果断采取扩张战略。

企业可以考虑将资金与人员集中起来，在这项业务上进行重点扩张，推动企业以超常规的速度发展。在不能及时筹集所需资金和获得需要的人员时，可以与其他企业进行合并，通过合并来扩大市场份额，取得进一步的优势。企业还可以通过兼并的方式快速扩张，兼并使企业能够获得现成的设备与人员，加速企业业务的扩大。

（二）防卫战略

第二象限中的企业业务面对的外部环境中机会多于威胁，但企业在市场中不处于竞争优势，此时企业应采取防卫战略。

因为这一业务存在着巨大的市场机会，企业在处于劣势的情况下，一方面应努力克服自身的弱点，争取能化劣势为优势；另一方面也可以考虑合资，与优势企业合并以获得优势，或是与同处于劣势的企业合并，互相取长补短而形成优势。

（三）退出战略

第三象限中，企业业务所处的市场环境是威胁多于机会，同时企业在市场竞争中又处于劣势，在这种情况下，企业应采取退出战略。

在这种很难获得发展的环境下，企业应果断地选择退出该项业务，将资金与人员撤出，投入其他业务中，退出障碍比较大的可以将其转卖给其他企业，进行资产重组。

（四）分散战略

处于第四象限的企业业务所处的外部环境较差，威胁多于机会，但企业在市场竞争中处于优势地位，这种情况下企业应采取分散战略。

由于市场环境中威胁因素占主要地位，企业应采取多元化经营的战略来分散风险，另一方面，企业在该项业务中占有优势，还可以通过合并或兼并来扩大实力，获取规模经济，提高抗风险能力。

企业通过进行 SWOT 综合分析，就可以确定各项业务所处的具体位置，从而采取相应的对策，促进企业的发展。

五、运用 SWOT 分析要注意的问题

SWOT 分析法中的机会与威胁分析、优势与劣势分析要结合起来运用，才能全面地剖析企业的内外环境。运用这个分析方法需防止片面化和绝对化，以避免可能发生的两种情况：

第一种情况：将机会与威胁对立起来。外部环境中的机会与威胁并非互相对立、非此即彼的两个极端，两者可以共存。SWOT 分析法将其作为企业外部环境的两极，就忽略了机会与威胁因素都很多或很少的情况。

- 机会与威胁因素都很多。如前面所分析，这是风险型业务。企业在处于优势的情况下，应着力扩张，通过合并或兼并一方面扩大规模，另一方面提高企业的抗风险能力。企业在处于劣势的情况下，要做好风险收益分析，如果发现风险收益率可以接受，则应采取防卫战略，通过合资与合并的方式来获取优势，如果发现风险收益率不能接受，应采取退出战略。

- 机会与威胁因素都很少。如前面所分析，这是成熟型业务。企业在处于优势的情况下应采取扩张战略，在处于劣势的情况下则应采取防卫战略。

第二种情况：不能详细列明企业的优势与劣势所在。SWOT 分析是综合性分析，不能详细列出企业的优势与劣势，这样就不利于企业采取相应措施化劣势为优势，获得在市场竞争中的有利位置。

因此企业在运用 SWOT 分析法时，要注意与企业的机会与威胁分析、优势与劣势分析结合起来使用，这样才能全面地分析企业所面对的外部环境和自身的内部环境。

思考与训练

到你所处的学校周边的某一家企业进行调研，将收集到的资料整理归纳总结出该企业所面临的优劣势。

复习思考题

1. 什么是市场营销环境？企业分析市场营销环境的目的何在？
2. 微观与宏观环境各包括哪些因素？
3. 什么是机会与威胁？什么是优势与劣势？如何分析？
4. 什么是 SWOT 分析法？如何分析？

案例分析

一、美对华贸易制裁

2009 年 12 月 30 日，美国国际贸易委员会最终批准对中国产石油钢管征收约 10% ~

16%的关税，这是迄今为止美对华贸易制裁的最大一起案件。

美国国际贸易委员会当天的表决意味着美国商务部于2009年11月24日公布的对中国钢管征收10.36%~15.78%反补贴税的裁决获通过，该裁决随即将正式生效。

美国商务部此前宣称，美方决定实施反补贴制裁的理由是中国产油井管存在政府补贴，受此影响，该产品在美国销量大幅增长。据美方统计，2008年，美国进口的中国输油钢管总额达到27.4亿美元，较上一年增加逾两倍。

此前一天，美国商务部还初步裁定对从中国进口的钢格板征收14%~145%的反倾销关税。

据统计，自1月份奥巴马就职以来，奥巴马政府已经对中国产品开展了至少十余次"反倾销、反补贴"调查。中方已多次就美国对中国出口产品征收关税表示不满，称这种贸易保护措施阻碍了自由贸易。贸易保护主义的抬头，主要是美国金融危机即经济营销环境因素的改变带来的影响。

（资料来源：中国新闻网　作者：吴庆才　2009年12月30日。）

【案例思考】结合案例说明环境因素对于企业乃至整个社会的重要性。

二、沃尔玛（Wal - Mart）SWOT分析

（一）优势 Strengths

1. 沃尔玛是著名的零售业品牌，它以物美价廉、货物繁多和一站式购物而闻名。

2. 沃尔玛的销售额在近年内有明显增长，并且在全球范围内进行扩张。

3. 沃尔玛的一个核心竞争力是由先进的信息技术所支持的国际化物流系统。例如，在该系统支持下，每一件商品在全国范围内的每一间卖场的运输、销售、储存等物流信息都可以清晰地看到。信息技术同时也加强了沃尔玛高效的采购过程。

4. 沃尔玛的一个焦点战略是人力资源的开发和管理。优秀的人才是沃尔玛在商业上成功的关键因素，为此沃尔玛投入时间和金钱对优秀员工进行培训并建立忠诚度。

（二）劣势 Weaknesses

1. 沃尔玛建立了世界上最大的商品零售帝国。尽管它在信息技术上拥有优势，但因为其巨大的业务拓展，可能导致对某些领域的控制力不够强。

2. 因为沃尔玛的商品涵盖了服装、食品等多个部门，它可能在适应性上比起更加专注于某一领域的竞争对手存在劣势。

3. 该公司是全球化的，但是目前只开拓了少数几个国家的市场。

（三）机会 Opportunities

1. 采取收购、合并或者战略联盟的方式与其他国际零售商合作，专注于欧洲或者大中华区等特定市场。

2. 沃尔玛的卖场当前只开设在少数几个国家内。因此，拓展市场（如中国，印度）可以带来大量的机会。

3. 沃尔玛可以通过新的商场地点和商场形式来获得市场开发机会。更接近消费者的商场和建立在购物中心内部的商店可以使过去仅仅是大型超市的经营方式变得多样化。

4. 沃尔玛的机会存在于对现有大型超市战略的坚持。

(四) 威胁 Threats

1. 沃尔玛在零售业的领头羊地位使其成为所有竞争对手的赶超目标。

2. 沃尔玛的全球化战略使其可能在其有业务国家遇到政治上的问题。

3. 多种消费品的成本趋向下降，原因是制造成本的降低。造成制造成本降低的主要原因是生产外包转向了世界上的低成本地区。这导致了价格竞争，并在一些领域内造成了通货紧缩。恶性价格竞争是一个威胁。

(资料来源：中国建工网，2009 年 9 月 22 日。)

【案例思考】

1. 画出沃尔玛的 SWOT 综合矩阵图。

2. 根据沃尔玛的 SWOT 综合分析，选择其营销策略。

策划实训

实训项目：对自己所在学校进行 SWOT 分析。

实训目的：让学生充分掌握对市场营销内外部环境的分析，熟练运用 SWOT 分析法。

实训内容：

1. 对学校的外部环境和内部环境进行详细分析。

2. 找出学校的机会与威胁、优势与劣势，进行 SWOT 综合分析，提出学校的发展战略。

实训组织：

全班分为多个小组，每组 5 ~ 6 个人，实行组长负责制，由组长对组内成员进行明确分工，形成策划方案后由组长代表在全班发言，并听取其他组员的评述，最后由老师点评。

实训考核：

1. 策划书：内容有创新、完整，书写规范，主题突出。

2. 课堂交流：语言流畅，仪表端庄，声情并茂，有说服力。

项目四
营销调研策划

学习目标

知识的掌握：

- ☐ 明确营销调研的目的、作用和操作要求
- ☐ 了解营销调研的内容和计划
- ☐ 掌握各种有效的营销调研方法

技能的提高：

- ☐ 具备搜集、整理和分析资料的能力
- ☐ 能够制订调研方案，设计调查问卷
- ☐ 能够撰写营销调研报告

项目描述

分析企业内外部环境，拟订市场调研方案，完成调查问卷设计，汇总分析数据并最终撰写营销调研报告。

案例引导

新可口可乐跌入调研陷阱

一、决策的背景

20 世纪 70 年代中期以前，可口可乐公司是美国饮料市场上的老大，可口可乐占据了全美 80% 的市场份额，年销量增长速度高达 10%。然而好景不长，70 年代中后期，百事可乐的迅速崛起令可口可乐公司不得不着手应付这个饮料业“后起之秀”的挑战。

1975 年全美饮料业市场份额中，可口可乐领先百事可乐 7 个百分点，到 1984 年，可口可乐的市场份额仅领先百事可乐 3 个百分点，市场地位的逐渐势均力敌让可口可乐胆战

心惊起来。百事可乐公司的战略意图十分明显，通过大量动感而时尚的广告冲击可口可乐市场。首先，百事可乐公司推出以饮料市场最大的消费群体——年轻人为目标消费者群的“百事新一代”广告系列。由于该广告系列适宜青少年口味，以心理的冒险、青春、理想、激情、紧张等为题材，于是赢得了青少年的钟爱；同时，百事可乐也使自身拥有了“年轻人的饮料”的品牌形象。

随后，百事可乐又推出一款非常大胆而富有创意的“口味测试”广告。在被测试者毫不知情的情形下，请他们对两种不带任何标志的可乐口味进行品尝。由于百事可乐口感稍甜、柔和，因此，百事可乐公司此番现场直播的广告中的结果令百事可乐公司非常满意：80%以上的人回答是百事可乐的口感优于可口可乐。这个名为“百事挑战”的直播广告令可口可乐一下子无力应付。市场上百事可乐的销量再一次激增。

二、市场营销调研

为了着手应战并且得出为什么可口可乐发展不如百事可乐的原因，可口可乐公司推出了一项代号为“堪萨斯工程”的市场调研活动。1982年，可口可乐广泛地深入到10个主要城市中，进行了大约2 000次的访问。通过调查，确定口味因素是否是可口可乐市场份额下降的重要原因，同时征询顾客对新口味可乐的意见。于是，在问卷设计中，询问了例如“你想试一试新饮料吗?”“可口可乐味变得更柔和一些，您是否满意?”等问题。

调研结果表明，顾客愿意品尝新口味的可乐。这一结果更加坚定了可口可乐公司的决策者们的想法——秘不宣人，长达99年的可口可乐配方已不再适合今天消费者的需要了。于是，满怀信心的可口可乐开始着手开发新口味可乐。可口可乐公司向世人展示了比老可乐口感更柔和、口味更甜、泡沫更少的新可口可乐样品。在新可乐推向市场之初，可口可乐公司又不惜血本进行又一轮的口味测试。可口可乐公司倾资400万美元，在13个城市中，约19.1万人被邀请参加了对无标签的新、老可乐进行口味测试的活动。结果60%的消费者认为新可乐比原来的好，52%的人认为新可乐比百事可乐好。

新可乐的受欢迎程度一下打消了可口可乐领导者原有的顾虑，于是，新可乐推向市场只是个时间问题。在推向生产线时，因为新的生产线必然要因不同瓶装的变化而进行调整，于是，可口可乐各地的瓶装商因为加大成本而拒绝新可乐。然而可口可乐公司为了争取市场，不惜又一次投入巨资帮助瓶装商们重新改装生产线。

在新可口可乐上市之初，可口可乐又大造了一番广告声势。1985年4月23日，在纽约城的林肯中心举办了盛大的记者招待会，共有200多家报纸、杂志和电视台记者出席，依靠传媒的巨大力量，可口可乐公司的这一举措引起了轰动效应，终于使可口可乐公司进入了变革“时代”。

三、灾难性的后果

起初，新可乐销路不错，有1.5亿人试用了新可乐。然而，新可口可乐配方并不是每个人都能接受的，而不接受的原因往往并非因为口味原因，而这种“变化”受到了原可口可乐消费者的排挤。开始，可口可乐公司已为可能的抵制活动做好了应对准备，但不料顾客的愤怒情绪犹如火山爆发般难以驾驭。顾客之所以愤怒是认为长达99年秘不示人的可口可乐配方代表了一种传统的美国精神，而热爱传统配方的可口可乐就是美国精神的体现，放弃传统配方的可口可乐意味着一种背叛。在西雅图，一群忠诚于传统可乐的人组成

“美国老可乐饮者”组织，准备发起全国范围内的“抵制新可乐运动”。在洛杉矶，有的顾客威胁说：“如果推出新可乐，将再也不买可口可乐。”即使新可乐推广策划经理的父亲，也开始批评起这项活动。而当时，老口味的传统可口可乐则由于人们的预期会减少，而居为奇货，价格竟在不断上涨。每天，可口可乐公司都会收到来自愤怒的消费者的成袋信件和1 500多个电话。为数众多的批评，使可口可乐公司迫于压力不得不开通83部热线电话，雇请大批公关人员来温言安抚愤怒的顾客。

面临如此巨大的批评压力，公司决策者们不得不稍作动摇。在嗣后又一次推出的顾客意向调查中，30%的人说喜欢新口味可口可乐，而60%的人却明确拒绝新口味可口可乐。可口可乐公司又一次恢复传统配方的可口可乐的生产，同时也保留了新可口可乐的生产线和生产能力。在不到3个月的时间内，即1985年4月至7月，尽管公司曾花费了400万美元，进行了长达2年的调查，但最终还是彻底失算了！

（资料来源：http：//jpkc. sbs. edu. cn/marketing/download/cases_4_1. pdf。）

【思考】

1. 新口味可口可乐配方的市场营销调研存在的主要问题有哪些？

2. 你认为新口味可乐配方市场调研应该包括的主要内容有哪些？如何制订市场调研方案？

任务一

认识营销调研

科学策划营销活动，必须占有大量的信息和资料，获取这些信息资料的重要手段就是要做好市场调研。企业营销活动首先从市场调研开始，市场调研为企业整体营销策划提供前提和依据，也是产品策划、价格策划、渠道策划以及促销策划等赖以进行的基础。

营销调研是指运用科学的方法系统地、客观地辨别、搜集、分析和传递有关市场营销活动的各方面信息，为企业营销管理者制定有效的市场营销决策提供重要依据。

一、营销调研的含义

市场营销调研是伴随着近代商品生产而出现的，经济的发展是市场营销调研产生和发展的基础及动力。与狭义的市场调研不同，市场营销调研是对市场营销活动全过程的分析和研究。营销调研的主要作用是通过信息把营销者和消费者、顾客及公众联系起来，这些信息用来辨别和界定营销机会和问题，产生、改善和评估市场营销方案，监控市场营销行为，改进对市场营销过程的认识，帮助企业营销管理者制定有效的市场营销决策。

关于市场营销调研，可以从以下四个方面认识和把握：

1. 市场营销调研是一种社会实践活动，应用于社会活动的各个方面，包括国家的管理、政府的运作、社会公共事务的管理、企业的管理，乃至所有需要管理的活动。

2. 市场营销调研的方式是多种多样的。可以是很正式地开展，按照规定流程和方式来进行即“规范调研”；也可以是非正式地开展调研，如现实中企业内部部门之间的相互沟通了解、管理活动中对情况的了解等可称之为“非规范调研”。

3. 市场营销调研是一种认识市场的工具。企业要想深入认识市场，就要借助市场营销调研的各种方式来进行。例如，现在有许多企业在自己的网页上通过问卷向访问对象展开调研，目的就是为了认识市场。

4. 市场营销调研的特点主要在于以企业为主体开展各种形式的市场调研活动，并且更偏重于对市场信息的搜集和分析，为企业的营销决策服务；调研的客体是被调研的对象；调研的内容是市场的各种环境因素。

二、营销调研的工作内容

（一）调研营销环境

企业营销环境调研是以一定的地区为对象，有计划地搜集有关地理、人口、政治、经济、文化和风土人情等情况，为企业营销策划提供基础资料。

策划实例

亚都加湿器：给皮肤喝点水

针对北方冬天室内空气干燥的情况，亚都声称：“亚都超声波加湿器采用每秒170万次高频率振荡……科学有效地增加空气湿度，主动为您的肌肤补水，呵护您和家人的健康。”“皮肤的肌纤维由大量水溶性胶源蛋白构成，水份的流失会导致肌纤维收缩变形，乃至形成不可恢复的皱纹，使用空调或者电暖器的房间空气尤其如此。”这个看起来像化妆品似的介绍，却取得了良好的销售业绩。因为它敏锐观察市场，发现北方地理环境特点、消费者心理，就有了“给皮肤加点水”把家电当成化妆品来卖的奇思妙想，创造了营销策划的又一经典。

（资料来源：http：//www. worldhm. com/中国10大经典营销案例。）

（二）调研市场需求

市场需求调研就是市场消费群购买力及其投向的调研，目的在于掌握市场需求状况及其变化趋势。主要调研市场需求总量、需求构成及其变化趋势、市场面及本企业产品在各个市场面的占有率、商品购买率及大件耐用商品的普及率等。

（三）调研消费者

消费者调研目的是了解谁决策、谁购买、为谁买，购买者的购买动机和购物行为等。任何一个企业都有自己销售和服务的对象，即企业的目标市场，了解目标市场有助于更好地满足消费者需要，发展企业。消费者调研主要包括以下几个方面内容：

1. 消费者一般情况调研。主要包括消费者的年龄、性别、民族、职业、文化程度、婚姻状况、家庭状况、收入水平等一些基本情况。消费者需求与消费者的基本情况有密切关系。

2. 消费者购买行为调研。消费者在购买过程中的一系列活动统称为“购买行为”。消费者的购买行为是消费者不同心理现象在购买过程中的反映。具体包括：

- 习惯型。消费者在购买和使用产品的过程中逐渐形成了信任态度，这种习惯是建立在经常观察和长期使用的基础上，一旦形成很难改变。
- 情感型。这类消费者在购买过程中易受情感和情绪的影响。销售人员的优良服务、产品促销活动等都有可能促使其购买行为的产生。情感型消费者容易受外界影响，购买一些不是很需要的商品。
- 经济型。这类消费者属于价格敏感型，购物时注重商品价格，喜欢选购价格低廉的商品，是商家薄利多销的对象。
- 理智型。这类消费者符合“经济人”特征，购买行为建立在严密思考和逻辑分析的基础上，从购买的必要性到商品的品牌、质量、价格等进行全面比较，择优购买。

3. 消费者传播行为调研。营销活动成功开展必须借助有效的信息传播，信息传播渠道是否畅通关系到市场活动的成败，对消费者传播行为的调研有利于了解不同人群媒介接触习惯，为企业找到最佳的信息传播途径。

（四）调研价格

价格调研主要研究价格对商品需求的影响。主要调研：商品价格的成本构成、价格变化的趋势、价格变动对商品销售带来的影响、影响价格变动的各种因素、商品价格的需求弹性、相关产品或代用品的价格、竞争者的价格及企业的价格策略等。

（五）调研分销渠道

分销调研主要包括商品销售地区和销售网点的分布、潜在销售渠道分析、销售点服务品质、店铺调研、商品运输线路、商品库存策略、批发商分布等。

（六）调研市场竞争

市场竞争调研目的是掌握竞争对手情况，使企业在竞争中处于主动地位。调研内容主要有：

1. 整个市场的竞争状态与变化趋势。如整个市场容量及走势、竞争者数目、市场占有率及其变化特点等。

2. 主要竞争对手的营销基本情况。竞争对手的生产、经营的管理水平；销售组织状况、规模和力量、营销渠道策略；产品或服务的市场占有率、生命周期、知名度及经营历史；产品质量、性能、样式、包装、品牌和商标以及财务情况。

（七）调研促销手段

促销是企业市场营销最重要的竞争手段之一。促销效果是特定市场竞争环境的产物，它不仅取决于本身的品质，还取决于竞争对手的情况，只有知己知彼，企业才有可能在激烈的市场竞争中立于不败之地。内容包括：企业促销受众特点、竞争者的促销形式及效果、有效促销手段等。

三、营销调研的原则

市场营销调研必须遵循以下主要原则：

（一）客观性原则

客观性原则就是在市场营销调研过程中，对信息的提供搜集、加工处理必须真实地反应实际情况。市场营销调研是为了给企业的决策提供依据，如果调研后获取的资料内容虚假，可能会对企业产生误导作用，它所造成的危害比没有调研还要大得多。

（二）全面性原则

全面性原则就是在研究市场现象时不能只抓住一点不及其余，而要从多方面入手准确认识所调研的市场现象，因为许多市场现象往往不是由某一个因素决定。例如，汽车潜在消费者的调研，这些对象在考虑购买汽车时会受到很多因素的影响，如汽车的价格、品牌、性价比、养护以及其他各种费用。所以要求在调研的内容设计上应综合考虑影响市场现象的因素，进行全面调研，综合分析而得出正确的结论。

（三）准确性原则

市场营销调研所获取的资料是过去和现在的信息资料，调研人员通过对这些资料进行筛选整理分析后得出的结论，为市场预测及决策服务。这就要求资料必须真实地反映客观实际，对调研资料的分析必须实事求是，尊重客观事实，只有准确的信息资料才会有正确的认识及科学的决策，切忌以主观意识来代替科学分析。

（四）时效性原则

市场信息具有一定的时效性，只有最及时的调研资料才能反映市场的最新情况。时效性原则要求对信息的搜集、加工处理、分析和提供必须及时，这样才能使企业及时作出决策，对各种市场变化采取有效的对策，从而使企业处于有利的地位。市场就是战场，各种机会稍纵即逝，在激烈的市场竞争中“时间就是金钱，效率就是生命”，一切经济问题的实质都可以用时效性加以概括。因此，用时间表的标准来要求市场营销调研工作有利于争取时间，创造机遇，先行占领市场，使企业掌握市场竞争的主动权。

（五）经济性原则

市场营销调研是一种商业性活动，在保证调研质量的同时，还要考虑经济效益，即考虑投入和产出之比。因为市场调研需要具备人、财、物等条件，所以要根据调研的目的，结合企业自身的实际情况，选择适当的调研方式和方法，尽可能地用较少的消耗获取较多的优质信息资料，以较少的投入获取最佳的调研效果。

四、营销调研的作用

市场营销调研对企业的良性化经营、可持续发展具有重要作用。具体包括：

1. 寻找发展机遇。通过营销调研，可以使企业随时掌握市场营销环境的变化并积极主动地适应这种变化，从中找到企业的市场营销机会，为企业带来新的发展机遇。

2. 确立市场定位。企业在寻找到发展机遇之后，还要根据自身的经营资源和经营能力以及市场需求和营销环境决定企业正确的目标市场，进行准确的市场定位，并具体确定生产计划，安排商品的品种、数量和质量。

3. 把握供求关系。企业通过市场调研，掌握市场的供求状况及变动的规律，才能编制出切合实际的商品生产和经营计划，制定出科学的决策，并按照消费者的需求组织生产和供应，提高商品和资金的周转速度。

4. 增强竞争实力。通过市场调研，了解对手的情况，就可以在竞争中绕开对手的优势，发挥自己的长处，或针对竞争者的弱点，突出自身的特色，以吸引消费者选择本企业的产品。

5. 提高管理水平。管理决策不能仅凭经验，还要以对大量资料进行分析后的结果为依据，作出科学的判断，因此，重视市场调研是提高企业管理水平的基础。

思考与训练

请你以一个你熟悉的大型连锁超市为例，思考并讨论，假如该超市要在当地开设新店，你们将如何开展一次市场调研。

任务二
营销调研流程策划

营销调研的流程是指营销调研从开始准备到结束全过程的先后次序和具体步骤。在营销调研活动中，建立一套系统科学的程序，有助于提高营销调研的工作效率和质量。

一、准备调研

营销调研准备阶段的主要任务是明确调研的目的和要求、调研的范围和规模、调研力量的组织等问题，在此基础上，制订调研方案和计划。

（一）明确调研目标

营销调研首先要明确为什么搞调研，调研要达到什么目的，要取得哪方面的资料和信息。确定调研目标时，调研人员首先应了解营销活动的战略、任务，分析营销活动和市场活动中存在的问题，然后根据现有的基础资料、企业运转的实际情况、生产经营活动、产品的状况及企业的外部资料，进行合乎逻辑的推理和科学的判断，提出几个假设目标，最后缩小问题的范围，确定调研目标。

策划实例

天一公司的抉择

天一公司生产出一种新型的采暖设备，由于产品新颖颇受市场欢迎，近阶段甚至有些供不应求。于是公司考虑建立新厂以增加供应能力。但是，对于这个计划是否恰当，公司管理层面临这样几个问题：

1. 因为是新产品，企业的内部资料搜集不够，无法提供分析。

2. 若借消费者调查以确定该产品是处于“成长期”或进入“成熟期”，又将以何种指标来判断呢？可能的指标有：

（1）本产品的消费者有多少？

（2）购买者比例有多少？

（3）购买者满意度如何？

（4）重复购买率如何？

（5）消费者的家庭结构？

（6）对采暖设备的选择有何特殊要求？

（7）新产品扩散途径有哪些？

市场调整者与产品行销负责人对这些测定指标沟通后，他们决定依靠消费者购买调查，来了解消费者购买需求动向，进而决定是否增设新厂，或者保持现状。

正确的营销问题分析，可以产生明确的调研目的，并进一步产生正确的营销调研架构，这是营销策划前不可忽视的一个步骤。

（资料来源：http：//www. xhadv. cn/PinPai_ news. asp？BigClassName = 营销实例 &SmallClassName = 市场营销调研精典案例。）

（二）确定调研的可行性

根据营销调研的目的，对调研的范围和规模，调研力量、调研时间和费用，从经济效益和社会效益角度进行可行性研究，分析目标的合理性和可行性。如果原来提出的调研目标不切实际，或涉及面太宽，调研的范围和规模过大，内容过多而无法在限定时间内完成调研任务，就应对调研目标进行调整，以免造成人力和财力的浪费。

（三）确定调研主题

市场营销调研主题的确定是调研设计中的关键，只有主题明确、界定清晰，市场营销调研项目才能顺利有效地实施。大量事实表明，对营销调研主题了解得越透彻、清楚、详细、正确，越有利于市场营销调研活动的有效开展，并能保证以最小的投入取得最大的效果。因此，在一项市场营销调研项目开始和进行市场营销调研方案设计之初，正确地界定市场营销调研的主题具有十分重要的意义。

二、拟订调研方案

调研目标确定后，就要着手拟订调研方案。拟订调研方案的过程就是所谓的市场营销调研策划，包括调研的目的要求，调研的具体对象，调研的地区范围、内容，调研的方法等，它是指导调研工作的依据。

（一）确定调研项目

明确了市场营销的调研目标，接下来要考虑的是为达到目标需要调研哪些方面的内容，即确定调研项目。因此，调研项目是调研目标的具体化，应围绕目标来设置。

对营销调研策划来说，确定调研项目是重要的一个环节。首先调研项目的确定，规定了问卷设计或访问提纲的范围；其次，调研目标能否达到，在策划阶段只有通过调研人员所确定的调研项目来判断。调研项目是否全面、适当，在很大程度上将影响调研方案能否被客户接受、认可。

一项营销调研可能包括许多方面的调研项目，但项目过多会增加调研的工作量和统计量。因此，在列出调研项目之后，要根据项目的重要性、各个项目与调研目的是否适合、调研经费多少及调研人员力量等情况，来确定调研项目。

（二）确定调研类型

根据研究的问题、目的、性质和形式的不同，市场营销调研一般分为如下四种类型：

1. **探测性调研**。探测性调研用于探询企业所要研究问题的一般性质。研究者在研究之初对所欲研究的问题或范围还不很清楚，不能确定到底要研究些什么问题，这时就需要应用探测性研究去发现问题、形成假设。至于问题的解决，则有待进一步的研究。

例如，某公司的市场份额去年下降了，公司无法一一得知原因，就可用探索性调研来发掘问题：是经济衰退的影响？是广告支出的减少？是销售代理效率低？还是消费者的习惯改变了？等等。

通常，调研者对开始进行的调研项目缺乏足够的了解，不能肯定问题的性质时，会选用探索性调研方案。由于探索性调研还没有采用正式的调研计划和程序，因而其调研方法具有相当的灵活性和多样性。探索性调研很少采用设计调研问卷、大样本以及样本调研计划等调研方法，调研人员在调研过程中对新的调研思路和发现极为敏感。一旦有了新的思路或新的发现，他们会立即对调研方向作相应的调整，除非发现了没有可能性或者确定了另一个调研方向，他们会始终坚持这个新的调研方向。由于这个原因，探索性调研的重点经常随着新发现的产生而变化。这样，调研人员的创造力和灵敏性就在探索过程中发挥了举足轻重的作用。但探索性调研有时也采用专家调研、实验性调研、对二手资料的分析及定性调研等方法来辅佐和帮助。

2. **描述性调研**。描述性调研是寻求对“谁”、“什么事情”、“什么时候”、“什么地点”这样一些问题的回答。它可以描述不同消费者群体在需要、态度、行为等方面的差异。描述的结果，尽管不能对“为什么”给出回答，但也可用作解决营销问题所需的全部信息。

例如，某商店了解到该店67%的顾客是年龄在18～44岁之间的妇女，并经常带着家人、朋友一起来购物。这种描述性调研提供了重要的决策信息，使商店重视直接向妇女开展促销活动。

进行描述性调研的一个假设是调研人员对调研问题状况有非常多的了解。实际上，探索性调研和描述性调研的一个关键区别在于描述性调研形成了具体的假设。这样，就非常清楚需要哪些信息。因此，描述性调研通常都是提前设计和规划好了的，建立在大量有代表性的样本基础上。绝大多数涉及描述性调研的营销调研，通常采用四种主要方法：第二手资料；实地调研；讨论小组；观察资料和其他资料。

策划实例

垃圾里的信息

“对垃圾开展调研将获得非常有用的市场信息”。一般人听到这话，通常的反应是此乃荒唐之举，但事实恰恰相反。如夏季里从垃圾桶内的丢弃物中观察冷饮包装纸的品牌，可以得知什么牌子的冰棒在该地销路最大；从废弃易拉罐的分类整理中，可以得知什么牌子的啤酒、饮料在当地最畅销；从损坏的玩具中可以区分出玩具的什么部位最容易被儿童弄坏，以便在新设计的产品中加以改进。

美国著名的雪弗隆公司花重金聘请亚利桑那大学教授威廉雷兹对垃圾进行研究。教授每天尽可能多地收集垃圾，然后按垃圾的内容标明其产品名称、重量、数量、包装形式等予以分类，获得了有关当地食品消费情况的准确信息。用雷兹教授的话说，“垃圾绝对不会说谎和弄虚作假，什么样的人就丢什么样的垃圾。”雪弗隆公司借此做出相应决策，大获全胜，而其他竞争对手却始终也没搞清楚雪弗隆公司的市场情报来源。

（资料来源：http：//www.xhadv.cn/PinPai_news.asp？page＝2&BigClassName＝营销实例&SmallClassName＝市场营销调研精典案例。）

3. **因果关系调研**。因果关系调研是调研一个因素的改变是否引起另一个因素改变的研究活动，目的是识别变量之间的因果关系。如预期价格、包装及广告费用等对销售额的影响。这项工作要求调研人员对所研究的课题有相当的知识，能够判断一种情况出现了，另一种情况会接着发生，并能说明其原因所在。

因果关系调研的目的是找出关联现象或变量之间的因果关系。描述性调研可以说明某些现象或变量之间相互关联，但要说明某个变量是否引起或决定着其他变量的变化，就用到因果关系调研。因果关系调研的目的就是寻找足够的证据来验证这一假设。

营销经理在做出决策时，需要找出导致某一结果的真正原因，所以经常需要作出一些假设，这些假设可能不正确，必须通过正式的调研检验。

策划实例

实 验 调 研

某电冰箱厂为扩大销售，准备改进电冰箱外形设计，但对新设计的外形效果没有太大把握，于是决定用实验前后对比的方法进行调查。他们选定一家商场作为实验单位，测量了实验前（改变外观设计前一个月）的销售量为250台，然后改售新外观电冰箱一个月，测量其销售量为290台，得到实验变量效果为：290－250＝40台，表明改进外观设计使销售量增加了40台。如果经分析无其他因素影响，便可做出采用新外观设计的决定。

这种实验法简便易行，但必须注意排除因时间不同而可能发生的其他非实验变量（因素）的影响。

（资料来源：http：//www. xhadv. cn/PinPai _ news. asp？ page = 2&BigClassName = 营销实例&SmallClassName = 市场营销调研精典案例。）

4. **预测性调研**。市场营销所面临的最大的问题就是市场需求的预测问题，这是企业制订市场营销方案和市场营销决策的基础和前提。预测性调研就是企业为了推断和测量市场的未来变化而进行的研究，它对企业的生存与发展具有重要的意义。

（三）确定调研对象

依据市场需求调研所要获取的信息内容，确定相应的调研对象和抽样范围，在实施调研之前，对被调研者的社会背景、资质、职业特征和收入状况进行估测，从而确定调研对象和调研样本。一般可采取市场区隔化的方法，决定调研范围及调研对象总体。然后再从中抽出若干有代表性的样本，作为实际调研对象。抽样方法是否科学、合理，直接影响着调研结果的代表性、客观性。抽样方法一般有随机抽样和非随机抽样两种，在随机抽样中包括单纯随机抽样、分层抽样、分群抽样和地区抽样等几种具体方法；在非随机抽样中包括任意抽样、判断抽样和配额抽样等几种具体方法。这些方法各有利弊，需要根据实际情况权衡之后选择使用。

（四）确定调研方法

调研目的不同，调研方法也不同。调研方法大致可以分为观察法、访谈法、实验法、问卷调研法等几种。一般说来，观察法更常用于探测性研究，访谈法较多用于描述性研究，实验法适用于因果关系研究，问卷法被应用得最广泛，特别是被用于大样本（600个样本以上）的描述性研究。目前，大部分的市场调研采用两种或两种以上的调研方法来搜集市场信息。

（五）信息处理方法及研究成果

营销调研方案一般都会介绍本次调研活动采用的调研、统计的工具和主要的分析方法。比如，是采用计算机统计分析，或采用手工方法统计，或采用计算机与手工相结合的方法统计。营销调研方案一般还应规定以何种形式来提交最终的研究成果。如以研究报告形式、论文形式提供一些有关市场、消费者、媒体等方面的研究成果。

（六）调研活动实施进度表

制定营销调研活动实施进度表是为了实现对整个营销调研活动的有效管理，使营销调研活动更具有计划性，确保营销调研活动与整个市场活动的配合与协调。

制定营销调研活动实施进度表最重要的任务就是制定整个调研活动工作完成的期限，

以及各阶段的过程。通常一个较具规模的市场调研活动，如区域性营销调研或全国性营销调研，从方案设计到研究报告打印成册，一般需要30～60个工作日。

（七）调研费用预算

营销调研费用预算一般应按照以下项目开列：资料、方案设计费、抽样费、调研费、礼品费、统计分析研究费、研究报告编撰制作费、交通费、交际费、管理费、机动费用等。如果有特殊的情况，还应对这些预算情况作简要的说明。

调研费用因调研项目不同而有很大差别，即使是同一类调研因调研方案设计差异也有很大弹性。就目前国内外市场调研费用安排看，通常调研实施阶段的费用安排仅仅占总预算的40%～50%，而调研前的资料搜集、方案设计等准备工作和后期统计分析、研究报告的编撰等工作的费用安排分别占到总预算的15%～20%和35%～40%。可见，营销调研费用主要是花在研究方面的人力投资。

调研活动中有三个方面因素是相互联系的，即调研样本、调研经费和调研人员。其中经费直接影响到样本和人员。在进行调研预算安排时，要将可能需要的费用全面考虑，以免给整个调研带来不利的影响。不论是企业内部还是委托外部进行的市场调研活动，任意缩减费用或讨价还价，都对企业不利。因为费用不足，不是缩小样本量，降低选样要求，就是降低调研人员素质，减少人力投入来降低调研开支。降低费用最可靠的方法还是提高工作效率，压缩调研周期。压缩周期不但可减少费用，还有利于减少误差，提高调研质量。

策划实例

立白洗衣粉市场调研方案

一、前言

目前，市场上销售的日用品，类型多样，让人们眼花缭乱，尤其是洗衣粉市场，由于它是日常必需品，所以需求量非常大，希望通过此次立白洗衣粉消费者的消费行为调研，了解本市立白洗衣粉的销售情况、立白洗衣粉的市场占有率，明确洗衣粉市场的发展深度与广度，为销售立白洗衣粉的企业提供确实可靠的决策材料。

二、调研目的

了解本市立白洗衣粉的销售情况、立白洗衣粉的市场空间占有率，明确洗衣粉市场的发展深度与广度，为商家提供一份可靠的决策材料。

三、调研范围

本市各大城区。

四、调研对象

本市各大社会群体，包括学生群体、工薪族、老年群体。

五、调研方法

问卷式调研（附问卷样本）

六、调研时间

6月25日至6月29日（共5天）。

七、调研内容（即调研问卷内容）

（略）

八、具体实施

1. 问卷数量根据调研的对象数目而定，约200份（打印）。

2. 本小组共五人，每人需完成40份问卷的调研并做好相应的问卷整理工作。

3. 调研小组人员名单：方兆成、杨伦进、李保君、杨宇兴、王宁醒、易德业、李宁翔。

4. 发卷区域及问卷分配：南宁市各高校共发50份；南宁市各城区共发100份；南宁市各种老年人聚集点共发50份。

5. 调研总体：200人。调研个体特征：

（1）学生群体：就读于不同高校本专科学生，各学生在不同的系部与年级；调研学生人数男女各半。

（2）工薪族：分部于南宁市各城区；工作种类不同；年龄不同。

（3）老人族：还有洗衣能力的老年人；能自主购买洗衣粉的老年人。

6. 小组各成员于6月25—29日共五天实施调研。

7. 6月30日小组成员一起讨论、整理、分析资料。

8. 7月1—2日小组成员每人各写一份相关的调研报告并打印。

9. 7月3日交调研报告至学习委员处，并总结实训、交流经验，填写实训报告表。

（资料来源：http：//fangzhaocheng. bokee. com/2350076. html）

三、实施调研

这一阶段的主要任务是组织调研人员深入实际，按照研究方案或调研计划的要求，系统地搜集可靠资料和数据，听取被调研者的意见。大体步骤如下：

第一步，培训调研人员。

营销调研部门应该根据调研任务和调研规模配备调研人员，建立营销调研队或小组，并对调研人员进行有关营销调研业务方面的培训。在营销调研业发达的国家，对调研人员的要求比较高、比较严格，调研人员都要经过一系列的考试才会得到上岗证书。

第二步，开展调研。

调研时应注意好以下环节，把握好调研技巧：

1. 调研访问。包括以下环节：

- 自我介绍。通常在问卷设计中已精心编写了开场白（自我介绍词）。
- 注意仪表。
- 选择适当的调研时机。
- 应付拒访。

①拒访原因分析。拒绝调研访问是营销调研资料搜集过程很常见的事，也是营销调研中应努力解决的问题。拒访的情况一般有两种：调研访问开始时拒访；调研访问中途拒访。出现拒访的原因可分为主观和客观两个方面，如表4－1所示。

表 4-1　　拒访原因分析

调研拒访的形式	调研拒访的主观原因	调研拒访的客观原因
开始时拒访	反感接受调研访问	正在与人谈话或有事处理
	对调研人员不信任	身体不适
中途拒访	问题不好或不便回答（开放性问题、个人隐私问题等）	有人（或电话）拜访，需要接待
	问卷较长、需花费较长时间完成问卷	突然有急事需要处理

②应付拒访的技巧。在多数情况下，被调研者如果拒绝调研者的访问，通常会找出许多借口，因此，调研者要想降低拒访的可能性，就要熟悉被调研者可能提出的各种各样的拒访借口，并回之以相应的对策。

如果被调研者以“没有时间”拒访，调研人员要主动提出更方便的时间。

如果被调研者声称自己“不合格”或者“缺乏了解，说不出”，调研人员应该告诉被调研者，“我们不是访问专家，调研的目的是让每个人有阐明自己看法的机会，所以您的看法对我们很重要”或“您把知道的说出来就可以了”，等等。

如果被调研者以“不感兴趣”拒访，调研人员可以解释：这是抽样调研，每一个被抽到的人的意见都很重要，请你协助一下，否则调研结果就会出现偏差。

2. 控制环境。成功的调研访问应该在没有第三者的环境下进行，但被调研者总会受到各种干扰，所以要有控制环境的技巧。例如，如果在对被调研者进行访问时有其他人插话，应该有礼貌地说：“您的观点很对，我希望等会儿请教您，但此时，我只对被访者的观点感兴趣。”

3. 保持中立。在调研访问过程，调研人员应该保持中立，惊奇的表情、对某个回答的赞同态度，都将影响被调研者。调研人员除了表示出礼节性兴趣外，不要作出任何其他反应，即使对方提问，调研人员也不能说出自己的观点。调研人员要向被访者解释，他们的观点才是真正有用的。

4. 提问和追问。调研人员在调研访问过程中应按照问卷设计的问题排序及提问措词进行提问。对于开放性问题一般要求充分追问。追问时不能引导，也不要用新的词汇追问，要使被访问者的回答尽可能具体；调研人员要尽量帮助被访问者充分表达他们自己的意见；追问过程也要求不仅给调研提供充分的信息，而且使访问更加有趣。

5. 记录。调研人员应该在调研访问过程中完成记录，如果来不及记录，应该放慢提问速度，并有意重复对方的话；有的调研人员靠记忆在访问完成后才补填问卷，这是不允许的。在访问结束时，应检查是否所有问题都已作答，答案是否清楚、容易辨认。

对封闭式问题的记录，最好是在所选的答案上划“○”，而打“√”因位置不同会引起示意的歧义；对于开放式问题的记录，要用被访问者的原话，不能用调研人员自己的语言或参杂自己的意见。

6. 结束调研访问。当所有希望得到的信息都得到之后就要面临结束访问。此时可能被访问者会进一步陈述看法，他们也可能有新的问题，调研人员工作的原则是认真记录有关的内容，并认真回答被访者提出的每一个问题，给被访者留下一个良好的印象。最后，不能忘记对被访者表示诚挚的感谢。

7. 保密。保密是营销调研人员的职业道德。调研人员不得向其他人透露被调研者的情况和调研结果。

策划实例

调研问卷样式

女士、先生：您们好！

我是××职业学院的学生，为了解空调市场情况，特访问您，请给我们10分钟时间请教一些问题，谢谢合作！

1. 请您尽量举出知道的空调厂家名称。

(1)　　(2)　　(3)

2. 请问您家中有没有安装空调？

□有　　□没有（跳问第8题）

3. 家中空调是什么品牌？

(1)　　(2)　　(3)

4. 装在何处？

(1)　　(2)　　(3)

5. 请问当初购买时考虑的因素主要有哪些？

□省电　□无噪声　□清凉　□口碑好　□赠品多　□价格适宜

□其他

6. 当初购买空调时由谁决定？

□自己　□配偶　□父母　□子女　□其他

7. 当初根据什么选择品牌？

□家人共同决定　□亲友介绍　□经销商介绍　□广告

8. 您家有没有计划添装空调？

□是　　□否（跳问基本资料）

9. 您想何时添置？装在何处？装设地点？

10. 会不会再装原品牌？

□会　　为什么

□不会　　为什么

11. 您最希望空调公司赠送何种赠品？

(1)　　(2)　　(3)

12. 您平常看哪些电视节目？

(1)　　(2)　　(3)

13. 空调公司售后服务，您感到重要吗？

□重要　　□不很重要

被调查人基本资料：

年龄：□21～30岁　□31～40岁　□41～50岁　□50岁以上

家人：□2人　□3人　□4人　□5人以上

住房：□房屋自有　□租赁

访问人：　督导员：　时间：　地点：

（资料来源：秦宗槐：《营销策划》，安徽人民出版社2008年版。）

第三步，搜集资料。

营销调研所需的材料，可分为原始资料和现有资料两大类。原始资料是指需要通过实地调研才能取得的第一手资料；现有资料是指现有的第二手资料。

1. 搜集原始资料。原始资料的搜集主要有以下方法和途径：

（1）观察搜集。在实践中，观察搜集法应用比较广泛。一般是调研人员直接通过对消费者的需求、消费者的行为、企业的经营环境、市场商品资源、企业商品库存等方面进行观察，搜集相关的调研资料。观察搜集法多用于产品质量、广告效果、城市人口流量、车流量等的调研活动。

（2）询问搜集。询问搜集是指调研人员通过交流访谈的方式向被调研者了解调研项目信息的方法。询问搜集根据调研者与被调研者接触方式的不同，可分为直接访问搜集、电话访问搜集、邮寄调研搜集、置留问卷调研搜集等形式。直接访问搜集即面谈访问搜集，是一种比较灵活的询问搜集方式，访问可以在任何地方进行；从访问地点上看可以分为两大类，即入户访问和拦截访问。

2. 搜集二手资料。

（1）二手资料搜集的类型。二手资料广泛地存在于报纸、杂志、书籍、简报、数据库等各种相关的资料源里，在信息时代其数量是十分惊人的，研究人员要从中发掘出对本研究有用的资料，难度可想而知。所幸的是，互联网的应用与普及，为研究人员搜集二手资料提供了前所未有的便利和广泛。

二手资料的来源通常分为内部资料和外部资料。

• 内部资料。内部资料是存在于企业内部的资料，是在企业正常运行过程中搜集、整理并使用的。如销售结果、广告费、库存报告、财务报告、运输费用、原材料成本、薪酬、产品设计及技术方面资料、市场环境方面资料等。

• 外部资料。外部资料是存在于企业外部的各种信息源（如书籍、报刊、政府出版物、名录等）上的资料。

策划实例

精明的日本人

文献资料浩如烟海，如何从中发现有价值的信息是调研的关键。20世纪60年代日本人就是利用这种方法搜集到大庆油田位置、产量等重要信息，并分析信息，制定油田设备策略，打败美国对手。步骤如下：

第一步，从中国公开发行的报纸上知道中国发现油田，但不知道在哪里——中国需要设备，怎样的设备？

第二步，《中国画报》上王进喜的照片，身穿棉袄，背景鹅毛大雪纷飞——中国东北部。

第三步，根据某报道中国石油工人从火车站将设备人拉肩扛到钻井现场和王进喜在马家窑说：我们要把中国石油贫困的帽子扔进太平洋——马家窑一定在太平洋的西岸，中国油田一定在马家窑的附近→找马家窑→确定油田的位置→分析附近的地理、地形、气候、居民状况→制定设备所需材料。

第四步，1964 年铁人王进喜光荣出席了第三届全国人民代表大会，成为人大代表——日本人确认中国石油开采成功。

第五步，《人民日报》上一幅钻塔的照片，从钻塔手柄的架势结合政府报告推算中国石油的年产量。在此基础上日本人推断中国以后将需要大量进口设备，于是，有针对性地设计采油设备，在竞标中一举获胜，使其设备顺利进入中国市场。

（资料来源：周建波：《营销管理》，山东人民出版社 2002 年版。）

（2）二手资料搜集的标准。鉴别、评价二手资料价值的标准主要有：

- 二手资料提供者的信誉。
- 二手资料的搜集目的。
- 二手资料的时效性。
- 二手资料的研究方法。

第四步，整理分析资料。

营销调研获得的大量信息往往是分散的、零星的，某些资料也可能是片面的、不真实的，因此必须对搜集的调研资料加以整理和分析，这样才能客观反映被调研事务的内在联系，揭示问题的本质和各种市场现象间的因果关系。这一步工作主要包括以下内容：

1. 资料的检查、核实和订正。对于调研所获资料，在整理编校过程中，首先要检查资料是否齐全，有无重复或者遗漏之处，是否有差错，有关数据相互之间是否矛盾；然后对资料中存在的问题及时复核，予以更正、删改或补充，力求资料真实可靠。

2. 资料的分类汇编。即把经过核实更正的资料，按照调研方案的要求，归入适当的类别，并制成各种统计表和统计图，供分析时使用，有关数据还可以输入计算机，由计算机来完成统计表格的制作。

3. 资料的分析和综合。资料的分析和综合是一项难度很大的工作，需要专业调研人员完成。

思考与训练

以你熟悉的一家大型连锁超市为载体，假设该超市要在当地开设一家新店，请你模拟为其拟订一个营销调研方案。

任务三

撰写营销调研报告

营销调研从制订调研方案、搜集资料、资料的统计分析，到撰写调研报告，是一个完整的活动过程。

一、调研报告的写作要求

营销调研报告是对营销调研工作的书面总结报告，建立在客观反映市场情况和准确分析数据资料的基础上，是调研的最后成果。调研报告的写作要求是：

1. 合乎逻辑，思路清晰。编写调研报告应按照调研活动展开的顺序，前后衔接，环环相扣，使调研报告结构合理、符合逻辑、条理清晰、表述准确；并对必要的重复性调研工作进行适当说明。通常通过设立目标、副标题、小标题，并标明项目的等级符号以增强报告的逻辑性。

2. 解释充分，结论准确。调研报告的结论要依据重要程度顺序排列，结论应符合一般情理，立场须客观公正，前后一致，做到严谨、细致，尽量切合实际地提出调研建议；切忌模棱两可，不着边际，更不能堆砌很多与调研目标和调研主题无关的资料和解释说明，避免形成脱离目标的结论。

3. 突出重点，篇幅适当。调研报告的内容应紧扣主题，突出重点，防止“信息冗余，重点不突出”；语言更应准确精练、简洁明了，避免篇幅冗长。

4. 定量定性，相互结合。高质量的调研报告既不能是通篇文字说明，使可读性下降；又不能将所有的定量分析结果罗列。过度使用定量技术往往被视为“泡沫工作”，易给人们的阅读及理解造成干扰和困难。因此，编写调研报告要将定量数据与定性分析结合使用。

二、调研报告的类型

调研报告可分为两种：

1. 专门报告，这是给市场业务的最高主管人的汇报，内容应尽可能简明扼要。

2. 一般性报告，这是给市场设计制做部门及其他有关部门的技术资料报告，资料尽可能详细完整。

三、撰写调研报告

一份完整的市场调研报告，通常包括以下几方面内容：

（一）题目

标题是画龙点睛之笔。好的标题必须准确揭示报告的主体思想，做到题文相符，让报告的使用者通过题目就能对报告想要表达的内容一目了然。标题要简单、明了，高度概括，具有强烈的吸引力。

报告标题应与调研内容相关，不必生造一些标新立异的标题。例如，一项关于中学生电脑使用情况的调研，标题就可以叫作“××市中学生家庭电脑使用情况调研报告”，如果报告分为若干个部分，则每一部分可以单独设一个小标题，如“报告一：家庭电脑拥有情况”，“报告二：日常接触电脑的情况”，等等。

（二）摘要

摘要是为那些没有大量时间阅读整个报告的使用者（特别是高层管理人员）或者由于阅读者不具备太多的专业知识，只想尽快得到调研分析报告的主要结论，以及进行怎样的市场操作而准备的。

报告摘要具体包括四个方面的内容：

1. 简要说明调研目的；

2. 介绍调研对象和调研内容，包括调研时间、地点、对象、范围、调研要点及所要解答的问题；

3. 简要介绍调研方法；

4. 简要说明调研结论与建议。

一般而言，调研分析报告的摘要书写有以下一些要求：从内容来讲，要做到清楚、简洁和高度概括，目的是让阅读者通过阅读摘要不但能了解本项目调研的全貌，同时对调研结论也有一个概括性的了解；从语言文字来讲，应该通俗、精练，尽量避免应用生僻的字句或过于专业性、技术性的术语。摘要一般在完成报告后写。

（三）引言

引言即调研报告的开头，好的开头既可使分析报告顺利展开，又能吸引读者。开头部分的写作方式很多，可根据情况适当选择。但不管怎样，开头部分应围绕这样几个问题：为什么进行调研；怎样进行调研；调研的结论如何。其作用是向报告阅读者提供进行市场研究的背景资料及相关信息，使阅读者能够大致了解进行该项市场调研的原因和需要解决的问题，以及必要性和重要性。引言的形式有以下几种：

1. 开门见山，揭示主题。文章开始先交代调研的目的或动机，揭示主题。例如，2002年3月我们对2001级电子商务专业的学生进行有关心理障碍调研研究，目的是要有针对性地对学生进行健康教育，矫正疏导各种不良心理，使学生健康成长。

2. 结论先行，逐步论证。即将调研结论写出来，然后再逐步论证，这种开头形式观点明确，使人一目了然。例如，2002年3月，我们对我校高一400名学生心理状况进行调研，调研结果表明，不少学生存在这样或那样的心理方面障碍，大致可以分为以下几类……

3. 交代情况，逐层分析。文章开头可先介绍背景，然后逐层分析，得出结论。也可先交代调研时间、地点、对象、范围等情况，然后分析。这样可使读者有一个感性认识，然后再深入分析研究。例如，《放眼未来之路——911 名专家人士眼里的中国数据通讯网络》的引言是："中国邮电电信总局与北京新华信息商业风险管理有限公司于今年 4、5 月间在北京、上海、广东、广州进行一次大规模的抽样调研，考察我国通讯网络的现状，并展望未来之路。在这次调研中，除了涉及特定专业问题外，还围绕着网络化的大趋势设计了许多问题，包括用户目前的网络使用情况、意见、需求等，调研对象是各种单位中通讯网络或计算机方面的技术人员……"

4. 提出问题，引入正题。用这种方式提出人们所关注的问题，引导读者进入正题。

（四）正文

正文是调研报告的核心部分，一般由开头、主体、结论三部分组成。这部分包括整个市场调研的详细内容，包含调研使用方法、调研程序、调研结果。对调研方法的描述要尽量讲清使用何种方法，并提供选择此种方法的原因。

在本文中相当一部分内容应是数字、表格，以及对其的解释、分析，要用最准确、恰当的语句对分析作出描述，结构要严谨，推理要有一定的逻辑性。

在正文部分，一般要将调研中出现的不足之处说明清楚，不能含糊其辞。必要的情况下，还需将不足之处对调研报告的准确性有多大程度的影响分析清楚，以提高整个市场调研活动的可信度。

调研报告正文的行文应当严谨、规范，不必追求华丽的词藻，如果某些词可能引起读者的误解，则应当尽量避免出现，而采用更接近人们日常习惯的用语。与其他公文文体不同，调研报告应当不厌其详，对所有调研中获得的数据都应当反映。

1. 开头。（参见前面引言的写法）

2. 主体。主体部分大致可分为基本情况和分析两部分内容。基本情况要真实地反映客观事实，对调研资料和背景资料作客观介绍说明；或者是提出问题，其目的是要分析问题。分析部分是调研报告的主要部分，要对资料进行质和量的分析，通过分析了解情况、说明问题和解决问题。分析一般有三类情况：第一类成因分析；第二类利弊分析；第三类发展规律或趋势分析。

3. 结论。结论与建议是阅读者最为关注的部分。应根据调研结果总结结论，并结合企业或客户情况提出其所面临的优势与困难，提出解决方法，即建议。

结论和建议的语言要求：简明扼要，使读者明确题旨，加深认识，可以参考本文中的信息对建议进行判断、评价，能够启发读者思考和联想。

结论和建议与正文部分的论述要紧密对应，不可以提出无证据的结论，也不要没有结论性意见的论证。同时这部分内容要具有可行性和可操作性，且有应用价值。

（五）附录

附件是与调研过程有关的各种资料的总和，这些内容不便在正文中涉及，但在阅读正文时或者检验调研结果的有效性时，需要参考这些资料。附件中包括的主要内容有：项目策划书；抽样方案；调研问卷；主要质量控制数据。除上述内容外，如果在调研中使用了其他二手资料，在允许的情况下也应当向客户提供，作为参照。对于具有保密价值的材料，调研公司应当提供多少，可以由双方在合同签订时予以确认，必要的时候客户方应当为获得这些材料付费并且作出保密的承诺。

四、调研报告编写技巧

（一）叙述技巧

1. 概括叙述。即将调研过程和情况概略地陈述，不需要对细节详加铺陈。

2. 按时间顺序叙述。即按时间顺序交代调研的目的、对象和经过，前后连贯。如开头部分叙述事情的前因后果，正文部分叙述市场的历史与现状。

3. 叙述主体的省略。即叙述主体在市场调研分析报告的开头部分出现后，在后面即可省略。例如，市场调研分析报告的主体通常是报告编写者，叙述中用第一人称即可。

（二）说明技巧

1. 数字说明。调研报告中要较多地使用数字、图表。在进行数字说明时，要注意以下两点：一是使用汉字和阿拉伯数字应统一。总的原则是，凡是可以用阿拉伯数字的地方均使用阿拉伯数字。二是运用数字的技巧。为了让统计数字更加鲜明生动，通俗易懂，编写报告时应注意运用数字的技巧。

2. 分类说明。即根据主题的要求，将资料按一定的标准分为若干类，分别说明。如将调研搜集到的资料按地理位置和经济水平进行分类，每类设一小标题，并作进一步说明。

3. 举例说明。即举出具体的、典型的事例来说明市场发展变化情况。在市场调研中会遇到大量的事例，可从中选择具有代表性的例子。

（三）语言运用技巧

1. 用词技巧。一要严谨。语言严谨体现在选词造句要精确，分寸感强。二要简明。在叙述事实情况时，力争以较少的文字清楚地表达较多的内容，要毫不犹豫地删除一些不必要的词句。三要通俗。调研报告的语言应力求严肃，平易近人，但并非平淡无味，要求报告编写者加强各方面的修养和语言文字表达的训练，才能写出生动、通俗易懂的高水平的报告。

2. 句式技巧。市场调研分析报告以陈述句为主，陈述调研的过程和市场情况，表示肯定或否定的判断，在建议部分会使用祈使句表示某种期望。

（四）议论技巧

1. 归纳技巧。即运用归纳法将市场调研过程中掌握的若干具体的事实进行分析论证，得出结论。

2. 局部论证。即将市场调研的项目分成若干部分，然后对每一部分分别进行论证。由于市场调研分析报告不同于议论文，不可能形成全篇论证，只是在情况分析中作出局部论证，如对市场情况从几方面进行分析，每一方面形成一个论证过程，用数据等资料作论据去证明其结论，形成局部论证。

思考与训练

请你选择一个你熟悉的大型超市，模拟为其开店设计调查问卷并开展调研，最终汇总结果编写调研报告。

复习思考题

1. 营销调研的内容有哪些？
2. 营销调研的作用是什么？
3. 营销调研的流程有哪些？
4. 如何实施营销调研？
5. 如何编写营销调研报告？

案例分析

黄金与水

美国巨富亚默尔在少年时代，只是一名种地的小农夫。在他17岁那年，加州传来发现黄金的消息，于是，当地很快掀起了一股淘金热。亚默尔也被这一浪潮所席卷，他历尽千辛万苦，来到加州，一头扑进山谷，投入到寻金者的行列。

山谷气候干燥，水源奇缺，寻找金矿的人最感到痛苦的就是没有水喝，他们一面寻找金矿，一面不停抱怨："要是有一壶凉水，老子给他一块金币。""谁要是让我痛饮一顿，老子出两块金币也干！"这些话不过是找金矿人一时发的牢骚，没有人在意，说过之后，人们又埋头找起金矿来。但在这一片"渴望"声中，亚默尔具有企业家素质的头脑第一次开始转动。这些抱怨对于他而言，无疑是一个个小小的、但却非常有用的信息，他想，如果把水卖给这些人喝，也许比找金子更能赚钱。于是，他放弃了找矿，把手抓的铁铲掉了个方向，由挖掘黄金变为挖掘水渠，他把河水引进水池，经过细沙过滤，变成清凉可口的饮用水。然后他便把这些水装在水桶里、水壶里，卖给找金矿的人喝，立刻受到找金矿者的欢迎，那些唇干舌燥的人们发疯似地向他涌来，一块块金币也投向他的怀中。

当时不少人都嘲笑他"我们千辛万苦到加州就是为了挖金子、发大财，如果要干这种蝇头小利的生意，哪儿不能干，何必离乡背井跑到加州来呢？"对于这些挖苦，亚默尔根本不介意，继续卖他的饮用水。结果在很短的时间里亚默尔靠卖水就赚了6000美元。这在当时不算个小数目，亚默尔受到鼓舞继续坚持卖水。后来，当许多人因找不到金矿而忍饥挨饿，流落他乡时，亚默尔已经成为一个小小的富翁了。

【案例思考】

亚默尔是如何从一名种地的农夫变成一个小富翁的？

策划实训

项目名称：××市场调研方案

备选项目：乳制品、饮料、方便面、自行车、日用品、家电、手机、电脑、服装等

实训目标：市场调研

1. 通过本次训练，使学生能够了解商品市场竞争状况，熟悉企业产品的优劣势。
2. 通过本次训练，使学生能够掌握制定市场调研方案的方法，并完成方案的制定。
3. 通过本次训练，使学生能够掌握营销调研的基本方法，并实践调研访问。
4. 通过本次训练，使学生能够分析调研资料，并撰写调研报告。

实训组织：

可以进行小组分工，5人左右为一组，每组要求选出1名组长，组长对该项任务整个过程进行组织，全体组员协作完成。

实训内容：

1. 通过制订调研方案，了解市场调研的设计，掌握调研方案的策划方法。
2. 针对项目特点制定调研方法，设计调研访问方式。
3. 整理分析调研资料，撰写调研报告。

实训考核：

1. 调研方案：思路清晰，内容完整，安排合理。
2. 问卷调研表：问题全面，用词准确，设计合理，调研认真，组织严密。
3. 调研报告：资料全面，论点论据明确有力，建议合理有效。
4. 课堂交流：语言流畅，仪表端庄，有说服力。

项目五
营销战略策划

学习目标

知识的掌握：

□ 领会营销战略策划与企业总体战略之间的内在联系，掌握战略方向策划的内容

□ 掌握战略业务单位分析评价方法，掌握企业成长战略策划内容和方法

□ 掌握竞争战略的三种基本形式及企业可能采取的竞争战略

技能的提高：

□ 初步具备战略方向竞争战略的能力和企业成长战略策划的能力

□ 初步具备为企业制定竞争战略和制定反击战略的能力

项目描述

在领会营销战略策划相关知识前提下，掌握企业成长战略策划、竞争战略策划的方法

案例引导

国产手机的兴衰与营销战略

曾几何时，中国手机市场处于摩托罗拉、诺基亚、爱立信三足鼎立、一统天下的局面。1998 年，随着厦华“华夏一号 XG818”的横空出世，标志着我国民族产业正式进入手机市场，国产手机实现了从无到有的转变。到了 1999 年，大量国产品牌，如波导、科健、TCL、康佳悄然崛起，凭借对本土市场的了解，国产手机企业制定了有效的营销战

略，准确把握了国内消费者的需求，成功地细分并找准目标市场，创新性地自建了各自的分销渠道……历经五载奋战，终于实现了由市场份额不足5%到打下中国手机市场半壁江山的飞跃。并且波导在2003年，首次称霸中国手机市场第一的位置，打破了洋品牌一统天下的格局，成功缔造了中国手机产业的全新竞争格局。

然而，就在这一巨大成功的背后，隐藏的却是种种危机。由于国产手机缺乏真正意义上的核心技术，只能在产品外观、宣传造势以及价格战上做文章，因此缺乏核心竞争力。另一方面，国产手机企业对市场前景盲目乐观，采取了大规模扩张战略，导致生产能力剩余，致使价格战拉开序幕、竞争环境日趋恶化、企业盈利能力出现"集体滑坡"现象。据统计，2003年，波导销售净利率的下降幅度高达30%；TCL的毛利率仅为20%，比2001年下降15%；康佳的毛利率仅为9.78%，每台手机盈利仅4元。2004年，国产手机的市场占有率下跌到40%；2005年，国产手机市场占有率在2004年萎缩的基础上再创新低，仅为34%；到了2006年，降至28%，与此同时，相当一部分国产品牌已被市场边缘化，行业处于亏损的边缘，国产手机市场回天乏术。

面对中国民族产业的又一次动荡，我们不禁感叹国产手机出路何在？或许，唯有制定正确的营销战略方能使国产手机在市场上再创辉煌。专家们提出：第一，加大研发力度，发展核心技术，增强企业自身的核心竞争力；第二，施行企业战略重组、并购，增强企业整体实力；第三，拓展国外市场和农村市场，解决生产能力过剩问题；第四，进行充分的市场调研，及时掌握消费者的需求及其变化，并按不同的需求进行产品和市场细分，提供更加个性化、差异化的增值服务，建立品牌忠诚；第五，实施差异化战略，提高产品的竞争优势。

国产手机兴也营销战略，衰也营销战略，我们期待着国产手机合理调整营销战略，迎来又一个辉煌。

（资料来源：孟韬：《营销策划》，机械工业出版社2008年版。）

任务一

知晓营销战略与总体发展战略

营销战略策划是站在营销的层面，回答企业从哪里来，到哪里去的问题。它和企业的其他战略一样是企业总体发展战略的一个重要组成部分。制定并实施营销战略的目的是建立企业在市场中的地位，在满足消费者需求的基础上参与竞争，获得卓越的业绩和市场表现。

总体营销战略属于企业宏观规划层面，常常涉及企业在发展方向、业务结构以及资源匹配等方面的规划与调整，策划人不但要了解营销战略本身的构成，还要将营销战略与企业总体发展战略有机结合，调动各种资源，才能够保证战略方向的正确性。

一、营销战略的含义

"战略"一词，原为军事用语，即为作战的谋略。现代市场经济中，市场营销活动是整个企业经营的核心，因而市场营销战略在企业战略中的地位与意义显得尤为突出。企业战略是人们有意识、有目的制订的计划，反映了人们对未来行动的预期与主观愿望，并且包括了一系列（或整套）的决策或行动方式。**所谓市场营销战略，是指企业为实现其整体经营战略目标，在充分预测和把握企业外部环境与内部条件变化的基础上，对企业全局性和长期的市场营销所作的计划。**

二、营销战略的特征

作为一种管理过程，企业营销战略的规划即是要在企业的目标、资源和动态的营销机会之间建立起适当的匹配关系，从而实现企业的持续成长和长期赢利目标。良好的企业营销战略能够使企业在特定市场中建立起足够的相对竞争优势，从而帮助企业赢得激烈的市场竞争；而错误的战略则很可能会危及企业的生存。因此，企业营销战略应具备以下特征：

- 全局性——对企业经营全过程、全方位的管理。
- 长远性——考虑企业在未来相当长的时期内的总体发展问题。
- 指导性——企业内部的各项管理办法都建立在营销战略的基础上。
- 现实性——企业营销战略建立在现有的主观因素和客观条件的基础上。
- 竞争性和风险性——能够为企业赢得市场竞争的差别优势，同时，为获得竞争优势可能要面临由此带来的战略风险。
- 创新性——以变应变，以创新求生存、求发展。
- 适应性——制定营销战略时，应当留有充分的余地，考虑建立资源缓冲地带，保证资源分配的灵活性，因而本身具有一定的机动能力。

三、营销战略的层次结构

一方面，营销战略隶属于企业总体发展战略，企业总体发展战略指导营销战略的规划与执行；另一方面，一个科学、有效的营销战略，对企业能否顺利实现总体发展战略，往往具有关键性的支撑作用。营销战略与企业总体发展战略的关系如图 5 - 1 所示。

（一）企业总体发展战略（公司战略）

企业总体发展战略是企业为实现各种特定目标以求自身发展而设计的总体行动纲领或方案，涉及企业发展中带有全局性、长远性和根本性的问题，包括企业最高层次战略任务、目标、发展领域、资源配置、组织模式、发展规模、投资决策等（见图 5 - 1）。

（二）经营单位战略

经营单位战略是在总体战略的统帅下，为各个战略业务单元发展而设计的行动纲领或竞争方案，包括经营单位发展战略，竞争战略，事业部、子企业的战略目标、任务、特

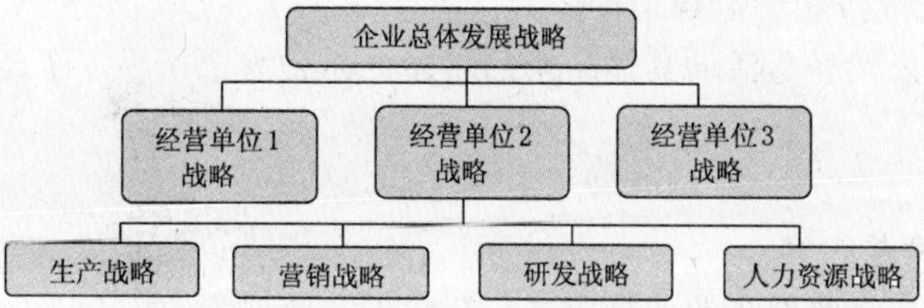

图5-1　营销战略与企业总体发展战略

色、战略点、组合方案等。

（三）职能战略

职能战略描述了在执行企业战略和经营单位战略的过程中，企业中每一个职能部门所采用的方法和手段。职能战略受制于企业总体战略和经营单位战略，每一个经营单位可确定出各自的职能战略，企业整体发展也可确定相应的职能战略，如何确定职能战略要结合企业的实际情况而定。职能战略之间必须相互支持和补充，用以保证企业总体发展战略和经营单位竞争战略的顺利实施，包括财务、生产、营销、研发、技术、采购、物流、人力资源配备、服务等各个职能战略。

从图5-1可以看出，营销战略在企业战略层次中属于职能战略范畴。明确营销战略与企业总体发展战略的关系及在其中的地位与作用，对正确处理营销战略与企业总体发展战略的关系、科学有效地规划营销战略具有重要指导意义。

思考与训练

举例说明营销战略在企业管理中的重要意义。

任务二

战略方向策划

一、企业使命

企业使命是指企业的根本任务、目标、责任和性质。一切战略制定之初，企业应当首先明确企业使命。

管理学家德鲁克认为，公司使命必须回答下列问题：

- 企业存在的目的是什么？
- 企业的业务是什么？将是什么？应该是什么？
- 企业提供给顾客的价值是什么？

• 企业的经营政策和价值观是什么？

公司使命不是公司经营活动具体结果的表述，而是为公司界定了经营的原则、方向和哲学。

（一）企业使命的内容

具体来说，一个完整的企业使命应当包括以下三个要素：

1. **企业生存目的的定位**。企业生存目的的定位应该说明企业要满足顾客的某种需求，而不是说明企业要生产某种产品。例如，著名的玫琳·凯化妆品公司对其企业使命的描述是：一个女人的一生充满了各种选择，这些选择都是围绕着她如何运用她的时间、精力来达到目标。然而无论她的生活方式是什么样的，玫琳·凯都是她正确的选择。因为我们理解一个女人的需要，关心这些需要的满足。我们所做的不只是将化妆品卖给一个女人，我们将给她一种养生之道，帮助她发现自身的魅力，并且为保证她的美容和护肤方法与其生命不同阶段的需要相一致，提供不间断的服务。又如，AT&T 公司没有仅仅把公司的业务定义在出售电话机或者提供远程服务上，而是定义为出售通讯技术。

2. **企业经营哲学的定位**。经营哲学是对企业经营活动本质性认识的高度概括，是包括企业基础价值观、企业内共同认可达到的行为准则及企业共同信仰等在内的管理哲学。企业经营哲学的主要内容通过企业对外界环境和内部环境的态度来体现。一般地，企业经营哲学由于受文化的影响具有较大的共性；同时，不同国家的企业在管理理念上表现出明显的差别。例如，美国企业在经营哲学的描述上着重于企业在市场上获得成功的因素，如“公司发展事业的基础是技术革新、生产率和市场占有率”（德州仪器仪表公司）；而日本企业的经营哲学旨在向员工表明企业的远景，唤起员工承担责任的激情和创新精神，如“像自来水那样不断生产，创造无穷物质财富，建设人间天堂”（松下电器公司）。

3. **企业的公众形象定位**。对企业形象的重视反映了企业对环境影响及社会责任的认识。每一个企业在特定的公众（包括内部员工、顾客、合作商、政府、媒介、社区、竞争者等）心目中，都有自己的形象。如消费者普遍认为 IBM 是计算机业的“蓝色巨人”；Panasonic 是生产质优价廉电器产品的企业；百事可乐则是年青一代的选择。

相关链接

著名公司的企业使命

IBM：让每个办公室和家庭的桌上摆上一台电脑！

迪斯尼：使人人都快乐幸福！

波音公司：让空中旅行走进千家万户！

微软公司：使每一个家庭都使用微软公司的软件！

麦当劳：在全球范围内向一个广泛的快餐食品顾客群在气氛友好的、卫生清洁的饭店里以很好的价值提供美味的快餐食品。

郎讯公司：为客户提供世界上最好的、最多的创新性通信系统、产品、科技和客户支持，并与您分享一流的、持续的价值。

（资料来源：屈冠银：《市场营销理论与实训教程》，机械工业出版社 2009 年版。）

（二）编制企业任务报告书

一旦确定了企业使命，企业应编写正式的企业任务报告书，将企业任务以书面的形式明确界定下来。现在，许多公司都会将其企业任务报告书展示在自己的网站上，成为本企业形象展示的重要组成部分，因此其撰写的精要和确切愈发受到重视。企业任务报告的一般编制要求有以下内容：

第一，要以消费者的需求为依据。

企业使命是社会需要的反映，是企业满足社会某种需要和如何满足这种需要的说明。要以消费者需要为依据，用消费者的需要来取得企业的使命。对企业业务的描述，西方国家过去传统的方式是以所生产的产品来描述，如“本公司的业务是生产汽车”或“本公司的业务是生产洗涤剂”，这些表述都是产品导向。按照市场营销观念，企业的业务活动应当被看做是一个满足顾客需要的过程。产品或技术是不断变化的，迟早要被淘汰，而市场需求和顾客群却是永恒的。如果一个企业将自己的任务定位为制造计算尺，那么，当小型计算器问世时，企业就会与其产品一起被淘汰，因为顾客需要的是计算能力，而小型计算器的计算能力远远超过计算尺，必然会取而代之。相反，如果企业将任务定位为满足顾客对计算能力的需求，就会密切注意相关产品的市场和技术动向，并及时开发能更好满足这方面需求的新产品，从而使企业保持竞争力。因此，以市场为导向来给业务范围下定义比以产品为导向下定义更重要。

第二，要明确界定、切实可行。

公司的任务书要具体、明确。如在任务书中要明确规定有关工作人员如何对待供应商、顾客、经销商和竞争者，使全体员工在处理一些重大问题上有一个统一的准则可以遵循。在规定企业使命时，一定要做到：确切定义企业，明确说明企业追求；其内容宽到足以促进企业有创造性的成长，窄到足以排除某些风险；能将本企业与其他企业区别；可以作为评价现实及将来企业各种活动的基准体系；叙述不要过细，着重点是树立方向，指导企业，提供激励，建立形象、基调及宗旨。所以，叙述要尽量简练、清楚，便于广泛理解。有的企业在企业使命的陈述中，不仅说明了企业应当干什么，而且还说明企业不应当干什么，这样就使企业使命的界定更加清楚。许多著名的企业以市场为导向给自己的业务进行了恰当的定位。比如，施乐公司：我们帮助提高工作效率；IBM：适应企业界解决问题的需要；壳牌石油：满足人类能源的需求。

策划实例

鲁伯梅特商业产品公司的使命说明书

我们的目标是在所服务的每一个业务市场成为全球市场份额的领导者。我们将通过向分销商和最终顾客提供创新的、高质量的、成本合理的和对环境负责的产品来实现这种领导地位。我们将基于坚定的顾客满意承诺通过提供高水准的顾客服务来增加我们产品的附加价值。

（资料来源：屈冠银：《市场营销理论与实训教程》，机械工业出版社 2009 年版。）

第三，具有鼓舞性和激励性。

公司的任务书应有激励性。这就要使员工们感到自己的工作有利于提高社会福利。例如，将生产化肥的平凡工作赋予“提高农业生产力以解决全球饥饿问题”这一崇高使命时，就很富有挑战性和鼓舞性。这样做是为了使企业使命产生更大的影响、发挥更大的作用。一个好的企业使命，要反映企业员工的长远憧憬，共同的远景反映了利益目标的共同性，这可使企业员工的精神境界从具体的日常工作中得到升华，使他们在更高的精神境界中去面对机会和挑战。一个有效的企业使命能够唤起人们对企业的好感和热情，并为之采取行动；还会使人们感到企业一定会成功，发展方向非常明确，值得为其付出时间，给予支持，进行投资。总之，要有利于提高企业的声誉，强化对顾客的吸引力，促进资源所有者的支持，使企业员工产生使命感、光荣感、自豪感，更加自觉地为实现企业使命而努力工作。

第四，要根据社会条件变化及企业发展阶段及时调整。

任务书随环境的变化而修订。企业的任务有一定的相对稳定性，不能随便改变，但也不是一成不变，当企业任务不适应目前形势时还是要根据情况进行修订。但是，当环境发生巨大的变化或者企业发展阶段面临重大转折、原有使命不能很好描述一个企业的存在性质时，就需要对其谨慎地修正了。

二、企业目标

（一）企业目标的含义

企业目标是指企业通过战略期内的战略行动而期望达到的结果。它是根据企业使命延伸确定的。它表现了企业的具体期望，指明了企业的具体努力方向和期望达到的经营成果。企业目标是企业战略的重要组成部分。它反映了企业使命，也是制定、选择、控制战略方案和战略实施的依据。

（二）企业目标的特点

1. 可度量性。应尽量加以数量化，例如，“到 2011 年底，企业要占有中国 25% 的等离子电视机的市场份额”，这样便于考核和评估。

2. 可操作性。要从实际出发，既具有挑战性又能被员工接受。

3. 构成体系。企业各个层次都有目标，并使得企业内上下左右各方面的关系协调一致。

4. 时间相关。目标的制定必须联系一定的时间范围，每个不同阶段都有目标，能使企业不同阶段、不同范围的生产经营前后衔接。比如，壳牌公司和 M&S 公司会为未来 10 年制定计划，并把这些分解为每一个战略业务单位的未来 2 ~ 3 年的具体计划。从大体上看，长期计划是 5 年或更长时间的计划；中期计划是 1 ~ 5 年的计划；短期计划是几周/几个月/一年内的计划。

（三）企业目标的构成

一般而言，企业的战略目标可归为如下四类：

- 赢利能力；
- 为顾客、客户或其他受益者的服务；

- 员工的需要和福利；
- 社会责任。

具体地，企业的营销目标一般可分解为以下常见的具体目标：

1. 顾客的服务目标：它以交货期和顾客的满意度来表示。

2. 财力资源目标：用资本结构、新增普通股、现金流量、运营资本、红利偿付和货款回收期来表示。

3. 人力资源目标：用缺勤率、迟到率、人员流动率或者不满情绪的人员数量来表示，也可用培训人员或者培训计划数目来表示。

4. 市场目标：用市场占有率、销售额或销售量来表示。

5. 组织结构目标：以所进行的变革和所承担的项目来表示。

6. 产品目标：用分产品线或产品的销售量和盈利能力，或开发新产品的完成期限来表示。

7. 物质设施目标：以工作面积、固定资本或生产量来表示。

8. 生产率目标：以投入产出比率或单位产品生产成本来表示。

9. 赢利能力目标：用利润总额、投资收益率、每股收益或销售利润率来表示。

10. 研究与开发目标：以花费的货币量或要完成的项目来表示。

11. 社会责任目标：用活动的类型、服务天数或财政资助来表示。

三、建立战略业务单位

（一）战略业务单位的含义

企业一旦规定了企业任务和目标之后，就要制定业务投资组合计划。为了从战略上管理业务，首先必须对企业旗下各项业务进行明确的界定，把所有的业务分成若干战略业务单位。

战略业务单位是公司中的一个单位，或者职能单元，它是以企业所服务的独立产品、行业或市场为基础，由企业若干事业部或事业部的某些部分组成的战略组织。通用电气公司把它所经营的范围划分为 49 种，并称为“战略业务单元”。

战略业务单位必须在公司总体目标和战略的约束下，执行自己的战略管理过程。在这个执行过程中其经营能力不是持续稳定的，而是在不断变化的，可能会得到加强，也可能会被削弱，这取决于公司的资源分配状况。一个大公司需要管理相当多的业务，其每项业务都有自己的战略，一个战略业务单位可能包括一个或几个部门，或者某部门的某些产品，或者某种产品或品牌。一个战略业务单位必须具有如下特征。

- 它是一项单独的业务或一组相关的业务；
- 它有不同的任务，可以独立计划或在使命上可以区别于公司的其他业务；
- 它有自己的竞争力；
- 它有自己的专职经理负责战略规划；
- 拥有一定的资源支配权；
- 可以独立计划其他业务。

在拥有多个战略业务单位的企业中，决策通常在两个层面进行：公司管理者首先决定公司经营的方向是什么，并为每个战略业务单位设定资源配置的先后次序；其次，每个战略业务单位的管理者则决定选择什么样的战略来实施公司制定的总的营销战略，并在公司管理层的支持下努力去取得公司管理层所期望的绩效。

由于公司的资源有限，各个战略业务单位的发展机会及经营效益很不相同，因此，公司有必要对现有各种业务进行分析、评价，从中了解哪些业务应当发展，哪些业务应该维持，哪些业务应当减少，哪些业务应该淘汰。这就是战略业务组合规划。下面介绍两种最常见的对企业战略业务单位进行分析、评价的管理工具。

（二）波士顿市场成长—份额矩阵

这一战略规划方法系由美国波士顿咨询公司根据“经验曲线”的研究，利用相对市场占有率和市场成长率这两项变量，将拥有不同市场机会的各个战略业务单位予以归类而发展出来的，如图 5－2 所示。

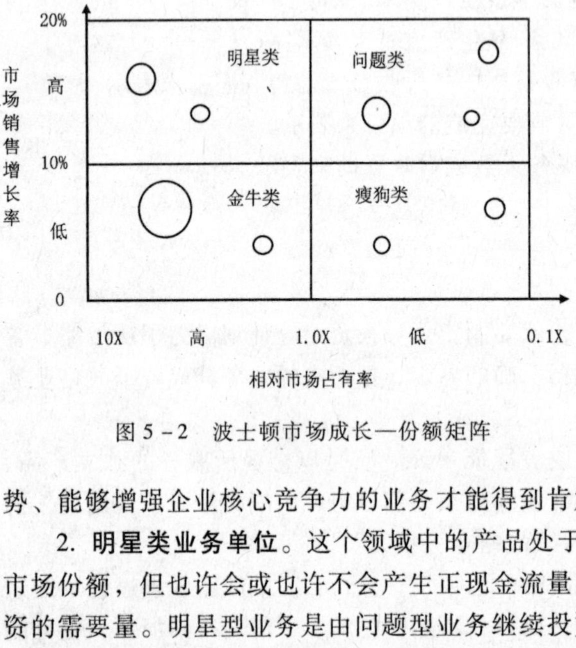

图 5－2　波士顿市场成长—份额矩阵

1. **问题类业务单位**。处在这个领域中的产品带有较大的风险。这些产品可能成长率很高，但占有的市场份额很小。这往往是一个公司的新业务，为发展问题业务，公司必须建立工厂，增加设备和人员，以便跟上迅速发展的市场，并超过竞争对手，这些意味着大量的资金投入。“问题”非常贴切地描述了公司对待这类业务的态度，因为这时公司必须慎重回答“是否继续投资，发展该业务？”只有那些符合企业发展长远目标、企业具有资源优势、能够增强企业核心竞争力的业务才能得到肯定的回答。

2. **明星类业务单位**。这个领域中的产品处于快速增长的市场中并且占有支配地位的市场份额，但也许会或也许不会产生正现金流量，这取决于新工厂、设备和产品开发对投资的需要量。明星型业务是由问题型业务继续投资发展起来的，可以视为高速成长市场中的领导者，它将成为公司未来的金牛业务。但这并不意味着明星业务一定可以给企业带来源源不断的现金流，因为市场还在高速成长，企业必须继续投资以保持与市场同步增长，并击退竞争对手。

3. **金牛类业务单位**。明星类业务单位的市场增长率下降到 10% 以下，就转入金牛类。这类单位是低市场增长率和高相对市场占有率的单位。这类单位因为相对市场占有率高，赢利多，现金收入多，可以提供大量现金。企业可以用这些现金支付账单，支援需要现金的问题类、明星类和瘦狗类业务单位。

4. **瘦狗类业务单位**。这类业务单位是指市场成长率低缓、市场份额低的公司业务。瘦狗型业务存在更多的是由于感情上的因素，虽然一直微利经营，但像人养了多年的狗一样恋恋不舍而不忍放弃。其实，瘦狗型业务通常要占用很多资源，如资金、管理部门的时间等，多数时候是得不偿失的。企业的最高管理层对其所有的战略业务单位加以分类和评价之后，就应选取适当的战略。公司可以采取的战略如表5-1所示。

表5-1　　针对不同业务单位的四种战略

战略	目的和适用对象
发展	目的是扩大战略业务单位的市场份额，甚至放弃近期收入来达到这一目标，适用于明星类和问题类业务
维持	目的是保持战略业务单位的市场份额，适用于强大的金牛类业务，如果它们继续产生大量的现金流量
收割	目的在于增加战略业务单位短期现金流，而不是考虑长期影响，适用于处境不佳的金牛类业务和瘦狗类业务
放弃	目的在于出售或清算业务，以便将资源转移到更有利的业务领域，适用于瘦狗类和问题类业务，这类业务常常拖公司赢利的后腿

（三）通用电气公司（GE）模型

美国通用电气公司模型用“多因素投资组合矩阵”来对企业的战略业务单位加以分类和评价。通用电气公司模型对每项业务的评定主要根据两个变量：

1. 市场吸引力。影响因素有市场大小、年增长率、历史的利润率、竞争强度、技术要求、通货膨胀、能源要求、环境影响、社会、政治、法律。

2. 业务优势。影响因素有市场占有率、市场占有率增长、产品质量、品牌知名度、分销网、促销力、生产能力、生产效率、单位成本、原料供应、研究与开发成绩、管理人员素质。企业的最高管理层对上述两大变量中的各个因素都要评分，而且各个因素都要加权，求出各个变量的加权平均分数。根据评分把业务分为三个区域，并分别制定不同的战略（见表5-2）。

表5-2　　市场吸引力和业务优势组合及战略

		业务优势		
		强	中	弱
市场吸引力	高	绿色区域 • 保持目前位置 • 投资：以便以最可行的速度成长 • 全力维持业务优势	绿色区域 • 投资建设 • 向市场领先者挑战 • 有选择地强化优势 • 增强薄弱环节	黄色区域 • 有选择地发展 • 专注于有限的优势领域找到克服缺点的方法 • 如无明显增长就放弃
	中	绿色区域 • 选择发展 • 在最有吸引力的细分部分重点投资 • 加强竞争的能力 • 提高生产力，加强获利能力	黄色区域 • 选择或设法保持现有收入 • 保护现有计划 • 在获利能力强、风险相对低的部门集中投资	红色区域 • 有限度地扩展或收割 • 寻找没有高风险的扩展办法，否则尽量减少投资，合理作业
	低	黄色区域 • 保护和注重发展业务优势 • 设法保持现有收入 • 集中力量于有吸引力的部门	红色区域 • 设法保持现有收入 • 在大部分赢利领域保持优势或地位 • 给产品线升级尽量降低投资	红色区域 • 放弃 • 在业务现金价值最大时出售 • 降低固定成本同时避免投资

思考与训练

通过组织市场调查，了解某品牌产品的信息，并应用波士顿咨询集团法对其进行分析评价。

任务三

企业成长战略策划

企业成长战略是在现有战略起点的基础上，向高一级目标发展的一种总体战略类型，它一般是在企业处于良好的经营条件下，可供企业选择的一种总体战略方案。因企业经营良好的程度、状态有所不同，因而发展型战略又可分为多种具体方案类型可供选择。

企业发展型战略强调的是充分利用外界环境中的机会，避开威胁，充分发掘和运用企业内部的资源，它是一种使企业在现有的战略基础上向更高一级的目标发展的战略。该战略以发展为导向，引导企业不断地开发新的产品，开拓新的市场，采用新的生产方式，以便扩大企业的产销规模，提升竞争地位，增强竞争实力。正确地运用发展型战略，能够使一个企业由小到大、由弱到强，获得不断的增长和发展。

企业的成长，从质的规定性上讲，离不开企业市场价值的大小和实现程度。从历程来看，则是一个阶段性的适应过程。它要求企业能够选择易于成长的市场机会并且善于把这种市场机会转化为营销机会，根据营销机会选择相应的成长策略，这些策略是密集型成长策略、一体化成长策略和多元化成长策略。上述三种策略组成了企业成长战略的主要内容。

一、密集型成长策略

密集型成长战略就是集中生产单一的或少数几种产品或服务，面向单一或较窄的市场，或采用单一的专业技术，不开发或很少开发新产品或新服务。企业的发展主要通过市场渗透和市场开拓，努力提高市场占有率或拓展市场需求，来实现生产规模的扩大和利润的增长。采用这种战略时，企业的扩张速度随着产业发展的不同阶段有所不同。例如，产品处于成长期，速度可能很快；反之，产品如已进入成熟期，速度就可能放慢。扩张速度还因企业采用的市场营销策略不同而不同，如策略正确而有效，则速度可望加快。

如果企业尚未完全开发隐藏在现有产品和市场中的机会，也就是说现有产品或现有市场还有赢利能力，则可以采用密集型增长战略。

采用这种战略的原因主要有两个：

1. 有些产业，如采掘工业（矿山、油田、气田等）、公用事业（发电站、煤气公司、公共交通公司、自来水公司等）、交通运输业（铁路、公路、水运、空运等）、金融保险业、信托投资业等，由于产业性质决定了企业一般只能单一经营；

2. 在加工工业中，有些企业或限于实力，或由其经营者的价值观决定，或因有关科学技术发展速度比较慢，也有采用这种战略的。如美国著名的电焊机制造商林肯电器公司、著名的工程机械制造商卡特彼勒公司，就长期奉行这种战略。四川长虹电器公司过去实行的“独子战略”，也属于单一经营。这些公司的经营者认为，这是一种比较稳健的战略。

密集型市场机会，是指一个特定市场的全部潜力尚未达到极限时存在的市场机会。这就意味着，企业仍可以在现有的生产、经营范围内求得发展。企业作出这样的决策时，采取密集型成长策略。利用这样的市场机会获得业务成长有三种情况：

（一）市场渗透

市场渗透是指通过采取更加积极有效的、更富进取精神的营销措施，如增加销售网点、短期调低价格、加强广告宣传等促销活动，努力在现有市场上扩大现有产品的销售量，从而实现企业业务增长。具体形式有三种：（1）刺激现有顾客更多地购买本企业现有的产品；（2）吸引竞争对手的顾客，提高现有产品的市场占有率；（3）激发潜在顾客的购买动机，促使他们也来购买本企业的这种产品。

（二）市场开发

市场开发是指通过努力开拓新市场来扩大现有产品的销售量，从而实现企业业务的增长。主要形式是扩大现有的销售地区，直至进入国际市场。实施这种策略的关键是开辟新的销售渠道，并配合大规模的广告宣传等促销活动。企业通过在新地区或国外设立新的商业网点，或开拓新的分销渠道，加强广告、促销等措施，在新的市场上扩大现有产品的销售。

（三）产品开发

产品开发是指通过向现有市场提供多种改型变异产品，如增加花色品种、增加规格档次、改进包装、增加服务等，以满足不同顾客的需要，从而扩大销售、实现企业业务的增长。实施这种策略的重点是改进产品设计，同时也要大力开展以产品特征为主要内容的宣传促销活动。企业通过在现有市场上增加品种、花色、型号或者新型产品的销售，满足现有市场顾客的需求。

二、一体化成长策略

一体化市场机会，是指一个企业把自己的营销活动伸展到供、产、销构成的企业价值链的不同环节而使自身得到发展的市场机会。企业往往利用这种市场机会实行不同程度的一体化经营，纵向增强自身生产和销售的整体能力，从而提高效率，扩大规模，增加赢利。一体化成长策略也有三种情况。如果企业所属行业的吸引力和增长潜力大，或公司在产品的供、产、销方面实行一体化能提高效率，提高公司盈利能力和控制能力，则可采用一体化增长战略。一体化增长战略包括三种：后向一体化、前向一体化和水平一体化，其中后向一体化和前向一体化又合称为垂直一体化。

一体化经营只是企业的战略选择之一，只有当一体化经营确实能够提高收益率或者不进行一体化将降低企业竞争力时，一体化才是经济的。20 世纪 90 年代以来，由于行业专业程度提高、全球采购、分销体制的日趋完善以及原有产业竞争的加剧，美国许多汽车企业、大型制造企业，从“二战”后奉行的一体化发展战略纷纷进行“减肥”、“瘦身”、“归核”运动，剥离主营业务的上游或下游产业，突出主营业务的核心竞争力。

（一）后向一体化

企业向自己所处价值链的上游方向，也就是原料供应方向发展。例如，自行组织生产本身需要的原材料、能源、包装器材等，而不再向外采购，称为后向一体化战略。企业可以通过自建、兼并、契约等形式，取得对上游产业的控制权，实现供产一体化、产销一体化或者批零一体化。例如，钢铁企业自营矿山、电厂、耐火材料厂、包装材料厂，商业企业收购商品生产企业，零售商发展批发业务，汽车制造厂收购橡胶厂、轮胎厂、配件厂，造纸企业开发森林，乳制品企业经营牧场，等等。后向一体化战略通过对供货系统进行控制、提高供货效率，可以对企业生产需要的各种投入的成本、质量和可获得性进行更有效的控制。

（二）前向一体化

企业向自己所处价值链的下游方向，也就是自己原有客户方向发展。例如，组建自行销售产品或服务的网点直接面向用户，或者将产品进行深加工后再销售等，称为前向一体化战略。企业可以通过对其产品的加工或销售单位取得了控制权甚至直接拥有，以便更好地控制销售渠道、贯彻营销目标、获取更多利益。例如，批发企业自办零售商店，汽车生产商自设销售机构或与汽车经销商形成紧密合作关系，纺织企业兼营印染、服装和床上用品制造，造纸企业兼营印刷，胶合板企业制造优质家具，水泥生产企业制造水泥构件，等等。

前向一体化和后向一体化合称为“垂直一体化”。

垂直一体化战略的优点：企业的买方（用户或经销商）和供应方都可能是其利润争夺者，所以，当它们利用企业的产品或向企业供应其产品能获得高额利润时，企业就可以通过前向一体化或后向一体化来增加自己的利润。此外，一体化的结构扩大了企业规模，能获得企业规模经济效益，跨产业经营还有助于分散经营风险。这些都能使垂直一体化富有吸引力。

垂直一体化战略的缺点：就像复合多元化战略一样，跨产业经营，特别是进入原来并不熟悉的领域会带来很大的风险，增加管理时的困难。例如，自行组建产品或服务的销售网络，不仅需要投入大量的人力、物力和财力资源，而且要冒得罪原有经销商的危险，在成本、效益分析上需要仔细斟酌。例如，对自己产品进行深度加工或自行组织生产所需的各类投入，需要建设必要的生产设施，花费不少人力、物力和财力，而且这些设施的能力还不一定能得到充分利用。有时为使之得到充分利用，又需去开辟新市场。通过纵向一体化实现的规模扩大，是否能获得规模经济的效益也不能完全肯定。

（三）水平一体化

水平一体化即企业通过接办或兼并同行业企业来寻求成长的机会。由于购并的是与本企业存在竞争关系的企业，企业在现有市场上的营销规模和优势得以扩大，拥有的产品品种和品牌增多，在体现规模效益的同时又减少了竞争对手的数目。我国实行水平一体化战略的企业正日益增多。近年来，国家为了扶植国内大中型企业调整不合理的生产和产品结构，促进行业规模经济效应形成，也制定了鼓励兼并的政策。国内的三大汽车集团——上汽、一汽和东风已先后在全国各省市兼并了数十家汽车行业生产厂家，长虹、康佳等电视机生产企业也分别兼并了几家电视机厂，这些都属于水平一体化战略。

三、多元化成长策略

企业为了更多地占领市场和开拓新市场，或避免单一集中经营的风险，往往会选择进入新的业务或市场领域，这一战略就是多元化（又称为“多角化”）经营战略。多元化战略已成为当今大型企业，特别是跨国公司普遍采用的战略模式。

多元化市场机会通常产生于利用密集性或一体化的市场机会争取进一步成长时受到了限制，或是遇到不寻常障碍，企业才会有需要去跨行业投资。企业通过新增与现有经营业务有一定联系或毫无联系的产品业务，实行跨行业的多样化经营，以实现企业业务的成长。多元化战略主要有三种类型：同心多元化、水平多元化和集中多元化。

（一）同心多元化

同心多元化是指企业利用现有物质技术力量开发新产品，增加产品的门类和品种，犹如从同一圆心向外扩大业务范围，以寻求新的成长。这种经营有利于发挥企业原有的设备技术优势，风险较小，易于成功。其突出的特点是，新增的产品或服务与原有产品或服务在大类别上、生产技术上或经营方式上是相似的、相关联的，可以继续利用本企业的专门技能和技术经验、设备或生产线、销售渠道和顾客基础，所以这种战略又称为相关多元化战略。采用这种战略一般不会改变企业原来所属的产业部门。

同心多元化战略的采用极为普遍，因为它既可以分散单一集中经营战略面临的风险，又可充分发挥企业原有的专长，收到协同效果，且扩张起来较容易。世界上许多著名的公司，如通用汽车、福特汽车、丰田汽车，松下、索尼、东芝、日立等家用电器，杜邦化工，默克、强生、辉瑞等医药公司，都是在执行同心多元化战略。相关多元化经营战略的一些基本思路可以归纳为以下几个方面：

1. 开发相关技术，寻找增加生产能力利用率的方法，合并一个经营相关业务的企业来扩展本企业的业务范围。

2. 开发利用企业的品牌形象和信誉，兼并那些对于维护本企业地位起非常重要作用的新企业。

策划实例

佳能的同心多角化

佳能公司成立之初名为日本经济光学工业株式会社，主要生产照相机。在半个多世纪中，它由一家生产照相机的企业发展为世界知名的现代大型电子集团公司，这要归功于其在日本同行企业中遥遥领先的核心技术能力，佳能公司也因此多次获得日本通产省的嘉奖。经过几代佳能人的不懈努力，佳能在光学镜片、成像技术和微处理控制技术等领域都掌握了核心技术。佳能拥有的这些核心技术为其带来了双赢的结果，使其既拥有了高端的科技成果，也实现了营销利润的大幅递增。佳能正是通过拓展核心技术专长最终把相关产品和最终产品扶植起来。

佳能的核心能力呈典型的"轮辐"状。佳能充分发挥其在光学镜片、成像技术和微处理控制技术方面核心技术的专长和优势，有效拓展市场，成功地辐射照相机、复印机、激光打印机、扫描仪、传真机、计算机办公系统等领域，生产出300多类最终产品，建立了具有极高信誉的全球品牌。佳能就是通过核心技术拓展它的核心产品和最终产品，培育了核心竞争力，并获得了巨大的回报。

（资料来源：屈冠银：《市场营销理论与实训教程》，机械工业出版社2009年版。）

（二）水平多元化

水平多元化战略，即企业针对现有市场（顾客）的其他需要，增添新的物质技术力量开发新产品，以扩大业务经营范围，寻求新的成长。这就意味着，企业向现有产品的顾客提供他们所需要的其他产品。例如，一家农机制造企业原先生产农用机具，而现在增设化肥厂，实行跨行业经营，但仍然是为农民的农业生产服务。实行这种多元化经营，意味着向其他行业投资，企业应具相当的风险承受能力和投资实力。不过由于是为原有的顾客服务，可相对降低市场开拓难度，得以利用企业在客户群中的原有良好形象。如在大型百货商场内附设餐厅、酒吧、舞厅等，也是运用水平多元化战略的体现。

（三）集团多元化

集团多元化战略，是指企业通过投资或兼并等形式，把经营范围扩展到多个新兴部门或其他部门，组成混合型企业集团，开展与现有技术、现有产品、现有市场无联系的多元化经营活动，以寻求新的成长机会。

实行集团多元化成长有财务上的原因，如为了在现时经营中抵补季节性或周期性的各种波动；但更多的是出于战略上的考虑，如合理调配资金，或者避免能源危机、行业退化、政局变动给企业造成的威胁等，是为了企业的长远发展。然而，利用这种多元化的市场机会来寻求企业业务的成长，是冒着极大风险的，对大多数企业，尤其是中小企业来说，一般不宜采用，或者只能在低层次、小范围内采用。采用集团式多元化成长策略的企业，一般都是财力雄厚，拥有各种专家、具有相当声望的大公司，有的是通过外部收购或合并，有的是通过自我投资发展。集团多元化战略新增加的产品或服务与原有的产品或服务毫不相干，不能利用企业原有的专门技能、设备、生产线等，所以，这种战略又称为不相关的多元化。采用这种战略，一般就是跨产业门类的经营。公司的几个业务领域不存在共同的或者相适应的因素，从这种意义上看，不相关的多元化经营才是纯粹的多元化经营。

国外有为数众多的大型企业选择了集团多元化战略。例如，生产万宝路牌香烟的美国菲利浦·莫里斯公司收购了米勒啤酒公司，还曾兼营饮料、专用纸张、包装材料、房屋建造和设计业务；可口可乐公司除了在全球经营名牌软饮料外，还收购了哥伦比亚电影公司等；柯达公司除主要经营摄影器材外，还经营食品、石油、化工和保险；美国国际电话电报公司收购了一家庞大的旅馆集团。在我国，尝试集团多元化战略的企业也日趋增多。如以生产空调出名的江苏春兰公司现又制造和销售摩托车、卡车；中远集团大规模涉足房地产开发；以塑钢门窗起家的大连万达集团出巨资经营足球俱乐部，等等。

跨产业经营最突出的优点是可以充分利用不同产业的发展机会，通过向不同的市场提供产品或服务来分散原有产业的经营风险，利用协同来提高企业的总体赢利能力和灵活性。但跨入别的原来并不熟悉的产业，必然会带来新的经营风险，并增加管理上的困难，甚至跌入所谓的“多元化陷阱”。

策划实例

春都的多元化

生产出中国第一根火腿肠的春都集团，在20世纪90年代初成为年收入超10亿元、利润过亿元的国内著名大型肉制品生产加工企业，市场占有率最高达70%以上。然而此后，春都的经营者投巨资于医药、茶饮料、房地产、商业、木材加工、旅馆酒店等多个行业，经营项目繁杂、相互间关联度低，盲目多元化使得当20世纪90年代肉制品主业市场面临竞争加剧的压力时，春都在主业经营上却力不从心，最终企业亏损高达7亿元，并且欠下13亿元的巨额债务。

（资料来源：杨明刚：《营销策划创意与解读》，上海人民出版社2008年版。）

西方学者为了揭示企业多元化类型与企业经营业绩、组织管理结构设置等的关系，从20世纪60年代开始，做了大量的实证调查分析。罗曼尔特认为，那些坚持把多元化经营活动限制在自己的中心技能或能力范围内的企业，其利润率和成长率都高于其他类型的企业，具体来说，即约束型多元化公司（即以一业为主，其他业务与之关联）的绩效最好；平均而言，单业务公司或连接型多元化公司的绩效处于中游水平；而非相关型多元化公司的绩效水平最差。波特对1950—1986年间美国33家大企业经营历程的统计指出，通过混合兼并进行的无关多元化的失败率最高，那些收购非本行业企业的活动有74%以亏本再出售而告终。

策划实例

从做"加法"到"减法"的万科

万科发展到1991年，其业务已包括进出口、零售、房地产、投资、影视、广告、文化、饮料、印刷、机加工、电气工程等13大类，基本上是什么赚钱做什么。用王石的话说，除了黄、赌、毒、军火不做之外，什么都涉及了。从1993年开始，万科从多元化走向专业化，一路削减至2001年只剩房地产。从一个万金油公司到专注于房地产业务，万科完成了它的"减法"战略，从专门从事房地产再到只为社会白领提供大型居住小区和小高层住宅产品，万科把"减法"做到了极至，却完成了公司利润稳步增长的"乘法"。万科发展战略告诉我们，企业发展要顺势而为，遵循市场规律才能赢得市场回报，违背市场规律将被市场淘汰。

（资料来源：屈冠银：《市场营销理论与实训教程》，机械工业出版社2009年版。）

思考与训练

选择典型的成功案例进行分析，让学生深刻领会一体化发展战略和多元化发展战略。

任务四

企业竞争战略策划

一、一般竞争战略策划

一般竞争战略是指企业在市场竞争中所采用的那些应用比较广泛的基础战略，它是企业与竞争对手争夺市场并由此赖以生存的基本工具。美国营销大师迈克尔·波特（M. E. Porter）把一般竞争战略分成三种类型，即成本领先战略、差别化战略和集中化战略。

（一）成本领先战略策划

成本领先战略是指企业在追求产量规模经济效益基础上努力降低成本，使产品在同行中成本最低，居于领先水平。

企业成本领先的途径有两条：

第一，采取各种措施进行成本控制。

第二，采用先进设备提高劳动生产率。

实现成本领先在市场竞争中能获得高额利润。即使在十分激烈的竞争中，这类企业也能呈现出较强的竞争力。例如，日本的摩托车在20世纪60年代打入美国市场时，就是以低成本、低价格取胜的。到1965年，本田、铃木等品牌已占有美国轻型摩托车市场份额的85%。又如，我国微波炉市场的"巨无霸"——格兰仕集团在1996年8月、1997年10月和2002年三次大幅度降价，从根本上奠定了该集团在微波炉市场上的低价竞争优势地位。

（二）差异化战略策划

所谓差异化战略，就是寻求企业所提供的产品或服务区别于其他竞争者的、在同行中具有独特性的东西。差异化可以从多方面体现出来，如产品质量特色、外型、包装、品牌形象、独特的服务等。

策划差异化战略并不是忽视成本，因为通过降低成本获利并不是唯一的战略。世界上有许多名牌产品之所以在激烈的市场竞争中尽显风流，就在于其鲜明的特色。如沃尔沃的安全保障、宝马优异的驾驶性能、日本车的性价比高等，都使这些品牌在汽车市场上各领风骚，有自身"独特的卖点"。

差异化战略的策划，目的就在于创造和演绎企业及其产品的个性化特色。因为在目前产品多得令人眼花缭乱的时代，到处都可以遇到相同的产品，企业的产品或服务能否在市场上脱颖而出，关键看企业能否为其产品赋予鲜明的特性。做到这一点，就掌握了出奇制胜的王牌。

企业策划差异化战略可以使其在行业中获得较高的利润，这是因为：

- 差异化使顾客信赖某一产品，对价格不太计较；
- 差异化减弱了供应商的议价力量；
- 差异化使购买者无法相互比较。

（三）集中化战略策划

套用照相技术的术语，集中化战略就是"聚焦影像"，意思是企业策划的重点就像照相机镜头一样集中到市场中的某一特定细分市场。在这个范围的目标市场中，企业追求低成本或差别化的优势。

特定细分子市场可以是特定的顾客群，可以是特定的产品，也可以是特定的地区。企业由于缩小目标范围，集中精力，就有可能创造出很高的经济效益。如当年美国苹果公司放弃其他市场，集中力量策划"麦金考"电脑而取得成功就是典型的例子。

集中化战略策划既具有成本领先战略以廉取胜、以低价获取市场的谋略，也具有差异化战略以与众不同取胜、以满足消费者特殊需求而占领市场的思考。集中化战略策划不谋求在全行业中达到目标，而追求在一个比较狭窄的市场获得一定地位和利润。

二、企业竞争战略策划

竞争策划是各经济集团之间，为战胜对手获取最大经济利益的目的而实施的策略与规划。

（一）市场领导者的竞争策略

市场领导者是指某一行业中拥有最大的市场占有率，在价格变动、新产品开发、分销覆盖面和促销强度等方面都起主导作用的某一大企业。例如，微软公司（软件业）、IBM公司（电脑）、施乐公司（复印机）、苹果公司（手机、平板电脑）等，均为各自所在行业的市场领导者。这类企业为继续保持其霸主位置，都会围绕着扩大市场需求、维护现有市场占有率和提高市场占有率等策略目标来采取具体的竞争策略。

在市场竞争中，作为市场领导者，往往会成为市场挑战者的攻击对象。因此，维护市场占有率也就成为市场领导者的一个重要的策略目标，即使它们不发动攻击，至少也会自我保护，防御竞争对手的进攻。把军事战争的模式移植到商战中，便有以下策略可供选择：

1. **阵地防御**。企业为维护原有的地位，以现有的不变产品和市场防御竞争者的攻击，就是阵地防御。

策划实例

福特汽车公司在20世纪初推出耐用、便宜的T型车，独霸美国汽车市场长达19年。20世纪20年代，通用汽车公司顺应以汽车表现车主个性、身份、地位的新潮流，推出“雪佛兰”等多种适合不同收入水平消费者的轿车。而这时福特公司以不变应万变，坚守作为交通工具的T型车这一阵地，结果被通用公司抛到后面，不但失去霸主地位，而且当时还濒临破产的边缘。

（资料来源：何永祺：《市场营销学》，东北财经大学出版社2001年版。）

阵地防御虽然也是一种竞争策略，但它是风险性极高的策略。一方面，它为竞争者提供了显而易见的固定目标，猛烈的攻击便可摧毁僵化的防线，最终失去原有的市场地位；另一方面，它完全放弃了在市场上与竞争者一较高低的主动权，被动挨打的结果必然是优势的丧失。因此，企业即使采用这种防御策略，也要动态地维持现有的产品和市场，如致力于产品线的延伸与产品的改良，甚至向多元化发展等。

2. **侧翼防御**。所谓侧翼防御，是指企业通过治理薄弱环节来防御竞争者乘虚而入，或建立一些次要业务作为防御的前沿阵地。

显然，“侧翼”可理解为企业的薄弱环节或次要业务。挑战者在发动进攻时，往往是以攻击对手的薄弱环节或劣势作为突破点，加强对薄弱环节的管理，就是侧翼防御，从而保护了自己的原有市场。有的企业在维护主要业务时，往往会遇到来自其他企业的挑战。这时，发展一些次要业务作为侧翼防线用于截击这些进攻，也是行之有效的策略。例如，当食品企业受到廉价的无商标大路货冲击时，可推出廉价优质的大路货来把那些低质的大路货挤出市场，解除其对企业主要业务的威胁。

3. **以攻为守**。以攻为守是指企业在竞争对手对自己发动进攻之前，先发制人抢先进攻。这是一种积极的防御策略，进攻是为了防御，削弱进攻者的攻击力量。

4. **反击防御**。反击防御是指企业在受到竞争者的攻击时，以强硬的进攻行动加以迎击。在市场竞争中以攻对攻是直接的、正面的对抗，市场领导者为了防守自己的阵地（产品和市场），这种对抗是不可避免的。反击的形式可根据具体情况加以选择。

（1）正面迎击。当竞争者从正面攻击企业的产品和市场时，可毫不妥协地进行以牙还牙的反攻，展开面对面的决斗。例如，日本富士通等公司以模仿 IBM 公司的大型计算机主机来夺取市场，而 IBM 则利用这些模仿机型必须与其产品兼容的有利条件，迅速改变机型，并推出一种无法与“富士通”产品兼容的软件系统，有效地遏制了其进攻。另外 IBM 公司曾于 1980 年初以每月 2 万多部的惊人速度推出个人电脑，以极低廉的价格销售，与其在定价上正面对抗，使其无还手之力。

（2）侧翼反击。有时，挑战者的进攻锐不可挡，正面迎击可能遭受巨大损失。为此，防守者可先后退，观察挑战者的进攻行动。待挑战者显露出薄弱环节和某方面的劣势时，再后发制人，予以反击。

（3）牵制攻击。你进攻我的阵地，我反击你的阵地，让你的后院起火，迫使你撤军回防。日本富士公司（以下简称“富士”）在 20 世纪 70 年代向欧美市场大举进攻，夺取柯达公司（以下简称“柯达”）的胶卷市场。它把促销费用集中于新市场，而对本国市场的销售有所放松。于是柯达杀了富士一个回马枪，在日本各大中城市大做广告，大力赞助日本流行的体育运动；收购日本企业生产的柯达产品，使用日本职员进行生产和经营管理，产品的包装、厂牌、说明书采用日文，努力塑造“日本柯达”的产品形象。这样，20 世纪 80 年代末，柯达在日本胶卷市场的销量上升至第二位，其势头直逼“富士”，令其不得不调头顾及大本营，从国外抽调人力、物力回国对付柯达，而柯达便趁机去收复本国和其他市场。

5. **机动防御**。机动防御是指企业未雨绸缪，将其市场和产品扩展到可作为未来防御和进攻的新领域。这一策略的指导思想是：预防胜于治疗；事先做好准备，将来就能攻能守。这里的新领域，可以是拓展新的细分市场、区域市场，拓宽业务范围，实行多元化经营等。例如，石油公司转为能源公司，把业务范围从石油扩展到煤炭、核能、太阳能、水利和化工等领域。又如，烟草公司进入啤酒、软材料、食品、旅游等新行业。

6. **撤退防御**。当企业有计划、主动地放弃一部分无法防守的市场和实力弱小的产品时，这便是撤退防御。采用这一策略的理由是：在特定形势下，撤退才能更好的防守；与其被一部分次要的市场和产品拖累，不如尽早地甩掉以增援较强的领域。

策划实例

布莱克公司反击日本公司

在 20 世纪 60 年代，美国布莱克公司是世界机械和电力工具行业中无可争辩的盟主。然而，当日本的牧田电器公司进入这个行业后，一切就全变样了。

牧田公司以专业电力工具市场为突破口，开始对布莱克公司构成威胁。由于这个市场并不是布莱克公司的主战场，日本人很快便以优异的质量和低廉的价格获得了该市场的主导权。尽管电力工具不是布莱克公司的主要产品，但由于该市场利润丰厚、前景远大，向来为布莱克公司所重视，骤然失去这株摇钱树，对布莱克公司来说，也是一个极大的损失。

布莱克公司很快就展开了反击，它首先采用了侧翼防御战略。布莱克公司进行了大量的市场调查和营销研究，仔细分析顾客的需求，通过对产品质量的改良，封锁了所有可能出现的弱点；随后又转而采取了正面攻击的策略。布莱克公司的研究人员将日本产品一件件拆卸开来，进行仔细研究，并加以复制，以找到日本人在成本和质量上获得优势的原因。它对产品价格进行了调整，以抵消日本人的价格优势；它还在生产线上引进了机器人，以提高生产效率。在几年中，布莱克公司投资了5亿多美元进行针对牧田的竞争活动。这些努力减缓了日本人前进的速度，而直到现在，布莱克公司依然还是机械工具行业中的盟主。

（资料来源：[美] 菲利普·科特勒著，蒋涛等译：《超一流的行销战略战术——日本战胜美国》，中国经济出版社 1992 年版，有改动。）

（二）市场挑战者的竞争策略

在行业中名列第二、三名或名次稍低的企业可称为市场挑战者。其中有一些是规模相当大的企业，如汽车行业的福特公司等，照相机行业的富士公司、拍立得公司等，软饮料行业的百事可乐公司等。

对市场挑战者而言，也要解决防御的问题，但它们主要是市场竞争的进攻者，其攻击对象主要有：

- 市场领导者。它们总是对市场的“王位”虎视眈眈，梦想总有一天能从市场领导者那里摘取皇冠。
- 同等规模的企业。这种攻击往往是乘人之危，以实现扩大市场占有率的目标。
- 中小企业。在市场竞争中对中小企业的蚕食、并吞，正是这一进攻的结果。

由此可见，进攻市场领导者和同等规模的企业，一般都不是以吃掉、打垮对方为目标，而是为了争取更大的市场占有率；而攻击中小企业，则可能是想把它们赶出现有市场，或吞并之。

根据上述进攻对象和目标，便可以集中优势为原则来选择适当的进攻策略：

1. 正面进攻。正面进攻是指进攻者集中力量直接攻击竞争对手的长处、市场和产品。这是硬碰硬的攻坚战，其条件是：进攻者的实力大于竞争对手。商战也不例外，守方的产品、市场受到直接攻击，威胁到它现有的地位甚至生死存亡，必然会进行顽强的抗争，因此正面攻击很可能是一场旷日持久的相持战，这时充足的人、财、物资源便成为决定性的因素。总而言之，正面进攻是以强攻弱，战而胜之，具体可采用以下策略方式：

（1）完全正面进攻。进攻者模仿其竞争对手，追求同样的产品和市场，在产品、价格、推广等方面进行直接较量。采用这种策略的进攻者是绝对的强者，实力远远大于竞争对手。因此，无论是理论分析还是实际的商战，市场挑战者向市场领导者发动完全正面进攻，都可能两败俱伤或是胜利的反面。例如，美国无线电公司、通用电气公司和施乐公司都曾向国际商用机器公司发动完全正面进攻，然而防御者强大的实力反而使进攻者陷入被动，尝尽了苦头。为此，在实际的商战中多数采用局部正面进攻策略。

（2）局部正面进攻。在产品、价格、促销、渠道等营销因素中选择一个或少数几个因素进行正面进攻。只要在某一方面优于竞争对手，进攻者便可取得“相对强者”的地位，提高取胜的机会。

例如，东芝公司在美国市场上，各种营销因素与竞争对手不分伯仲，但其富有攻击性的定价就成了决定胜负的关键因素。竞争对手不敢贸然跟随别人削减价格，又无法使消费者了解其高昂定价的合理性，这时廉价便能吸引更多的顾客。进攻者也可在产品的性能等方面占优势，来发动正面进攻。例如，录像机技术是由索尼公司首先发明的，该公司的“贝塔马克斯”牌录像机在市场上取得了领先地位。松下公司后来了解到消费者更欢迎放映时间长的录像机，于是设计出一种容量大、体积极小的录像系统，性能更可靠，价格也较“贝塔马克斯”低15%。这些优势终于压倒了对方，当时占有了日本录像机市场的2/3。

2. 侧翼进攻。侧翼进攻是指进攻者以自己的相对优势去攻击竞争对手的薄弱环节。上述正面进攻是攻击竞争对手的长处，而侧翼进攻则是攻击竞争对手的短处，体现了“扬长避短、避实击虚”的竞争原则。采用这一策略的条件是：

（1）进攻者的实力较小。这些企业所拥有的技术、资金力量较小，根本无法发动正面进攻，但侧翼进攻则能发挥相对优势。

（2）所夺取的市场具有较大的潜力。这样，进攻者便有立足之地，并可以此为突破口，待机发动正面进攻。

（3）竞争对手不会采取报复行动。只要竞争对手对进攻者所进入的市场不屑一顾，认为这些市场微不足道，便有把握取得成功。

侧翼进攻仅攻击对手的薄弱环节。换言之，它不是为争夺同一市场而进行短兵相接的对抗，而是在整体市场上更广泛地满足不同的需求，这正好体现了“发现需求并满足需求”的现代市场营销观念。而且，侧翼进攻的成功概率远远大于正面进攻，是一种最有效和最经济的策略形式。侧翼进攻可分为以下两种策略类型：

一是地理性侧攻。进攻者选择竞争对手实力薄弱或根本未涉足的地区、市场进行进攻。例如，日本制药和医疗器械公司为了进入美国市场，不是采取直接与强大的美国公司硬拼的办法，而是以美国公司的薄弱环节——南美洲为实验基地，确立自己在该市场的地位。美国公司很难对这种侧攻组织起有效的反扑，日本公司却能以此为突破口登陆美国市场。

二是细分市场侧攻。进攻者选择竞争对手未能满足消费者需求的细分市场为攻击目标。

上述地理性侧攻可以通过与竞争对手相同或相似的产品实施，其核心在于发现受到忽略的区域性市场。细分市场侧攻则迥然不同，它是针对被忽略的消费需求，推出竞争对手未生产的差异性产品。

策划实例

德国和日本的汽车公司虽然知道美国市场主要经营大型、豪华、耗油多的汽车，但他们并不以相似的产品与实力强大的美国公司竞争，而是瞄准一个未被满足的需求——节油小型汽车的细分市场，积极采取行动填补这个市场的空缺。结果，美国人对节油小汽车的喜爱不断增长，并发展成了一个广阔的市场。美国公司的忽略，给德国、日本公司侧攻美国市场带来了良好的机会。

（资料来源：何永祺：《市场营销学》，东北财经大学出版社 2001 年版。）

3. 包围进攻。所谓包围进攻，是指进攻者以更深的产品线或更广的市场来围攻竞争对手的阵地。侧翼进攻是占领竞争对手的次要市场或无法覆盖的市场，包围进攻则是企图通过“闪电”般的攻击，夺取竞争对手的一块市场。包围进攻是以产品线的深度和市场的广度围攻竞争对手来夺取其一块市场。包围进攻的策略意图非常明确：进攻者从多个方面发动攻击，迫使竞争对手进行全面防御，分散有限的力量，乘虚夺取一部分市场。由此也可看出：实施围攻策略的进攻者的实力必须远远超过竞争对手，其中包括具有雄厚的财务、强大的分销体系和研究开发能力，否则，力不从心的包围进攻就可能演变为实际上的正面进攻，最终导致失败。此外，还要看竞争对手是否愿意进行相同投资，以保护其市场地位。如果竞争对手不想在所有方面设防，那么，对其所放弃的市场实施围攻也能奏效。

包围进攻可采用以下两种策略类型：（1）产品围攻。进攻者推出大量品质、款式、功能、特性各异的产品，加深产品线来压倒竞争对手；（2）市场围攻。进攻者努力扩大销售区域来攻击竞争对手。

例如，日本本田公司一方面采用产品围攻策略，推出轻型高质量的摩托车，增加三级变速、自动变速装置，向哈雷公司的豪华、重型车发起围攻；另一方面，又采用市场围攻的策略，以洛杉矶的销售子公司为基地，逐步从西部向东部扩大销售区域，建立包括钓具店、运动器材商店、汽艇销售店在内的广泛销售网络，努力做好维修、零配件的供应工作，终于使本田摩托车顺利登陆美国市场，继而一跃成为世界驰名的产品。

4. 迂回进攻。进攻者避免与竞争对手正面冲突，而向较容易进入的市场发动进攻，这样的策略便是迂回进攻。迂回进攻是不针对特定的竞争对手和现有市场的最间接的进攻策略，其策略意图是避免在现阶段与竞争对手发生冲突，企图绕过过分拥挤的现有竞争战场来寻找开拓发展的新天地。

当然，采用迂回进攻策略也应具备一定的条件，即进攻者在市场上拥有一定的地位和特殊的能力，具体反映在下面的策略类型上：

（1）发展新产品。进攻者以新产品超越竞争对手，而不必在现有产品上进行抗争。对现有产品进行模仿和改良，结果导致正面竞争；完全新产品的开发，则可避免与原有竞争对手的直接冲突。如日本开发的录像机、激光唱盘等，虽然还留在原有的机电行业中，竞争对手也未改变，但营销的精力已转移到这些全新产品上，无需在原有市场上与竞争对手分享利益。采用这一策略要求进攻者拥有雄厚的科技能力。

（2）多元化经营。进攻者努力摆脱对单一业务的依赖，转而进入新行业，在更为广阔的市场空间寻求立足点。

5. 游击进攻。游击进攻是指进攻者向竞争对手发动小范围、小规模、间歇性的进攻。其策略目标在于消耗对手的精力和瓦解对手的士气，迫使对手作出让步，借以提高自己的市场地位。一般而言，实力较小的公司将会采用此策略攻击实力强大的公司，但每次攻击行动应使竞争对手的消耗大于自己，才能取得较好的效果。

游击进攻的具体行动几乎是没有固定模式的市场活动。这些营销活动往往是针对特定的竞争对手进行的。比如，在某一市场突然降低产品价格，在某一时期采取强烈的促销行动，吞并竞争对手的渠道成员，挖走竞争对手的高级管理人员，这些都具有游击进攻的特点。

（三）市场追随者的竞争策略

市场追随者是指那些模仿市场领导者的产品、市场营销因素组合的企业。

追随者不是以击败或威胁领导者为目标，而仅仅是模仿领导者的行动，依附于领导者，从中取得高额利润。在市场竞争中，行业的亚军公司并不是非当挑战者不可。当领导者有足够的实力抵御各种攻击时，亚军公司与其跟领导者争个鱼死网破，倒不如追随领导者，缓和矛盾。特别是在钢铁、肥料、化工等资本密集型同质产品的行业中，难于使产品差异化和形象差异化，服务质量趋同，价格的敏感性较高，采用进攻策略可能招致激烈的价格战和对挑战者的报复，为此，亚军公司更适合于充当追随者的角色。追随者为了选择一条不会导致竞争者报复的发展道路，可采用以下策略：

1. 紧跟其后。这是指追随者尽可能在各个细分市场和市场营销组合领域模仿领导者。从表面上看，这种追随者如同挑战者，但只要它们不采取攻击性的手段刺激领导者，就不会发生直接的冲突。

2. 有距离追随。这是指追随者在目标市场、产品革新、公认的价格水平和分销等主要方面追随领导者，而在其他次要方面则保持一定的距离。这种距离包括收购同行业的小企业、适当多元化经营等。追随者采用这种策略较容易被领导者接受：一方面它没有干扰领导者的营销战略，另一方面让追随者获得一定的市场占有率还有助于领导者免受实行垄断的指责。

3. 有选择追随。它是指追随者在某些方面步领导者后尘，另一些方面则自行其是。其中，它只模仿领导者行之有效的策略，在能发挥自己特长的领域便致力于创新。这两者的结合可能使其以后发展成为挑战者。如美国霍恩实业公司就是采取此战略取得成功的例子。虽然该公司在以斯蒂尔凯斯公司为首的美国办公家具业排第四位，但它在中档办公家具市场的年赢利高居榜首，达 40 亿美元，市场份额超过 20%。虽然斯蒂尔凯斯公司的经营规模是霍恩实业公司的 3 倍，后者的市场回报率却是前者的两倍左右。

（四）市场补缺者的竞争策略

市场中有众多容易被忽视的小公司，其生存策略恰恰是寻求大公司忽视或放弃的市场并设法满足这些市场的顾客，以便占据既安全又获利的市场地位，这就是市场补缺者的实战策略。

一个理想的市场空缺位置具有下列特征：

- 有足够的规模及购买力；
- 有成长的潜力；
- 对主要竞争者的利益并不重要；
- 有效地服务于市场；

- 信誉与技术足以对抗主要竞争者。

补缺策划的关键概念在于专门化，厂商必须依据市场、顾客、产品或营销组合来确定一条专门化的路线或方向。市场补缺者的战略目标是能在一个较小的领域内获得较大的市场份额。市场补缺者的战略特点是利用分工原理，专门生产和经营具有特色的、市场需要的产品和服务。

1. 定制专门化。专门针对某一个或某一类顾客的需求提供产品或服务，如食品外卖公司根据顾客口味提供食品。

2. 服务专门化。专门为最终顾客提供服务，如保安公司专门为各机构提供保安产品、保安人员；专门为企业的生产—营销链上的某个环节提供服务，如中央空调清洗公司。

3. 产品特色专业化。专门经营某一种具有特色的产品或独具特色的服务，如专门生产豪华重型摩托车的哈雷公司就是采用了该方法。

4. 顾客规模专业化。专门为特定规模的顾客提供服务，许多补缺者都向小客户、小公司或个体消费者提供服务或产品。

5. 地理区域专门化。专门在营销范围集中的较小地理区域内提供产品或服务，特别是在那些相对偏僻、交通不便的地区，更适合市场补缺者。

市场补缺要承担的风险主要是所从事的补缺业务被别人成功地挤占，或补缺市场被大企业列入其细分市场而不再有“缺”可补。因此市场补缺者要增强危机感，承担起三个方面的任务：

第一，创造补缺市场，不断满足新的社会需求；

第二，扩大补缺市场，增加市场需求量；

第三，保护补缺市场，想方设法使自己从事的业务具有不可替代的特色优势，成为其他竞争者无法与之匹敌的领域。

思考与训练

1. 组织学生对目前的服装市场进行分析，并以补缺者的角色，拟订一服装门店的策划方案。

2. 选择一典型案例进行分析，总结出市场挑战者成就第一的成功经验。

复习思考题

1. 市场营销战略含义与特征是什么？

2. 波士顿矩阵与 GE 矩阵两个管理分析工具都用于帮助进行战略业务单位组合规划，两者之间有何异同？你认为这些工具较适用于哪些类型企业？

3. 请列举我国本土企业和外资企业在运用迈克尔·波特所阐述的三种类型的基本竞争战略即成本领先战略、差异化战略和聚焦战略的成功例子。

4. 竞争战略一般形式有哪些？

5. 为什么许多百年老店会走入困境？试分析原因。

6. 企业成长战略主要有哪几种选择？密集型成长战略有哪几种实现方式？
7. 什么是一体化战略？包括哪几种类型？其优点和缺点是什么？
8. 什么是多元化成长战略？企业应如何正确运用多元化战略？

案例分析

荣事达：市场挑战者战略策划

荣事达公司自1995年以来，取得了洗衣机质量、销量、销售收入和市场占有率四项全国第一，奇迹的创造在于：市场挑战者战略策划。

1. “零缺陷”的营销观念。荣事达之所以能够迅速发展壮大，首先是因为荣事达在营销实践的每一个环节都始终坚持顾客导向。他们在产品设计时就考虑顾客的需要，为顾客着想；在产品生产时，按照“零缺陷”的要求，实行“零缺陷”生产，以优等品出厂，保证顾客买到百分之百的合格品；在产品售出后提供“零缺陷”服务，保证顾客满意。

2. 逆向思维创奇迹。在1995年全国家电行业不景气形势下，荣事达却增加产量。淡季过后需求迅速回升，淡季的增产库存一下全销售出去，而此时其他厂家却无充足的货源。就这样，荣事达在全国市场不景气的情况下，逆向思维、大胆决策，一举夺得了质量、销量、销售收入和市场占有率四个全国第一。

3. 品种与规模双扩张战略。1993年组建荣事达集团公司，到1995年产销量达到125万台，一举夺得行业第一；1996年，又以150万台的产销量蝉联全国第一，市场占有率在全国达到18%。1996年9月，荣事达和美国四大家电制造企业之一的美泰克合资，双方以相同的股份兴办6个合资企业，标志着荣事达集团开始向洗衣机以外的冰箱、橡胶、日用电器、电机等行业发展，荣事达产品从单一向综合转变。

4. “借”与“创”交替的品牌策略。荣事达洗衣机的最早品牌是“佳净”和“百花”，在当时落后的生产设备未加改造的情况下，品牌所代表的是低质品，已失去了竞争力。荣事达决策者果断决定，以“借牌发展”为契机，1987年与当时洗衣机行业的知名企业上海洗衣机厂联营，挂上海厂的“水仙”品牌。这样在不花资本投入的情况下，取得了销路大开、供不应求的轰动效应，获得了丰厚的市场回报。

借牌不是目的而是手段，借牌是为创牌服务。荣事达借牌6年，一直抓品牌质量。1993年荣事达人推出自己的品牌——“荣事达”，当年产销量就达56万台，再次引起了轰动效应，从此为中国洗衣机行业增添一颗新星。

1996年，荣事达明智而冷静的决策者利用中美合资，开始了他们的第二次借牌。这次借牌是“借船出国，闯荡世界”。这次借牌的目的是想更好地在国际市场上创出荣事达自己的品牌。与美泰克合资后，荣事达与美泰克在一百多个国家和地区的分销机构建立了联系，开创了荣事达国际市场营销的崭新天地。仅1997年1—3月，荣事达就出口洗衣机近1 800台，出口创汇230万美元，分别是上年同期的500%和600%，相当于1995年全年水平。

5. “红地毯”服务策略。荣事达“零缺陷”服务首创伊始就受到了政府和用户的好评，成为首届中国质量万里行表彰的百家企业之一。自创牌以来，荣事达系列洗衣机连年被评为全国最畅销的商品，获得消费者协会推荐产品等殊荣。在新一轮服务竞争中，他们决定在1997年“3·15”之际隆重推出“红地毯”服务策略，从此荣事达维修工必须携带“红地毯”和“歉意信”上门维修。

（资料来源：杨明刚：《市场营销100——个案与点析》，华东理工大学出版社2001年版。）

【案例思考】

荣事达公司能够在竞争激烈的洗衣机行业中脱颖而出，其成功策划体现在哪些方面？

策划实训

实训资料：“皇家动力”能量饮料源自欧洲，是西班牙皇家马德里队的官方指定饮品，富含牛磺酸、氨基酸、维生素、瓜拉那提取物和丰富的矿物质。作为一种畅销全球的能量饮料，“皇家动力”是储存精神保持活力、维持体能的理想饮品，能帮助运动人士和脑力劳动者迅速战胜身体和精神的双重疲劳。

实训内容：运用有关营销战略策划的知识，制定一份竞争战略策划书。

实训目的：设定自己是上述产品的中国市场运营商，通过对中国市场环境和竞争对手的分析，确定市场竞争的策略。

实训组织：在老师指导下由学生自由组合成4～6人为一组的研究性学习项目小组，并确定负责人，以市场调查和利用图书馆和网上查找等手段搜集相关资料，结合所学内容，集体讨论分析。

实训要求：按本章所学的市场竞争战略，为该饮料进军中国市场制定一份竞争战略策划书。

项目六 STP战略策划

学习目标

知识的掌握：

- □ 了解STP战略中市场细分、目标市场、市场定位的概念
- □ 熟悉市场细分依据、目标市场选择模式，了解定位策划的内容

技能的提高：

- □ 熟悉市场细分策划的程序
- □ 学会利用市场细分依据细分市场，能科学评估目标市场，掌握目标市场的策略，能灵活运用定位理论对产品进行定位策划

项目描述

运用细分方法，找到企业的目标市场并对企业或产品进行科学的定位。

案例引导

王老吉的市场定位

具有“凉茶始祖”之称的王老吉发展迅速，年销售总额从2002年的1.8亿元增长到2007年的90亿元，其增长速度令同行大跌眼镜，成就其辉煌历史的一个重要原因在于正确的市场定位。

虽然王老吉连续几年都维持在1亿元左右的销售额上，王老吉要从两广地区以及浙南地区走向全国，就必须解决一个绕都绕不过的问题，即王老吉是当“凉茶”卖，还是当

“饮料”卖，或者是重新定位。放眼市场，以可口可乐、百事可乐为代表碳酸饮料占据了龙头地位，以康师傅、统一为代表的茶饮料、果汁饮料更是处于一种无可撼动的市场领先地位，因此，王老吉继续定位于“凉茶”或“饮料”上是不利于其可持续发展的。

既然王老吉再定位于“凉茶”或“饮料”上不利于其可持续发展，则必须有一个新的定位。加多宝公司委托成美公司为其进行大量的市场调查，发现消费者购买王老吉主要在烧烤、登山等情况中，其原因不外乎：“吃烧烤容易上火，喝一罐王老吉先预防一下”，同时，据了解“防上火”是一个全国人民都了解的一个中医概念，而“凉茶”却较多地局限在两广地区。同时，在当时的企业界中，以“防上火”作为市场定位的产品几乎没有。因此，王老吉的重新定位就落在“防上火”上。就这样，王老吉找到了自己扬帆起航的另一片“蓝海”，找到了一次全新的战机。

（资料来源：世界大学城 2011 年 5 月 25 日。）

【思考】

1. 企业在进行市场细分时应考虑哪些因素？
2. 企业市场定位的方法和技巧有哪些？

在营销理论中，市场细分（Segmentation）、目标市场（Targeting）、定位（Positioning）都是构成企业营销战略的要素，被称为营销战略的 STP。STP 策划是对市场细分、目标市场、企业定位的谋划、选择和确定，选择一个适合的 STP，对企业参与市场竞争有着非常重要的意义。

任务一

市场细分策划

随着商品经济的发展，“千篇一律”的产品无法满足消费者个性追求的需要。任何一家企业要满足所有消费者的需求是不可能的。企业首先必须根据消费者需求的差异性，将整个市场细分为若干小市场，然后去寻找适合自身经营活动的子市场——进行目标市场的选择策划，才能有效地开展市场营销活动。

一、市场细分的含义

市场细分是由美国营销学家温德尔·斯密在 20 世纪 50 年代提出的。有人称之为营销学研究中继“消费者中心观念”之后的又一次革命。

市场细分，是指从顾客的不同购买欲望和需求的差异性出发，按一定标准将一个整体市场划分为若干个子市场，从而确定企业目标市场的活动过程。其中任何一个子市场都是一个具有相似的购买欲望和需求的群体。

二、市场细分策划的基础

市场细分策划的基础，主要体现在以下两点：

（一）市场细分的客观基础是消费者需求的差异性

由于消费者年龄、性别差异，所处的地理、社会环境不同，自身的心理素质以及购买的动机不同，造成了他们对产品的价格、质量、款式上需求的差异性。例如：有的消费者要求服装的款式新颖，面料的质地精良；有的消费者则要求服装穿着舒适，面料耐磨。这样就可将服装市场细分为两个子市场。如果再考虑到儿童、老人、女子、男子在服装款式方面的不同需求，则服装市场可以进一步细分为六个子市场。这些引起需求差异的原因就是细分市场策划的客观根据。

（二）市场细分的理论基础是消费者需求的相似性

人们在生活中，有相同社会背景、相同文化氛围、相同经济层次、相同生活习俗等客观条件的消费群体总显现出在某种需求、欲望、心理、行为、习惯诸方面的相似性。这种相似性就成为了市场细分的依据，也是该市场细分的特征。只有认识并挖掘消费者需求的相似性，才有可能针对这一消费群体生产能满足这一群体需求的产品。

三、市场细分策划的依据

消费者需求差异性是市场细分的基础，于是造成消费者需求差异的各种因素也就成了市场细分策划的依据。归纳起来，细分消费品市场的变量主要有四类消费者市场细分的因素，如表6－1所示。

表6－1　消费者市场细分的变量

细分变量	具体细分标志	细分市场类型
地理因素	地区	南方、北方、东北、西南、高山、平原
	气候	热带、亚热带、温带、寒带
	人口密度	高密度、中密度、低密度
	城乡	大、中、小城市、镇、乡、村
人口因素	年龄	儿童、少年、青年、中年、老年
	性别	男、女
	收入	高收入、中收入、低收入
	职业	工人、农民、军人、公务员、教师、学生
	教育程度	文盲、小学、中学、大学、硕士、博士
	家庭人口	大家庭、中家庭、小家庭
	民族	汉、满、蒙、回、藏、苗等

续表

细分变量	具体细分标志	细分市场类型
心理因素	生活方式	享受型、朴素型、开放型、时髦型
	社会阶层	上层、中层、下层
	个性	内向与外向、开放与保守、坚强与懦弱等
行为因素	购买时机	节假日、季节性、平时
	利益追求	便宜、实用、安全、方便
	使用状态	未用、曾用、准备用、初次用、经常用
	使用率	大量使用者、中量使用者、少量使用者、不使用者
	品牌忠诚度	忠诚型、摇摆型、转移型、多变型等
	态度	热情、肯定、冷淡、否定、敌意

（一）地理因素

这是按消费者居住的地区和地理条件来划分的。处在不同地理位置的消费者，会有不同的需要和爱好，对企业的同一产品及其他市场营销手段产生的反应不同。因此，企业常利用各个地理变数来细分自己的市场。常用的地理因素有：

1. 地区。它可按省、市、县、村行政区划，也可按东、西、南、北、中，或国内、国外等。不同地域的消费者消费习惯与价值观念不同，如在我国，南方人以大米为主，北方人以面食为主。

2. 气候。不同地域的气候条件不同，例如，我国北方比南方气温低，持续时间长，消费者对冬季御寒用品如棉衣、大衣的要求差异大。

3. 人口密度。人口密度大，消费需求大，反之则小，人口密度不同的地区市场营销策略不同。

4. 城乡。城乡的社会经济发展水平不平衡，消费者在消费行为方面存在很大的差异，按消费者居住在城市和农村可细分为城市市场和农村市场，而城市市场又可分为大城市、中等、小城市等细分市场。

策划实例

美国雷诺烟草公司在将其产品推向芝加哥市场时，按地理因素将其细分成了三个子市场，根据这三个区域不同的人口特点推出不同的产品：

第一，在芝加哥北部海岸地区生活的人们大多受到过良好的教育，且对自己的身体健康，尤其是对体重的变化特别敏感。针对这一特点，该公司推出了低焦油品牌香烟。

第二，在芝加哥的东南地区蓝领工作者相对集中，保守是该地区消费者的最大特点，所以该公司在此细分市场上推出了温斯顿牌香烟。

第三，芝加哥南部地区是黑人的天下，于是该公司在此细分市场上大量使用黑人出版的报刊和广告向该地区推广有强烈薄荷味的沙龙牌香烟。

（资料来源：摘自 http：//wiki. mbalib. com/wiki/）

（二）人口因素

按人口统计的市场细分是以描述人口一般性特征的人口统计变数，如年龄、性别、收入、职业、受教育程度、宗教、民族、国籍等将市场划分为不同群体。由于人口统计变量比较容易获得和进行衡量，因此，人口因素往往是市场细分中用以区分消费者群体的重要因素。

1. 年龄。消费者在不同年龄阶段，由于生理、性格、爱好不同，他们对消费品的需求往往有很大的差别，故可按年龄大小细分出各具特色的消费者市场，如儿童市场、青年市场、中年市场、老年市场等。

2. 性别。男女在商品需求、购买动机、购买行为方面差别很大，妇女是服装、化妆品、家庭日用品的主要购买者，而男士则是香烟、酒类、体育运动用品的主要购买者。

3. 收入。收入水平成为制约消费者购买力的因素。居民的收入差别，带来了不同商品的需求差异，因此，企业可以把市场细分为高收入者市场、中等收入者市场及低收入者市场。

4. 职业。一个人的职业也会影响其消费模式，工人、农民、军人、教师、公务员、企业家对同一商品也会产生不同偏好。

5. 受教育程度。由于消费者教育文化水平不同，在文化教养、生活方式、价值观念等方面都会有所不同，因而会影响到他们的购买行为和购买习惯。

（三）心理因素

在市场上，经常出现人口因素相同的消费者，对同一商品的爱好和态度截然不同的现象，这主要是由于心理因素的影响，企业可按消费者的生活方式、社会阶层、个性、行为因素来划分消费群体。

1. 生活方式。生活方式是指一个人或集团对消费、工作和娱乐的特定习惯和倾向性的方式。消费者追求的生活方式不同，消费倾向也不相同，需要的商品也不一样，他们总是通过特定的商品消费表现自己的生活方式。有一些企业，把追求某种生活方式的消费者群当作自己的目标市场，专门为这些消费者生产产品，例如，服装公司在研究妇女生活方式后，将她们分成“朴素型”、“时髦型”、“阳刚型”三种类型，分别为她们设计不同式样和不同颜色的服装。

2. 社会阶层。消费者的职业、收入、受教育程度和价值观等多种因素决定了所处的社会阶层，不同社会阶层的人对商品的质量、式样、价格、包装、促销方式都有不同的偏好。

3. 个性。个性是消费者个人特有的心理特征。消费者的个性特征表现多种多样，有独立、果断、刚强、自信的人，也有保守、懦弱、顺从、依赖的人。企业依据个性因素细分市场，可以为其产品更好地赋予品牌个性，以期与对应的消费者个性相适应。

（四）行为因素

根据消费者的购买行为划分市场，它包括消费者购买时机、追求利益、使用状况、使用频率、品牌忠诚度、偏好和态度等因素。企业可以根据消费者购买行为因素细分市场，推出适合不同细分市场的产品。许多营销人员认为，行为是进行市场细分的最佳起点。

1. 购买时机。根据消费者购买和使用产品的时机进行市场细分。例如，某些产品或服务项目专门适应于节假日，季节性商品当季购买者必然增多。

2. 追求利益。根据消费者期望从产品中得到的不同利益分类。例如牙膏，有的消费者要求美白牙齿，有的要求消炎止血，有的要求去除口腔异味，企业根据追求利益这一因素细分市场后，提供能满足各种利益的产品。

3. 使用状况。指消费者从前是否使用过某种产品和服务的经历，可细分为“未使用过”、“曾经用过”、“准备使用”、“初次使用”、“经常使用”五种类型。通常大公司特别重视将“准备使用者”转变为“实际使用者”，而小公司则努力将使用竞争者品牌的“经常使用”者转向使用本公司的品牌，对处于使用状况不同的消费者，应采用不同的营销对策。

4. 使用频率。按消费者购买产品或服务的数量，一般可分为大量使用者、中量使用者、少量使用者和不使用者。大量使用者在消费者中所占的比例不大，但他们的消费量在全部消费者中所占比例最大。企业可通过对大量消费者的习惯来制定价格、广告媒体等方面的策略。

5. 品牌忠诚度。按消费者对某一品牌的忠诚程度进行细分。例如，消费者一直坚持购买某一品牌的铁杆品牌忠诚者；经常在几种固定的品牌中选择的摇摆品牌忠诚者；由偏爱某一种品牌转向另一种品牌的转移型忠诚者；以及对任何一种品牌都不忠诚的非忠诚者。每个企业的市场都包括了比例不同的这样四类消费者，依据品牌忠诚度细分市场，企业可以发现问题，及时采取措施改进市场营销工作。

6. 态度。是指消费者对某一品牌商品的热心程度。可以分为热情、肯定、冷淡、否定和敌意。企业通过调查分析，找出不同态度消费者的原因，采用相应对策，增加热情、肯定的消费者数量，以提高市场占有率。

四、市场细分策划的程序

美国学者伊·杰·麦卡锡提出一套逻辑性强、粗略直观的七步细分法。具体步骤如下：

第一步，明确企业的经营方向和经营目标。这是市场细分的基础和前提，一般而言，企业的经营方向和经营目标是由企业高层决定的。

第二步，根据用户需求状况，确定市场细分的细分变量。这是企业进行市场细分的依据，企业一定要按照实际需要加以确定。

第三步，根据细分变量进行初步细分。一般根据用户需求的具体内容，初步确定可将顾客群分为哪几种不同的类型。

第四步，进行筛选。由于同类的顾客群还会存在某些差异；因而要抓住重点，求同存异，删除某些次要的因素。

第五步，对市场细分初步命名。企业应采用形象化的方法，使市场细分的名称既简单又富有艺术性。

第六步，进行检查分析。进一步认识初步确定的细分市场是否科学、合理和恰当，是否需要做一些合并或者进一步拆分。

第七步，选定目标市场。企业要对各个细分市场进行细致全面的分析，尤其要对经济效益和发展前景作出评价，这将有利于明确选择目标市场。

思考与训练

请你针对网络销售中的个性饰品进行市场细分。

任务二

目标市场选择策划

一、目标市场选择策划的含义

目标市场选择策划，是企业选择某一部分市场作为营销对象的决策。即在市场细分的基础上，经过全面比较、慎重选择，最后决定要进入的最佳细分市场。

二、目标市场应具备的条件

（一）具有一定的规模及成长潜力

企业必须考虑的首要问题是，即将进入的目标市场是否具有一定的规模和成长潜力。最佳的目标市场应该与企业的实力相匹配。过大的目标市场，对于实力较弱的企业来说，难以有效地占领和控制；较小的目标市场，则又不利于企业发挥生产潜力。

（二）具有足够的吸引力

细分市场不但要具有一定的规模和成长潜力，从长远赢利的观点来看，还应具有长期吸引力，因此企业必须分析影响细分市场长期吸引力的重要因素：

- 原有竞争对手的威胁。一个细分市场中如果已有许多很强的竞争者，那么其吸引程度就会降低。
- 新竞争者加入的威胁。许多实际或潜在的替代产品会限制细分市场中的价格和可赚取的利润。
- 替代产品的威胁。替代品很多，会导致同类产品竞争加剧，利润空间相对缩小；反之，则会为供应商所牵制。
- 购买者议价能力加强的威胁。如果细分市场中的买方比卖方更能讨价还价，那么买方便会努力压低价格，提出更高的质量或服务要求，制造竞争厂商之间的相互争斗。
- 供应商议价能力加强的威胁。如果细分市场中存在很强的供应商，例如供应商能够控制价格，或者能够降低产品和服务的质量或减少其数量，则该市场的吸引程度也会降低。

（三）符合企业的营销战略目标和资源条件

细分市场必须与企业的营销战略目标和所拥有的资源条件相吻合。有时候，即使某个细分市场具有合适的规模和增长速度，也具备结构性吸引力，但不符合企业的长远目标，或者企业的资源条件无法保证，那么企业就不得不放弃这个市场。尽管这些细分市场本身可能很具有吸引力，但是它们会分散企业的注意力和精力，使企业无法实现主要目标。或者，从环境、政治或社会责任的角度考虑，选择这些细分市场并不明智。

三、目标市场选择的原则

在市场细分的基础上，所确定、选择的目标市场必须具有足够潜力，能为自己带来足够利润。因此，在确定目标市场时，应该遵循下述三个原则：

第一，所确定的目标市场必须足够大，或正在扩大，以保证企业获得足够的经济效益。

第二，所选择的目标市场是竞争对手尚未满足的。

第三，所确定的目标消费者最有可能对本品牌提供的利益做出积极反应。

四、目标市场选择的模式

（一）单一市场集中化

企业选择一个细分市场，生产一种产品，供应该市场的消费者群。例如，服装企业专门生产领带，满足男性消费者的需要。企业发展初期由于受资金的限制或从避开竞争对手来考虑，大多选择这一模式。

（二）产品专业化

企业选择几个细分市场，生产出一种产品，供应给不同市场的消费者群。例如，冰箱生产厂家同时向家庭、酒店、科研实验室提供不同用途的冰箱。

（三）市场专门化

企业面对一种消费者群，生产经营他们所需要的各种产品。例如，许多家用电器生产厂家专门生产各种家用电器：电视机、电冰箱、洗衣机、微波炉、电风扇、电饭煲等。

策划实例

Lee 牛仔裤的目标市场策略

美国的 Lee 牌牛仔裤始终把目标市场对准占人口比例较大的那部分“婴儿高峰期”的消费者群体，从而成功地扩大了该品牌的市场占有率。在 20 世纪六七十年代，Lee 牛仔裤以15~24岁的年轻人为目标市场。因为这个年龄段的人正是那些在“婴儿高峰期”出生的，在整个人口中占有相当大的比例。可是，到20世纪80年代初，昔日“婴儿高峰期”的年轻人一代已经步入中青年阶段。新一代年轻人在人口数量上已大大少于昔日的年轻人。为了提高市场占有率，在20世纪80年代末，Lee牛仔裤又将其目标对准25~44岁年龄段的消费者群体，即仍是“婴儿高峰期”的那一代。为适应这一目标市场的变化，厂商只是将原有产品略加改进，使其正好适合中青年消费者的体形。结果，20世纪90年代初，该品牌牛仔裤在中青年市场上的份额上升了20%，销售量增长了17%。

（四）选择专门化

企业选择若干细分市场，生产几种产品，满足不同消费者群的需要。例如，有的企业生产电话、手机等通讯产品，还生产电视、空调等家电产品。

以上四种模式如图6-1所示。

五、选择目标市场的策略

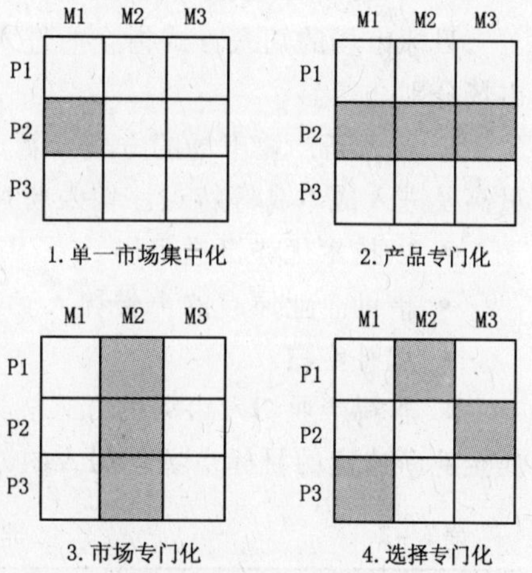

图6-1　企业选择目标市场的模式

目标市场选择是企业选择某一部分市场作为营销对象的决策，主要有以下三种策略：

（一）无差异性营销策略

无差异性营销策略是指企业以整个市场（全部细分市场）为目标市场，提供单一的产品，采用单一的营销组合策略。这种策略的特点是企业只注重细分市场的共性而不考虑细分市场的特性，把市场看成一个无差别的整体。

（二）差异性营销策略

该策略是指企业在对市场进行细分的基础上，根据各细分市场的不同需求，分别设计不同的产品并运用不同的市场营销组合，服务于各细分市场。差异化主要体现在产品的差异、服务的差异、人员的差异、品牌的差异等各方面，这是很多企业都采用的目标市场策略。

这一策略的缺点是，由于增加了企业产品种类和市场营销组合的多元化，会使企业用于设计、试制、制造和改进工艺的生产成本、管理成本、促销成本都大大提高。

例如，宝洁公司的洗衣粉既有强力去污的“碧浪”、“汰渍”，也有物美价廉的“熊猫”；洗发用品有去头屑的“海飞丝”、营养发质的“潘婷”、柔顺头发的“飘柔”及创新前卫的“沙宣”等。它们生产多规格、多品种以满足各种消费者的需要，通过不同的产品来满足各个细分子市场的需要，为企业吸引到更多的消费者，扩大了企业的销售额，增强企业在市场上的竞争力。

（三）集中营销策略

该策略是指企业集中全部力量于一个或极少数几个细分子市场，提供能满足这些细分子市场需求的产品，以期在竞争中获得优势。这是大多数中小企业采用的策略。其优点在于可以充分利用有限的资源，发挥企业在某些方面的优势，以达到集聚力量，与竞争对手抗衡的目的，从而提高产品的市场占有率。其缺点在于集中市场营销策略有较大的风险，由于企业所选择的目标市场的范围较狭窄，一旦市场情况突变，或者出现强大的竞争对手，企业可能陷入困境，没有回旋的余地。

六、目标市场的切入策划

在选定目标市场以后，还必须就怎样切入目标市场及切入目标市场的时机进行策划。

（一）目标市场的切入方式

目标市场的切入方式指企业进入选定目标市场的方式。下面就新产业市场和非新产业市场分别介绍。

1. 切入新产业市场的方式。新产业市场往往具有经营风险大、市场潜力大、科技含量高及进入成本高等特点。切入新兴产业市场的策略有：

- 以技术优势挺进市场。
- 借助企业原有的声誉切入。
- 填补空白。

2. 非新产业切入市场的方式。这是指企业在原有目标市场上拓展或进入非新产业但属企业新选定的目标市场。切入的方式见表 6－2。

表 6－2　非新产业切入市场的方式

切入方式	适用情况
收购现成的产品或企业	• 企业进入某个目标市场，但对这一行业的知识还很不足； • 尽快进入该市场对企业有很大的利益，如靠内部发展的方式进入新市场，将遭到种种阻碍，如专利权、经营规模、原料及其他所需物资供应的限制。
以内部发展的方式切入市场	• 对于巩固该企业的市场地位有利； • 没有适当的企业可供收购或收购价格过高； • 收购现有产品或企业其他障碍太多。
与其他企业合作进入市场	这种方式在企业界运用比较广泛，因为采用合作的方式，将使风险由于合作分担而降低，合作企业在技术上、资源上相互支援，优势互补，发挥出整体组合效应，形成新的经营能力。

（二）切入目标市场的方法

1. 广告宣传法：推出广告，使目标市场上的顾客知晓企业、了解产品。

2. 产品试销法：通过产品小批量试产、试销，广泛征求用户及顾客的意见、建议。

这种方式可以减少企业经营的盲目性及由此带来的风险。

3. 公共关系法：通过各种形式的公关活动如专项活动、开业庆典、赞助公益事业、策划新闻事件等赢得目标市场上公众的信赖和支持。

4. 感情联络法：企业切入目标市场时，要注意感情投入，加强与目标客户的沟通与联络。

5. 利益吸引法：在利益上给购买者以实惠，不失为切入目标市场的有效方法。

6. 权威人士推介法：利用名人效应，达到进入市场的目的。

（三）切入目标市场的时间选择

企业切入目标市场的时间安排也很重要，过早或过晚切入市场都对企业经营不利。确定切入市场的时间，主要取决于两个方面：

1. 正常准备时间。在切入目标市场之前，要计算在正常情况下，做好一切准备工作需要花多少时间。这些准备工作包括：产品设计、试销、批量生产、推销培训、销售渠道建立时间等等。

2. 适应市场形势变化的调整时间。若市场形势发生变化，可以比正常切入市场的时间提前或推迟。另外，也要注意准确切入市场的时机，尤其是季节性强或具有特定消费对象的产品，适时视情况切入会收到事半功倍的效果。

思考与训练

现在的女性用品市场前景广阔，请帮助某品牌香水进行目标市场定位。

任务三

市场定位策划

一、市场定位策划概述

（一）市场定位策划的含义

市场定位策划，是指根据竞争者在市场上所处的位置，针对消费者对产品的重视程度，塑造出本企业产品与众不同的、给人印象鲜明的个性或形象，并制订出一套完整方案的行为活动过程。定位并不是企业从自身的角度出发去考虑应该在目标市场上做些什么，而是要针对客户心理来确定在目标市场上传递和确立什么。美国营销大师菲利普·科特勒（Philip Kotler）给“定位”下了一个简单的定义：**定位就是对公司的产品进行设计，从而使其能在客户的心目中占有一个独特的、有价值的位置。**

（二）市场定位策划应明确的问题

市场定位是目标市场的转化、传达，是说明本企业的目标市场，显现出企业的特色和个性，使消费者对其有所了解、认知。为达到预期市场定位策划效果，有如下准备工作要做：

1. 进行目标市场调查。

2. 掌握目标市场竞争者的状况。

3. 了解目标市场消费者的消费倾向。

二、市场定位策划要掌握的原则

（一）可进入性原则

可进入性原则是指在市场营销策划中所确定的营销定位是企业能够达到的。一方面企业具有进占这一市场位置的资源条件和竞争能力，另一方面企业能够把产品信息传达到该市场的众多消费者中。此外，产品还得能够通过销售渠道抵达目标市场。

（二）现实性原则

现实性原则是指作为营销定位的细分市场必须是现实的、可操作的。有许多细分市场，从理论上看是有潜力的、可行的，但在企业的经营实践中不能操作。在市场营销定位时，最危险的就是将理论市场当做现实市场进行操作，使企业蒙受损失。

（三）价值性原则

价值性原则是指作为营销定位的目标市场必须有可供开发的价值，尤其是经济价值。

遵循价值性原则，首先要求作为定位市场，通过一系列营销推进后，能够从中提取利润，具有经济效益。其次是作为定位市场，应该具有相对的稳定性，企业经过营销努力在占领该市场后的相当一段时间内，不必改变目标，这样才能保证企业的营销投入产生相应的效益回报。再次，定位市场必须适应企业扩大再生产的要求。市场营销的目的，除了维持企业的正常运转，还应能为企业扩大规模提供相应保障。因而，企业的定位市场，不仅要能满足企业当前的营销要求，还要能满足企业未来的营销要求。

三、市场定位策划的内容

企业营销的定位策划可分为：产品定位、市场定位和企业定位等。

市场定位是指确定产品进入的目标市场。市场定位从总的方面看主要有以下内容：

1. 地域定位。即考虑本企业产品的市场区域，是世界范围、全国范围，还是本地范围。

2. 气候定位。即产品在什么气候类型的地区销售，是北方还是南方，是少雨干燥地区还是多雨潮湿地区。

3. 性别定位。产品是男性用还是女性用，还是两者兼用，还是有所偏重。

4. 年龄定位。不同年龄段者对产品的要求往往有较大的区别，只有充分掌握和尊重这些特点，才能赢得不同年龄层次的消费市场。

5. 层次定位。不同阶层其消费特点也会有所不同，通过阶层划分来确定自己的目标市场也是市场定位的一个重要因素，阶层定位可以按知识层次、收入层次、职位层次等标志进行多种划分。

6. 职业定位。这种定位除了按工人、农民、学生等明显的不同职业区分外，更应善于划分那种不太明显的职业区别，如城镇职工，既有工人，也有营业员，还有公司办公室职员，等等。

7. 文化定位。不同地区、国家、民族有着不同的文化，市场定位应充分考虑不同文化对产品需求的不同特点。

8. 个性定位。即考虑把自己的产品销售给具有什么样个性的消费者。

例如农夫山泉的市场定位是这样的：它是一种来自千岛湖水下70米深层的天然水，好喝且有点甜，它提供给那些注重生活品质、付得起一般价位之上的人士。

四、市场定位策划的步骤

市场定位强调企业在满足市场需要方面，与竞争者比较，应当处于什么位置，使消费者产生何种印象，并认识其主要任务是通过集中企业的若干竞争优势，将自己与竞争对手区别开来。因此，市场定位是一个企业在分析竞争形式的基础上，明确自身现实和潜在竞争优势，并显示独特的竞争优势的过程。

第一步，明确企业的竞争优势。

1. 目标市场上的竞争者及其产品状况。可以从三个方面评估竞争者：

- 竞争者的业务经营情况，如近三年的销售额、利润率、市场份额、投资收益率等；
- 竞争者核心营销能力，主要包括产品质量和服务质量的水平等；
- 竞争者的财务能力，包括获利能力、资金周转能力、偿还债务能力等。

2. 目标市场消费者的需求及欲望满足状况。

3. 本企业能够为此做些什么。

第二步，选择相对的竞争优势。

通过对竞争者、消费者、企业三个方面多种因素的综合分析，就能够确定企业现有的或具备发展潜力的或可以通过努力创造的相对竞争优势。

企业需要避免三种主要的市场定位错误：第一种是定位过低；第二种错误是定位过高；第三种是混乱定位。

第三步，显示独特的竞争优势。

1. 建立与市场定位相一致的形象。

- 让目标消费者了解企业的市场定位。企业的定位可以通过几个方面表现出来：①产品差异；②服务差异；③人员差异；④形象差异。企业要通过建立形象使自己不同于竞争对手。
- 使目标消费者对企业的市场定位认同、喜欢和偏爱。

2. 巩固与市场定位相一致的形象。

- 强化目标消费者对市场定位的形象认识，即不断地由浅入深、由偏到全，增进目标消费者对企业市场定位的认识。

• 保持目标消费者对市场定位的了解。企业的市场定位一般相对稳定，但构成其市场定位的相对优势在内容和形式上可能发生变动。要促使目标消费者认识这些变化，始终保持对企业及其市场定位的了解。

• 稳定目标消费者对市场定位的态度。要不断地向消费者提供新论据、新观点，证实其原有的认识和看法的正确性，支持企业的市场定位。

• 加深目标消费者对市场定位的感情。

3. 矫正与市场定位不一致的形象。企业在显示其独特竞争优势的过程中，必须对表现出来的与市场定位不一致的形象加以矫正。

五、市场定位策略策划

（一）针锋相对的定位策略

针锋相对的定位策略，又称“竞争性定位策略”。指企业选择在目标市场上与现有的竞争者靠近或重合的市场定位，这种策略要与竞争对手争夺同样的目标消费者。采用这种策略时，企业与竞争对手在产品、价格、分销及促销等方面基本没有差别。

例如，美国可口可乐与百事可乐是两家以生产销售碳酸型饮料为主的大型企业。可口可乐自1886年创建以来以其独特的味道名扬全球，使其“同胞兄弟”百事可乐望尘莫及。第二次世界大战后，为扭转被动局面，百事可乐采取了针锋相对的策略，专门与可口可乐竞争。半个多世纪以来，两家公司为争夺市场展开了激烈竞争，而它们都以相互间的激烈竞争作为促进自身发展的动力及最好的广告宣传。百事可乐由此得到迅速发展，1988年，百事可乐荣登全美十大顶尖企业榜，成为可口可乐强有力的竞争者。

（二）填补空隙定位策略

填补空隙策略，也叫“避强定位策略”，是指企业尽力避免与实力较强的其他企业直接发生竞争，而将自己的产品定位于另一市场区域内，使自己的产品的某些属性或特性与较强的对手有比较明显的区别。

策划实例

例如，在香港，金融业之兴旺发达，用“银行多过米铺”这句话来形容毫不过分。在这一弹丸之地，各银行使出全身解数，走出了一条细分市场、利用定位策略、突出各自优势之路，使得香港的金融业呈现出一派百花齐放的繁荣景象。

汇丰银行：定位于分行最多、实力最强、全港最大的银行。

恒生银行：定位于充满人情味的、服务态度最佳的银行，突出服务这一卖点，也使它有别于其他银行。

渣打银行：定位于历史悠久的、安全可靠的英资银行。这一定位树立了渣打银行可信赖的“老大哥”形象，传达了让顾客放心的信息。

中国银行：定位于有强大后盾的中资银行。直接针对有民族情结、信赖中资的目标顾客群，同时暗示它可提供更多、更新的服务。

廖创兴银行：定位在助你创业兴家的银行。以中小工商业者为目标对象，为他们排忧解难，赢得事业的成功。

（资料来源：周建波：《营销管理》，山东人民出版社 2002 年版。）

（三）重新定位策略

企业对已经上市的产品实施再定位就是重新定位策略。采用这种策略，企业必须改变目标消费者对其原有的印象，使目标消费者对其建立新的认识。一般情况下，这种定位目的在于摆脱困境，重新获得增长与活力。例如，美国强生公司的洗发液，由于产品不伤皮肤和眼睛，最初定位于婴儿市场，当年曾畅销一时。后来由于人口出生率下降，婴儿减少，产品逐渐滞销。经过调研与分析，该公司决定重新将产品定位于青年女性市场，突出介绍该产品能使头发松软、富有光泽等特点，再次吸引了大批年轻女性。

策划实例

万宝路刚进入市场时是以女性作为目标消费者的，它的口味淡而柔和，从产品的包装设计到广告宣传，万宝路都致力于明确的目标消费群——女性烟民。然而，万宝路香烟的销路却始终不畅。后来，莫里斯公司请广告大师李奥·贝纳为其做广告策划。李奥·贝纳作出一个重大决定，决定沿用万宝路品牌名但对其进行重新定位。他将万宝路重新定位为男子汉香烟，并将它与最具男子汉气概的西部牛仔形象联系起来，吸引所有喜爱、欣赏和追求这种气概的消费者。通过这一重新定位，万宝路树立了自由、野性与冒险的形象，在众多的香烟品牌中脱颖而出，成为全球香烟市场的领导品牌。

（资料来源：周建波：《营销管理》，山东人民出版社 2002 年版。）

重新定位的具体操作步骤：

第一步，重新界定领域。

由于原来领域的条件已经变化，不适合自己，或在这些领域的扩展是自己的条件所不允许的，或是自己的弱项，企业最需要考虑的是：是否从该领域退出。企业还需要考虑新进入的领域是否可以进行同样的定位。索尼公司多年来一直秉持着“技术创新者”和“高精尖技术拥有者”的形象以及高品质、高新技术这一定位，但其他企业则不能盲目模仿。

第二步，重新认识企业的优势，选择最具竞争优势的定位。

企业必须仔细分析原有定位需要改变的原因，从市场状况、竞争对手、消费者行为及企业本身四方面着手，重新考察分析市场环境，看哪些因素发生了变化，发生了什么变化。根据这些变化，重新评价企业在市场中的地位，看与竞争对手比，企业有何明显的被消费者认同和重视的优势。新的定位要使企业解决原有定位下面临的问题，获得良好的收益，同时新的定位要便于传播，容易获得消费者认同并且与企业一贯的形象相符，新的定位还要有利于企业长期发展，而不只是考虑到短期利益。

第三步，传播、巩固新的定位。

最后一步，也是非常关键的一步。企业要将新的定位信息传达给消费者，并不断强化，使它深入人心，最终完全取代原有定位。这就要求企业将市场营销活动与产品的定位相配合，以广告和促销为主要手段，通过广告将信息广为传播，通过促销让消费者在接触产品的过程中不断强化这一定位。

六、产品定位方法策划

1. 特色定位法。即根据特定的产品属性来定位。产品属性包括制造该产品时采用的技术、设备、生产流程以及产品的功能等，也包括与该产品有关的原料、产地、历史等因素。如龙井茶、瑞士表等都是以产地及相关因素定位，而一些名贵的中成药的定位则充分体现了原料、秘方和特种工艺的优势。

2. 利益定位法。即根据所提供的利益来定位。这里的利益包括顾客购买产品时追求的利益和购买企业产品时能获得的附加利益。

3. 用途定位法。即根据使用场合及用途来定位。如在夏天，防晒霜被定位于防止紫外线将皮肤晒黑、晒伤；而在冬天，保持和补充水分的润肤霜则被定位为防止皮肤干燥。

4. 使用者定位法。即根据使用者的类型来定位。如强生公司将其婴儿洗发液重新定位于常常洗头而特别需要洗发液的青年女性，使其市场占有率由3%提高至4%。

5. 竞争定位法。即根据竞争者来定位。既可以针对竞争者定位（如康柏公司要求消费者将其个人电脑与IBM个人电脑摆在一起比较，将其产品定位为使用简单而功能更多的个人电脑），也可以远离竞争者定位（如七喜将自己定位为“非可乐”而成为软饮料的第三巨头）。

6. 档次定位法。不同的产品在消费者心目中按价值高低区分不同的档次，如劳力士表，价格高达数万元人民币，拥有它，无异于展示自己是一名成功的人士或上流社会的一员。

7. USP定位法。即根据产品向消费者提供的利益定位，而这一利益点是其他产品无法提供或者没有诉求过的，因此是独一无二的。如摩托罗拉向目标消费者提供的利益点是“小、薄、轻”，而诺基亚则声称“无辐射”；在汽车市场，宝马宣称提供“驾驶的乐趣”，VOLOV强调“耐久安全”，而奔驰彰显“高贵、王者、显赫、至尊”的象征。

8. 形状定位法。即根据产品的形式、状态定位。这里的形状可以是产品的全部，也可以是产品的一部分。如“白加黑”感冒药将“感冒药的颜色分为白、黑两种”，并以此外在形式为基础改革了传统感冒药的服用方法。这两种全新形式本身就是该产品的一种定位策略，同时将其名称命名为“白加黑”，也使这一名称本身就表达了产品的形式特点及诉求点。

9. 消费者定位法。即按照产品与某类消费者的生活形态和生活方式的关联作为定位。以劳斯莱斯为例，它不仅是一种交通工具，而且是英国富豪生活的一种标志。一百多年来，劳斯莱斯公司出产的劳斯莱斯等豪华轿车总共才几十万辆。

10. 类别定位法。根据产品类别建立的品牌联想，称为类别定位。类别定位力图在消费者心目中造成该品牌等同于某类产品的印象，已成为某类产品的代名词或领导品牌，在消费者有了某类特定需求时就会联想到该品牌。如提到快餐的人就会想到麦当劳、肯德基，提到小型车就会想到“奥拓”、“QQ”，等等。

11. 感情定位法。即运用产品直接或间接地冲击消费者的感情体验而进行定位。“田田口服液”以“田田珍珠，温柔女性”为主题来体现其诉求和承诺，由于“田田”这一品牌名称所隐含的“自然、温柔”的感情形象，因而其感情形象的价值迅速通过“温柔女性”转为对“女性心理”的深层冲击。“田田”这一女性化特质的品牌名称，明确将一种感情形象的价值倾向作为其产品定位的出发点，并由此获得了市场商机。

12. 比附定位法。比附定位是以竞争品牌产品为参照物，依附竞争者定位。比附定位的目的是通过品牌竞争提升自身品牌的价值与知名度。20 世纪 60 年代，美国 DDB 广告公司为艾维斯租赁汽车创作的“老二宣传”便是运用比附定位取得成功的经典。因为其巧妙地与市场领导者建立了联系，艾维斯的市场份额大幅度上升了 28%。大大拉开了与行业中排行老三的国民租车公司的差距。

13. 情景定位法。情景定位是将品牌与一定环境、场合下产品的使用情况联系起来，以唤起消费者在特定情景下对该品牌的联想。例如，万宝路引入“男性文化”因素：改换代表热烈、勇敢和功名的红色包装；用粗体黑字来描画名称，表现出阳刚、含蓄和庄重；并让壮实粗犷的牛仔担任万宝路香烟广告的主角，反复强调“万宝路的男性世界”。由于不断塑造、强化健壮的男子汉形象，终于使万宝路香烟的销售和品牌价值位居世界香烟排名榜首。

14. 文化定位法。将某种文化内涵注入产品之中，形成文化上的品牌差异，称为“文化定位”。文化定位不仅可以大大提高品牌的品位，而且可以使品牌形象独具特色。雀巢公司曾就雀巢咖啡的饮用状况作了一项调查，发现在 9 种环境下消费者饮用雀巢咖啡：早晨起床之后；午餐和晚餐之间；午餐时；晚餐时；与客人进餐时；洽谈业务时；晚间工作时；与同事进餐时；周末。上述 9 种应用情况，能使雀巢咖啡获得强烈的品牌联想。

15. 附加定位法。通过公共关系、提高服务质量等树立和加强品牌形象，称为“附加定位”。对于生产企业而言，附加定位需要借助于生产实体形成诉求点，从而提升产品的价值（特别是感情世界）；对于非生产性企业来说，附加定位可以直接形成诉求点。例如，“IBM 就是服务”是美国 IBM 公司的宣传口号，也是 IBM 企业文化精髓之所在。

思考与训练

结合你熟悉的企业，运用 STP 策略，分析企业的市场选择和定位策略。

复习思考题

1. 简述市场细分的概念。

2. 市场细分策划的依据有哪些？
3. 简述市场细分策划的一般程序。
4. 简述目标市场的选择模式。
5. 举例说明目标市场策划的策略。
6. 试论述市场定位策划的步骤？
7. 简述市场定位策划的策略。

案例分析

美国西南航空公司市场定位

一、市场定位

1. 产品：民航运输。
2. 市场：自费外出旅游者和小公司的商务旅行者。
3. 地域：达拉斯—奥斯汀—休斯顿（减少门到门的旅行时间）。
4. 需求：轻松活泼的旅行生活、低费用的旅行费用。

二、营销措施

1. 飞机：全部选用“波音 737”。
2. 订票：电话订票，不通过旅行社（需要什么票→信用卡号→确认）。
3. 登机：报姓名→打出不同颜色卡片→以颜色依此登机→自选座位。
4. 机上：没有头等舱、不提供行李转机服务、不提供餐饮服务。

三、效果

1. 办理登机时间比别人快 2/3。
2. 飞机在机场一个起落只需 25 分钟（其他飞机需要 40 分钟）。
3. 去掉头等舱（3 排 ×3 个 =9 个座位），增加 4 排 ×6 个 =24 个座位。

四、取消餐饮服务后

服务人员从标准配置的 4 个减少到 2 个（1 人年薪为 4.4 万美元，且工资占公司用于员工成本费用的 1/4 或 1/5）。

1. 取消机上餐饮设备，可加 6 个座位。
2. 不提供餐饮服务，原着陆后 15 分钟的清洁时间也可省去。
3. 增加了航班量（其他公司为 6 个，本公司为 8 个）。
4. 机票售价只要 60 ~ 80 美元，大大低于其他航空公司 180 ~ 200 美元的价位。

（资料来源：MBA 智库百科 http：//wiki. mbalib. com。）

【案例思考】

结合案例分析企业该如何实施 STP 战略。

策划实训

背景资料：随着国外通讯企业在中国市场上的发展和国内通信企业的成长，通讯市场的竞争日益激烈。为此，许多企业不断地对该市场进行细分，并把一些市场作为其目标市场开始运作，儿童手机就是在这样的背景下产生的。

2004 年，专门为儿童设计的简易小灵通电话——“儿童终端”在上海现身，它既方便儿童使用，也能有效地帮助父母控制孩子的通信费。与成人手机不同的是，这种儿童手机的键盘上只有 5 个简单的指示拨出号码，每个按键绑定一个电话号码。只要父母把五个号码设定在按键上，孩子一按就可以自动拨号。孩子只能拨出和接听家长设定的几个号码，并不能随意拨打、接听电话。为了摆脱不良短信对孩子的危害，这款手机可以设定接收短信的手机号码，并只能发送预先设置好的短信。

不过，尽管“儿童手机”有潜在的市场需求，2004 年 10 月，曾把儿童手机带来上海销售的一家外地厂商已经暗暗淡出这个市场。

上海移动曾经以新的增值业务介入儿童这个细分的用户市场。2004 年底推出的“亲子通”，就是为众多家长设计的儿童定位业务。家长只需发个短信，就可以查到带着手机的孩子在哪里，是学校、网吧还是游戏厅，一目了然。但“亲子通”实际上是针对成人（孩童的父母）开通的一项和儿童有关的功能，严格地说，它并不能算是为儿童“度身定做”的通信业务。

2005 年 3 月份，企业就已经停止生产儿童手机了。至于退出市场的原因，业内人士透露：其实电信运营商和手机厂商都看到了儿童手机的市场需求，如果说运营商进入儿童手机市场靠的是推新业务和定制手机的话，生产厂商要做的是产品设计和批量生产，相对而言生产厂商承担的风险更大，是因为成本较高，要专门开辟生产线，而面对的潜在用户主要是儿童，消费群体比较小，在社会上引起的争议大。

实训项目名称：手机市场定位策划

实训目的：通过该实训环节，使学生掌握市场细分策划，合理选择目标市场，科学进行市场定位。

实训内容：

1. 根据手机市场的特点，按不同标准细分，评估不同细分策划的优劣。
2. 结合竞争环境因素，选择合适的定位策略。

实训组织：

（1）分成几个小组，每组 5～8 个人，确定一名组长。

（2）小组收集信息，分析信息，按程序细分该市场，合理定位。

（3）分组讨论。

（4）小组陈述，答疑。

（5）老师点评。

实训考核：

根据细分的科学性标准和市场定位的原则，对各组的方案打分（占50%），方案陈述（占30%），答疑（占20%）。

项目七
CI与CS战略策划

学习目标

知识的掌握：

- □ 掌握CIS的基本内涵、特点、功能；理解CS战略的含义及动因
- □ 了解VI的基本设计要素（标志、标准字体、标准色、辅助图形及吉祥物等）
- □ 了解VI应用设计系统；理解MI、BI和VI的含义以及三者之间的关系
- □ 掌握CS战略的导入程序及内容

技能的提高：

- □ 能够为企业设计理念识别系统和行为识别系统
- □ 能够从CIS实例中体会设计概念的提炼思路；能够针对一个企业的实际情况，进行CI诊断
- □ 掌握MI、BI、VI的导入程序及主要内容；能够和团队工作人员一起对一个企业进行调查、分析、策划出整套CIS方案

项目描述

在理解CI、CS战略思想的精髓的基础上，能够根据企业的实际，通过对企业所处环境的调查、分析，最终策划出适合企业发展的整套CIS方案。

案例引导

朝日公司通过CIS重建企业雄风

在日本啤酒市场上，有朝日、麒麟、札幌三大巨头。1949年，朝日啤酒拥有36%的市场占有率，麒麟啤酒为26%。到了1968年，朝日公司推出“没有苦味”的啤酒，结果遭到惨败。1985年，朝日啤酒的市场占有率惨跌到10%左右，公司经营处于危机状况。

新上任的村井勉社长决心以CIS运动，更新企业理念，改造企业文化，重塑企业形象。村井将创造新的经营理念的工作委托给由15人组成的部长会。而后部长会在收集公司内外情报的基础上，确定了“消费者导向，尊重人性”的新的经营理念。为了在各部门推广这一新理念，朝日公司以课长为中心，设置了公司CIS推行委员会。CIS委员会经过调查研究指出，当前公司存在的主要问题是形象差、经营理念无法渗透、与社会的沟通不足等。为了解决这些问题，公司举办全面质量管理（TQC）等训练活动，让课长级以上人员参加集训，而后再提议设置部门CIS推行委员会，这些部门委员会以七八人为一组，分为沟通小组、品牌小组、视觉小组，贯彻想法的改革。另外，CIS推行委员会还提出建议开发新口味的啤酒。

公司CIS推行委员会以消费者导向为企业目标，推行Live People（有活力的人）运动、新标识制定、新口味与新品牌的啤酒开发等等改革。在1985年啤酒口味调查的基础上，了解到兼具味道浓厚与清爽顺口两者的啤酒较受欢迎，于是在1987年推出新的啤酒“Super Dry”，结果获得极大成功。

公司CIS推行委员会除了建议变更公司的标识、设计品牌，同时也在人事、财务、营销等领域提出新的变革方案，如举办全公司员工试饮会等等。

导入CIS后，朝日啤酒重显活泼生机，企业员工也一改原来的“毫无生气，夹着尾巴的丧家犬”灰色形象，振奋起自信、追求卓越的精神面貌。

（资料来源：http：//wenku. baidu. com/view/333e79d8ce2f0066f5332239. html）

【思考】

1. 谈一谈日式CIS的作业流程包括哪些阶段？
2. 结合案例内容具体分析下CIS作业流程中每阶段的主要工作内容有哪些？

任务一

解读CI与CS战略

一、了解CI战略

（一）CI及CIS的概念

CI是英文Corporate Identity的缩写，即“企业识别”。由企业识别的战略思想指导而规划出整套识别系统，叫做“**企业识别系统**”（Corporate Identity System），简称**CIS**，所以，CI有时也理解为CIS。

CI作为一种企业形象设计的战略，是将企业经营理念和精神文化，化成统一的符号系统，通过媒体反复地宣传同一形象，给消费者造成视觉冲击并使其熟悉认识、潜移默化、产生联想，使他们在发生购买行为时产生条件反射。在当代竞争激烈的市场中，CI能帮助消费者克服记忆困难，使企业获得强大的竞争力。

（二）CI战略的特点

企业CI战略是一种超越传统观念的企业形象整体战略。它具有如下特点：

1. 系统性和统一性。CI由三个子系统组成：

- 理念识别系统是企业识别的核心和系统运作的原动力，是整个系统的基础；
- 行为识别系统是理念系统的外化与表现，是实施导入的主体；
- 视觉识别系统直观鲜明地向外界传播和展示企业生动具体的视觉形象，是最为快捷的传播形式，它能有效地促成社会大众对企业的认知、识别。

CI战略的基本内容之一是形成统一的企业识别系统，使企业形象在各个层面上得到有效的统一。

2. 差异性。CI战略的根本目标是全方位塑造个性鲜明的企业形象。因此，它归根结底是一种差异性的战略。可以说，个性化（差异性）是CI的灵魂和生命，只有独创的、有个性的东西，才有生命力。

3. 传播性。CI战略是企业信息传达的全媒体策略。在CI导入过程中，企业的信息传播不只是局限于大众媒体，而是扩大到所有与企业有关的媒体上。CI战略是一种全方位的信息传达体系，一种企业全员传播战略。企业信息的传播对象不仅仅是消费者和一般社会大众，而是全方位的，包括企业内部员工、社会大众、机关团体。

4. 稳定性和长期性。CI的导入程序是一个长期的、相对稳定的过程，是不能随便改变计划的。当然，CI战略的稳定是相对的，而变化是绝对的。企业所处的环境、经营规模以及消费者的认识结构都会有所变化，企业形象的内涵也是不断发展、变化的。如何在变与不变之中寻找平衡点，在稳定中求得发展，达到内外、前后的“对应”和“同一”，正是CI策划与设计所追求的崇高境界。

（三）CI战略的主要功能

CI通过对MI（理念识别）、BI（行为识别）和VI（视听识别）的协调统一，对内可以强化群体意识，增强企业的向心力和凝聚力。同时，通过标准化、系统化的规范管理，还可以改善企业状况，增强适应能力。对外可使社会大众更明晰地认知该企业，建立起鲜明统一、高等的企业形象，为企业的未来发展创造整体竞争优势。

因此，CI战略的功能可归纳为：

1. 识别功能；

2. 传播功能；

3. 文化教育功能（导入CI的企业，能逐步建立起先进的企业文化和共用价值观，这对企业员工的影响是极其深远的。）。

（四）CI的发展状况

1956年，美国国际商用机器公司（IBM）将CI导入企业管理。从此，蓝色巨人步入了新境界，其巨大成功也把企业界带入了一个新时代——CI时代。可口可乐、麦当劳、3M、东方航空等巨型企业纷纷效仿IBM，导入CI。到20世纪70年代，欧美的许多大公司都基本完成了CI的改造。以模仿见长的日本企业看到CI的巨大作用，也于70年代开始导入CI，马自达、索尼、第一劝业银行、三井银行等先后实施CI战略。短短十几年，CI之风吹遍全球。

我国企业CI导入时间较晚。1988年，广东万事达保健品公司为打开市场销路而导入CI。几年之后，CI热潮席卷全国。现在，大多数企业已经导入CI。

二、了解CS战略

（一）CS概念

CS是英文Customer Satisfaction的缩写，意为“**顾客满意**”。CS的基本指导思想是：企业的整个经营活动要以顾客满意度为指针，要从顾客的角度、用顾客的观点而不是企业自身的利益和观点来分析考虑顾客的需求，尽可能全面地尊重和维护顾客的利益。这里的“顾客”是一个相对广义的概念，它不仅指企业产品销售和服务的对象，而且包括企业整个经营活动中不可缺少的合作伙伴和企业内部员工。

（二）CS战略的发展过程

CS始于1986年一位美国心理学家的创造。当年，一家美国市场调查公司以CS理论为指导公布顾客对汽车满意程度的排行榜；1989年瑞典据此建立了“CSI”（Customer Satisfaction Index），即“顾客满意指数”。后来，日本丰田、日产两大汽车公司分别导入CS战略，拉开日本CS战略导入的序幕。1991年，美国营销学会召开了第一次CS会议，讨论如何以CS营销战略来应付竞争日益激烈的市场变化。自此以后，CS在全球流行开来。

思考与训练

在网上搜集如家酒店的相关信息资料，并结合资料说明如家酒店的CI与CS战略各是哪些内容？

任务二

CI战略导入策划

CI战略导入是一个系统工程。企业高层领导对CI战略的推崇意识和决心、实力雄厚的CI策划机构、适合的CI战略导入时机，对CI战略的成功导入都起到重要作用。一般来说，CI战略导入时机为：原有企业改组、发行股票、公开上市；新公司设立；企业进行产权重组、收购与兼并、组建企业集团；创业周年之际；企业扩展经营范围、迈向国际化；改换经营理念；企业消除负面影响，摆脱经营危机；新产品上市，等等。

一、CI战略导入的程序

（一）准备计划

1. 成立以公司最高负责人为中心的CI筹备委员会（以下简称"CI委员会"）。CI委员会是负责CI战略的核心机构，主要负责确定和协调企业推进CI战略过程中的各项具体问题，包括CI基础知识的普及及培训，实施对企业外部的调研，落实CI推进过程中的运行程序，协调CI各系统的设计开发，预算CI计划的费用投入和落实，以及负责对CI推进过程中各阶段工作的核对等。

由于CI委员会对CI战略的推导的特殊地位，决定了CI委员会要由特定的个人或单位来担任，最好由以下三种人组成：（1）企业高层主管与部门负责人；（2）企业外的CI问题专家；（3）专业公司的CI人员。

2. 邀请专家来企业演讲，或选派几位主管到已经实施CI计划的企业听取他人的经验和意见。

3. 设立执行委员会。执行委员会隶属于CI委员会，是其下设的一个具体从事CI策划与推广的办事机构。执行委员会的主要工作有：

（1）预测企业形象开始导入的具体日程与时间；

（2）编制CI导入的费用预算；

（3）递交CI委员会关于CI策划项目与内容的论证报告；

（4）对企业内部经营环境进行诊断；

（5）对企业外部经营环境开展调查；

（6）开展企业理念识别、行为识别、综合感觉识别、信息传播识别等企业形象识别系统的创意与策划；

（7）负责落实CI的内外实施与推广；

（8）负责对CI实施效果进行评价与检验。

（二）调查研究

在调查研究阶段，主要通过一系列调查方法，搜集企业相关资料，然后进行企业现状分析，形成调查报告书和总概念报告书。这个阶段又分为两阶段：环境调查阶段和资料整理分析阶段。

（三）进行企业形象定位

企业形象定位，是要根据市场的竞争情况以及企业的优势条件，确定企业产品与服务在目标市场上的竞争地位。换言之，就是要在目标市场消费者的心目中为企业产品与服务创造一定的特色与个性特征，赋予企业一定的鲜明形象，以便于消费者与社会公众识别，适应他们的需要与爱好。

企业形象定位一般要考虑以下问题：

- 企业提供的产品与服务具有何种特点与优势？
- 企业目标市场上的潜在消费者需要什么样的产品与服务？
- 企业目标市场上的新消费群体组成情况怎样？
- 企业目标市场上的竞争者给消费者提供什么样的产品与服务？

（四）建立企业理念识别系统（MI）

当对企业内外经营环境的诊断与调查结束并取得全部有用的资料后，在企业形象定位准确的基础上，可以开始策划企业理念识别系统。企业理念不仅要反映出企业的行业特点、个性特征，而且还要能被社会公众所认同和内化。企业理念是企业形象系统策划的重点，它决定着企业形象系统策划的成败。

（五）整合企业结构

根据企业理念、企业定位来检讨企业内部结构，也是开始着手改善企业体制的阶段。在CI专业公司或外部智囊人员的协助下，企业要设定内部组织和体制，并对企业标志系统再构筑（根据总概念和新企业理念而决定公司名称、标志以及有关标志和个别标志的问题）。企业识别系统的再构筑作业完成后，应争取公司内外的认同，实施信息传递系统，以形成新的企业体制。

（六）整合行动识别、视觉识别等内容，进行CIS设计

此阶段的工作可细分为建立企业行为识别系统、企业视觉识别系统、企业综合感觉识别系统、企业信息传播识别系统，编制企业形象系统手册（CIS手册）等几个阶段。

1. 企业行为识别系统策划是企业形象系统的主要内容。要求其能充分反映企业经营理念，把理念具体化，并具有可操作性。在进行企业行为识别策划时，除了企业自有的管理专家参加之外，还需要外界企业经营管理专家与企业形象策划专家的参与。

2. 企业视觉识别系统的策划，必须以企业理念识别与行为识别为依据，视觉识别是这两者的静态外化。企业视觉识别系统策划方案完成后，也要递交到企业形象系统委员会进行审查讨论，在听取企业最高层领导的意见后，经修订最终予以通过。

3. 继企业视觉识别系统策划之后，要对企业综合感觉识别系统进行策划。综合感觉识别系统策划的内容主要包括企业信誉形象、道德形象、管理者形象、员工形象、经营环境形象等。综合感觉识别系统策划方案完成后，也要递交企业形象系统委员会审查通过。

4. 企业信息传播识别系统策划是CI策划主体工程的最后一个项目。信息传播识别系统在企业形象系统中起着把企业的理念信息、行为信息、视觉信息、综合感觉信息等源源不断地向企业内外进行辐射的作用。在进行企业信息传播系统策划时，要讲究信息传播的经济性、系统性、真实性、科学性和艺术性。策划方案完成后，要递交企业形象系统委员会审查通过。

5. 当CI主体工程策划完成后，接下来就要把在前面各个阶段、各个程序上所策划的内容编纂成册，作为今后实施企业形象系统的资料和依据。所以，CIS手册其实就是一本完整、详细的企业形象系统实施指南。

（七）发表CIS

此阶段是将制作好的CIS方案向内部员工、社会公众和媒体公布，争取各界的认同和支持。发表CIS计划一定要选择恰当的时机，可选择企业纪念日、企业重大活动、新产品上市、成立新公司或组建企业集团等时机，但一般不宜选择在有重大社会事件发生或重大会议召开之时，以免被社会公众忽视。

（八）实施CIS

CIS的成功最终要靠企业上下一致的配合和执行，其关键是领导层是否具有坚定的信念，是否能调动员工的积极性。

对于与CIS有关的计划，必须考虑其应用问题，以及在企业内有效推行的方法。要进行员工培训与内部架构的调整，使企业理念成为企业员工的共同价值观，规范行为举止，并通过行为来传播企业理念把视觉识别系统的基本要素广泛应用于各种应用要素和各种场合中，全方位展示识别系统，开展各种广告、公关宣传活动来塑造新的企业形象。

（九）监督与评估

企业形象识别系统的设计策划，属于事前计划，在落实过程中，需要进行跟踪管理和监督评估。主要内容有：监督和管理CIS计划的执行，对各项活动的实施效果进行测定，定期检查、评估CIS的实施情况及实施效果，并对CIS进行调整和修正。

CI是一个系统化的整体形象战略，在导入和实施过程中，必须把握CI的导入原则，并与企业发展战略相结合，不断完善、改进CI计划，促进CI的推广应用，增强企业竞争力。

二、CIS策划的主要内容

CIS策划主要包括三个子系统的策划，即企业理念识别系统策划、企业行为识别系统策划和企业视觉识别系统策划。

（一）企业理念识别系统策划

企业理念识别系统，是企业文化战略整合的核心识别系统。它由企业宗旨、企业目标、企业使命、企业作风、企业理念、企业精神、主题价值观、系列价值观、企业经营哲学、企业道德体系等几部分组成。理念识别系统主要用以确定企业的战略发展追求，以及为实现这一战略追求所规定的指导思想、精神规范、道德准则和价值取向。

1. 企业理念设计要素。

（1）企业宗旨。企业宗旨是企业存在于社会的主要目的，意图和志向是企业的最高理想。对内，它是引导和规范企业及员工的强大思想武器；对外，它是企业向社会发出的宣言和承诺，反映了企业存在的价值。因此，企业宗旨的设计必须能够显示企业的远大志向。

光明电力集团的企业宗旨：动力永恒，创造繁荣。表明光明的发展生生不息，通过提供源源不断的动力，为社会、为人民带来繁荣、发展和幸福。

（2）企业目标。企业目标就是实现其宗旨所要达到的预期成果。

四通公司的企业目标：中国的IBM，世界的四通。

（3）企业使命。企业使命即企业应该承担的重大责任，使命感是激发自觉性的强大动力。

长虹的企业使命："以产业报国为己任"。

（4）企业作风。企业作风是思想上、工作上、生活上表现出来的态度、行为。

海尔集团的企业作风：迅速反应，马上行动。

长安集团的企业作风：今天的事今天完，明天的事今天想。

（5）企业理念。企业理念即企业的理想、哲学与信念，是企业理念识别系统的核心，他对企业精神、经营哲学、企业道德的定位起着决定性的作用，任何一个组织都要求有一个统一的理念来协调组织的行动，否则就会变成一盘散沙。

开元集团的企业理念：戒满扬新，超越自我。满足而故步自封，满足而止步不前，惟有戒满扬新才能发展。超越是开元发展的主旋律，开元在超越中永铸辉煌！

（6）企业精神。企业精神是现代意识与企业个性相结合的一种群体意识，通常以简洁而富有的语言形式加以表达，是企业文化的精髓。企业精神具有以下基本特征：首先，企业精神是企业现实状况现有观念意识中积极因素的提炼；其次，企业精神是全体员工共同拥有的具有普遍掌握的理念；第三，企业精神反映了企业家的主导思想；第四，企业精神通常通过口号、短语、厂歌等明白表达出来。

海尔的企业精神：敬业报国，追求卓越。

（7）企业的核心价值观。核心价值观是企业和企业员工共同的价值取向，他主要解决企业员工、员工与企业的价值趋同与价值追求问题。核心价值观展示企业的基本性格和经营宗旨；核心价值观决定企业的经营政策和战略目标；核心价值观左右企业员工的共同远景和行为规范；核心价值观影响企业的根本信念和发展航向。

海尔的核心价值观：真诚到永远。

摩托罗拉公司的核心价值观：保持高尚情操，对人永远尊重。

（8）企业经营哲学。企业经营哲学是关于企业经营活动的思想、原则的概括，并不是对企业每项工作的具体规定。

（9）企业道德。道德规范是企业员工的重要行为规范，道德行为的软约束与厂规厂纪的硬约束相配合，不但可以弥补硬约束难以面面俱到的局限，而且，能够使企业员工的行为自觉地指向目标的实现，成为企业不可缺少的道德力量。

联想的道德观：宁可损失金钱，也不丧失信誉；生意无论大小，一律一视同人；待人真诚坦率，清清白白做人；勤勤恳恳劳动、理直气壮赚钱。

2. 理念设计开发及实施。

（1）检讨调研报告。必须根据企业调查的动机与结果提出一份能够涵盖企业实态又与企业形象识别系统直接相关的问题表，确定有助于问题解决的总指导思想，形成企业理念。在此基础上，借助发散思维和收敛思维的交替使用，逐步探讨解决这些问题的可能性对策。

（2）激发理念创意。

• 内部：专家或专业人员会议法；研讨法；头脑风暴法；有奖征集法——一般员工。

• 外部：德尔菲法——专家；征集法——社会公众。发动所有人员智慧、群策群力，集思广益，有可能征集到最好的企业理念；通过征集活动使广大员工主动参与CI导入活动；面对社会公众的征集活动本身就是一种形象传播和树立过程。

（3）比较筛选创意的原则。

（4）构筑理念内涵。

• 从字面上给予科学合理的解释；

• 联想与比喻使其内涵延伸；

• 针对理念的要求，明确企业的发展战略、管理者的职责和员工的行为准则。

（5）企业理念定位。企业理念定位模式有：

• 目标导向型——丰田“以生产大众喜爱的汽车为目标”（具体目标）；
——日产“为了更好地生活，制造更好的产品”（抽象目标）。

• 团结凝聚型——美国塔尔班航空“亲如一家”。

• 开拓创新型——本田“用眼、用心去创造”。

• 产品质量型——上海英雄“至尊‘英雄’，卓越风范，赶超一流”。

• 技术开发型——佳能“忘记了技术开发，就不配称为佳能”。

• 市场营销型——施伯乐“价廉物美”。

• 优质服务型——美国假日饭店“为旅客提供最经济、最方便、最舒畅的住宿条件”。

（6）企业理念实施。

• 理念的传递与接收：宣传资料法（CIS手册、CIS刊物、CIS专栏、员工手册）等。

• 理念的解释与理解：通过讨论法、培训法等方法进行。

• 理念的教化与接受：通过脱产长期培训、在职长期培训、定期短期培训、定期学习员工手册定期研讨和演示、定期出版 CIS 内部期刊、每天或每逢会议之时，唱厂歌、诵信条、背原则，升厂旗等方式进行。

• 理念的应用：通过企业行为识别系统 BIS 的设计与实施进行。

策划实例

广东美的集团以“创造完美”作为公司 CI 的核心。这一理念表达了“美的”人的思想境界与追求目标，是企业价值观的集中体现。以这种企业哲学为指导，公司要求每个“美的”人在自己的岗位上，要以高度的责任感和一丝不苟的工作精神，充分发挥聪明才智，创造出外表美与内在品质日臻完美、实用价值与欣赏价值完美结合的“美的”产品，给消费者带来美的享受。这一经营理念贯彻始终的结果是：“美的”风扇、“美的”空调两大拳头产品不仅备受国内广大消费者的青睐，而且获取 QC、CSA、GS 等国际认证，并且走出国门，行销欧洲、北美、东南亚、港澳等 36 个国家和地区。

（资料来源：http：//www. jlrtvu. jl. cn/wlkc/course/180002007 - 1/htm）

（二）行为识别系统策划

行为识别系统（BI）是企业理念的深化和具体体现，是员工行动的准则和纲领。企业行为识别的目标在于：通过企业内部的制度、管理与教育训练，使员工行为规范化。

在进行企业 BI 的具体设计时，首先必须明确评价 BI 效果的内外两部分指标体系：

• 对内活动识别部分包括企业生产环境营造、企业人文环境营造、管理人员教育、一般员工教育、文明礼仪、竞争方式等六项指标；

• 对外活动识别部分包括市场调查、公共关系、宣传广告、促销、服务水准、公益活动等六项指标。

在进行员工行为规范设计时，应依据科学合理的原则进行任务分析和目标分析，并考虑群体和个体的心理需要，设计出适应员工思想、感情和行为的完整方案，解决组织向其成员分配任务与职责的问题，从而增强员工的工作动机，提高生产效率。

设计、建立行为识别系统可从建立群体行为规范和个体行为规范两个方面进行：

1. 设立群体行为识别规范。包括：（1）CIS 及规章制度的执行；（2）设立公共关系行为规范；（3）设立集体环境行为规范；（4）设立软环境（人文环境）行为规范。

2. 设立企业个体行为规范。员工是企业的主体，人才是企业的未来。对于任何企业来说，拥有优秀的员工是赢得和保持顾客的关键。为了让员工更好地履行自己的职责，大多数企业都制定企业员工行为规范作为员工共同遵守的行为准则。

相关链接

行为识别系统设计中应注意的事项：

(1) 编制说明书。包括公司导入CI的背景、经过，以及新制定的企业理念。

(2) 完善内部媒体。用以传递情报、提示说明等，将员工本身的反映意见简洁地记录下来。

(3) 编制员工手册。即编印说明公司新理念、新的行为准则及新标志的手册，让员工可以随身携带。

(4) 张贴宣传海报。在海报中提出改革的口号，让员工有心理准备，提高员工的士气。还可用VI的形式灵活地展示企业的方针和政策，增进视觉效果。

(5) 开展公司内部的沟通活动。包括奖励公司员工爱用公司的产品或向相关者推销公司的产品，召开公司例会和设置留言板，沟通内部信息。

(6) 促进自我启发。通常举办真正使企业理念能融入计划中的公司员工与主管讲习会，或举办公司内部非正式研讨的聚会。

(7) 公关活动。除企业组织的各种大型公关活动外，鼓励企业员工与外界人士交换名片，奖励公司员工经常出席企业同行的研讨交流会等。

(8) 公益活动。包括赞助体育活动、社会福利事业、文化教育事业以及灾区重建等。

策划实例

青岛海尔的OEC行为识别系统设计

青岛海尔是我国著名的大型企业，但在20世纪80年代初，它只是一个濒临倒闭的小厂。它的成功靠的是什么？其中离不开著名的OEC管理模式。

OEC就是全方位地对每天、每人、每岗、每事进行清理和控制。具体地讲就是企业每天所有的事都有人管，做到控制不漏项；所有的人均有管理、控制的内容，并依据工作标准对各自控制的事项按预定的计划执行，每日把实施结果与计划指标对照、总结、纠偏，达到对事物发展过程的适时控制，确保事物的发展向预定目标迈进。简单地说，就是“日清日毕，日清日高”。

海尔的OEC管理模式以其目标系统、日清控制系统和有效激励机制，为海尔集团创造了光辉的业绩。OEC现已名扬四海，成为海内外管理专家学习的范本，被誉为“是现代企业制度的很重要的组成部分”。

（三）视觉识别系统策划

企业视觉识别系统的各种要素都是向社会公众传达企业理念的重要载体，最有效、最直接地传达企业理念、突出企业个性是企业视觉识别设计的核心原则。

1. 视觉基本要素设计。

(1) 企业标志。可分为企业自身的标志和商品标志；也可以按照标志设计的主题素材分类（全名文字标志、字首文字标志、组合文字标志、图形标志、组合标志）和造型要素分类（点、线、面、体）。它具有以下功能和特点：体现企业理念、突出人性化、实现强力视觉冲击以及具有艺术表现力。著名的Apple标志，在设计上就表现出一个充满人性的动态画面；而三菱公司的企业标志，通过三个菱形的组合，给人以强烈的视觉冲击力和感染力，达到引人注目和有效传播的目的（图7－1）。

苹果公司企业标志　　三菱公司企业标志

图7－1

（2）企业标准字。企业标准字是将企业名称、企业商标名称略称、活动主题、广告语等进行整体组合而成的字体（图7－2）。

企业名称标准字　　产品或商标名称标准字

标志字体　　广告性活动标准字

图7－2

- 企业标准字特征：识别性；可读性；设计性；系统性。
- 企业标准字种类：企业名称标准字；产品或商标名称标准字；标志字体；广告性活动标准字。

（3）企业标准色。是指企业通过色彩的视知觉传达，设定反映企业独特的精神理念、组织机构、营运内容、市场营销与风格面貌的状态的色彩。如联想用白色和蓝色作为标准色，令人联想到蓝天白云、高阔辽远、飞翔和希望等，很好地表达了企业理念。

（4）辅助图形。是企业识别系统中的辅助性视觉要素，它包括企业造型、象征图案和版面编排等三个方面的设计（图7－3）。

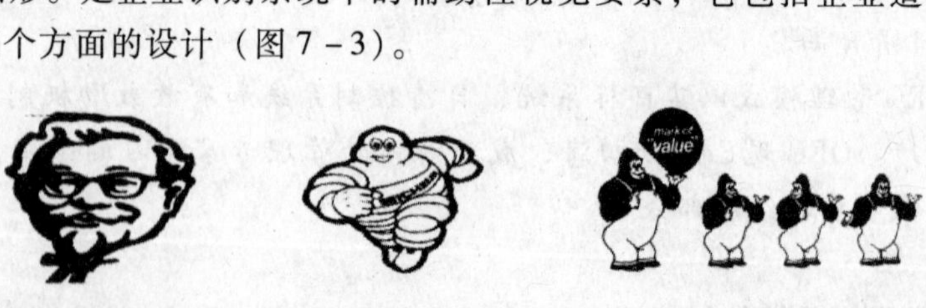

肯德基公司的山德斯先生　　米其林轮胎公司的轮胎汉　　日本大荣百货的"冬冬"

图7－3

2. 视觉应用要素设计。

（1）应用要素项目主要集中于以下内容：

- 事务用品类，如名片、各式文书等。
- 广告促销类，如小手册、电视广告、公告资料等。
- 标识招牌类，如旗帜、各类导引标识等。
- 运输工具类，如运输卡车、拖车等。
- 商品包装类，如商标、包装纸等。
- 员工制服类，如徽章、工作服等。
- 建筑环境类，如外观、办公室等。
- 展示典礼等，如纪念活动、展示环境、专卖店等。

（2）应用要素设计开发策略的确定。对于某个企业形象中的具体应用要素设计项目而言，在开发设计之前，应对其客观限制条件和依据作出必要的确定，避免设计项目虽然很美，但不能使用的问题：

其一，项目的功能需要。主要是指完成设计项目成品所必需的基本条件，如形状、尺寸规格、材质、色彩、制作方式和用途等。

其二，项目使用的法律性限制。如信封的规格、招牌指示等环境要素的法规条例。

其三，行业性质的需要。主要是指企业所在行业中，一些约定俗成的规定或需要，如事务性用品中的单据、包装类的规定等。

3. 编制VI视觉识别手册。

（1）设计手册结构体系。具体包括：

- 概念的诠释。如CI概念、设计概念、设计系统的构成及内容说明。
- 基本设计项目的规定。主要包括各设计项目的概念说明和使用规范说明等。如企业标志的意义、定位、单色或色彩的表示规定、使用说明和注意事项，标志变化的开发目的和使用范围，具体禁止使用例子等。
- 应用设计项目的规定。主要包括各设计项目的设计展开标准，使用规范和样式、施工要求和规范详图等。如事务用品类的用字体、色彩及制作工艺等。

（2）设计手册编制形式。具体包括：

- 将基本设计项目规定和应用设计项目规定，按一定的规律编制装订成一册，多采用活页形式，以便于增补。
- 将基本设计项目规定和应用设计项目规定，分开编制，各自装订成册，多采用活页和目录形式。
- 根据企业不同机构（如分公司）或媒体的不同类别，将应用设计项目分册编制，以便使用。

（3）设计手册具体内容。具体包括：

- 引言部分。如领导致词，企业理念体系说明和形象概念阐述，导入CI的目的和背景，手册的使用方法和要求。
- 基本设计项目及其组合系统部分。如基本要素的表示法、变体设计等。
- 应用设计项目部分。
- 主要设计要素样本部分。如标志印刷样本或干胶，标准色色标等。

思考与训练

结合如家酒店的资料，具体分析如家酒店打造的CIS系统的主要内容是什么？

任务三

CS战略导入策划

一、CS战略导入

CS战略导入一般从以下流程和内容入手。

（一）企业内部流程诊断

内部流程诊断主要从横向和纵向方面诊断企业各部门各环节是否有利于CS战略的实施，包括企业运行机制、管理制度、员工素质，特别是高层管理者的素质、企业文化、企业顾客价值观等。

（二）在企业内部导入顾客满意理念，培育CS的服务文化

CS战略的更高层次就是培育服务文化，它涉及服务理念、服务宗旨、服务方式等诸多方面。企业导入CS战略需要导入顾客满意理念，引导员工树立顾客满意意识，建立以顾客为中心的服务理念。需要注意的是，引入顾客满意理念，需要在企业内部打破“顾客满意度管理是客户服务部的事情”的观念，形成企业内部各部分整体配合的观念，共同推动CS战略。

（三）设计顾客满意度指标

CS系统的内容主要包括：

- 理念满意系统（MS）；
- 行为满意系统（BS）；
- 视听满意系统（VS）；
- 产品满意系统（PS）；
- 服务满意系统（SS）。

为了CS战略在企业实施的可行性，需对顾客满意的状态进行度量，即需对顾客满意度（CSM）和顾客满意指标（CSI）进行分析。

（四）进行顾客满意诊断

顾客满意诊断分为以下两步：

第一步，评估现状。对照顾客满意度评估体系，客观评估目前企业的顾客满意度水平。同时对应同行业企业的情况尤其是主要的竞争对手，了解顾客满意度水平在行业中的地位，从而了解企业需要迫切提高和解决的问题，为顾客满意度管理的目标打下基础。

第二步，制定目标。在建立顾客满意度评价指标和客观评估企业的顾客满意度水平后，参照竞争对手的实际水平、顾客的需求与产业发展的基础上，制定顾客满意度的目标。

（五）时时关注顾客，掌握顾客的需求和期望

CS战略是以顾客为中心的经营理念，其首要任务就是了解顾客，分析顾客的需求和满意值。为此，企业要深入研究顾客的消费需求和消费心理。

第一，细致分析顾客群体。企业可以将顾客按不同的标准进行细分，有针对性地为不同的顾客群提供服务。

第二，定期开展调查，了解顾客需求。加强与顾客的信息沟通，通过调查获取充分有用的顾客信息。同时，由于顾客对产品或服务的评价，会在新的竞争产品出现或顾客的需求发生改变时发生变化，所以必须定期而且持续地开展顾客调查。

（六）站在顾客的立场上研究和设计产品

尽可能地把顾客的"不满意"从产品体本身（包括设计、制造和供应过程）去除，并顺应顾客的需求趋势，在产品本身上创造顾客的满意。

（七）改进计划与执行

在进行了企业内部流程的诊断和确定了顾客满意度的目标后，需要制订企业的改进方案，并组织企业员工实行。在一个执行周期之后，对企业的顾客满意度水平进行重新测量和评估，进入下一个顾客满意诊断、企业内部流程诊断、改进计划与执行的循环。企业实施CS战略过程，是一个只有起点没有终点螺旋循环向前发展的过程，本质上是企业向消费者的一个承诺和兑现承诺的过程。

（八）建立与顾客为中心的企业组织，不断完善服务系统

企业要对顾客的需求和意见具有快速的反应机制，形成鼓励创新的组织氛围，组织内部保持上下沟通的顺畅。具体应注意以下几点：

1. **分级授权**。这是及时完成令顾客满意的服务的重要一环。如果执行工作的人员没有充分的处理决定权，什么问题都须等待上级命令，无法保证顾客满足。

2. **重视顾客的意见**。据美国的一项调查，成功的技术革新和民用新产品中有60% ~ 80%来自用户的建议。

3. **留住老顾客**，他们是最好的"推销员"。美国有位经济学家在大量调查的基础上，归纳出一个公式，称为1：25：8：1，即一个满意的顾客，可以影响25个消费者，并诱发其中8个人产生购买欲望，而当中至少有1个人采取购买行为。通过进一步研究，还得出一个获得人们广泛承认的结论：企业50% ~80%的利润来自于总数20%的忠诚顾客。

4. **提供超值服务**。所谓超值服务，它是指既超过公司服务本身所具有的价值，也超过顾客对公司服务的期望值的那些服务。提供超值服务是世界服务业的发展方向，它不仅提高了服务的效益，更重要的是它提高了顾客的满意度，逐步地改善着人与人之间的关系。

5. **完善服务系统**，包括提高服务速度、质量等方面。

二、导入CS战略应注意的基本问题

企业在实施CS经营战略的过程中，得到顾客的认可需要一个过程，这期间可能会产生来自各方面的压力，使企业实施CS经营战略信心不足。因此，企业在实施CS经营战略时需注意以下几个问题：

（一）放宽时间期限，切忌急功近利

只有长期实施CS经营战略才能产生效益，但一旦实施成功，会产生巨大的无形资产，切忌因一定时期获利微薄而丧失信心。只要能够生产出真正令顾客满意的产品，最终一定会得到酬报。

（二）多种营销策略相互配合，发挥综合效应

企业实施CS战略，要注意多种策略综合运用，如价格策略、竞争策略、服务策略等，发挥各自的优势，达到最优组合，实现综合效益。

（三）树立动态理念，强化创新意识

创新是企业发展壮大的动力，特别是对新产品的开发，服务内容与形式的创新，是企业抢先占领市场、赢得顾客、在竞争中立于不败之地的法宝。开发新产品使顾客新的需求不断得到满足，如果用静态的观点来看待顾客满意，最终将没有顾客满意。因此，CS战略不是一种静态战略，而是一种动态战略。现在顾客满意不等于永远满意，要了解顾客的潜在要求，不断强化创新意识，不断满足顾客新的需求，实现顾客永远满意。

（四）顾客满意只是企业经营管理的过程指标

顾客满意仅仅是一个过程指标，或者称为前提指标，而不是结果指标。既然是一个过程指标，就要按照过程指标的性质进行管理，企业管理者不要认为“顾客满意”了就万事大吉，只有把顾客满意的信息应用于企业的改进和战略管理，才能真正发挥顾客满意指标作用。

（五）坚持使用符合实际的指标体系

为保证顾客满意指数能够真实地反映企业经营的现状，进而为企业的高层管理者的决策提供信息，就要确保调查的科学性，在调查问卷的设计、顾客样本的选择、抽样方案选取、数据分析方法的应用等方面要切实符合自己企业市场的实际。设计顾客满意调查方案要量身定做，在进行初次调查时可能还需要进行调查问卷的项目分析、结构分析、信度分

析和再测信度，否则就有可能产生虚假的信息。

（六）认识CS战略的局限性

首先，CS战略存在一定程度的内在矛盾：企业作为一个独立的经济实体，不可能没有自己的利益，也不可能不为实现自己的利益而努力，CS战略要求企业把顾客满意作为战略目的，不免引起怀疑——企业是真心的吗？

其次，容易将发展战略与销售战略混淆。CS战略在根本上来说应成为企业发展战略，这来自于对企业与顾客关系的正确认知。然而，有的企业为了实现自身利益的真正动机，把CS战略视为销售战略，只有顾客满意了，企业产品才能扩大销路，自己才能更多地获利，因此企业视顾客为"摇钱树"，企业谋求与顾客建立互相利用的关系。

认识到CS的缺陷（有的并非CS战略本身缺陷，而是战略运用过程中容易出现的问题），并不影响我们对CS战略重要的优点的认识及运用CS战略的积极性。相反，应当想方设法更充分有效地利用其优点，并尽可能地抑制其负面的消极影响，尝试CS战略与CI战略的功能互补，寻求适应本企业发展的成功战略。

思考与训练

结合现实生活中的实例说明，哪些企业导入CS战略是十分必要的，这些企业在导入CS战略时需要注意的问题是什么？

复习思考题

1. 简述CI战略的特点。
2. 简述CI导入策划的程序和内容。
3. 说明CS战略的程序和内容。
4. 如何针对某个企业建立整套CIS？简要叙述其应解决的关键问题。

案例分析

宁波杉杉集团CI策划记

今天，我们已经能够平静地叙述和探讨杉杉围绕着导入和运作CI而发动的系列公关行动，对此，很多媒介曾将其称为"杉杉现象"。

一、背景：调查与启动

从1989年杉杉（当时的甬港服装厂）开始为其生产的西服做电视广告，到1993年杉杉西服销售额达到2.54亿元，五年时间杉杉创造了一个中国西服名牌。此时，企业决策层在思考，当企业和品牌到达一个发展的相对高峰时，企业如何才能获得新的动力？怎样让品牌得到提升？企业该按什么样的模式发展？

与此同时，经过市场调研他们发现，尽管杉杉集团和杉杉品牌的形象在全国市场已经初步得以确立，但仍不巩固。尤其是在华北、东北市场的影响力和扩张力还不够强大。据北京市场的调研数据显示：

1. 40%以上的人知道杉杉西服，且绝大部分是从广告，亦即大众传媒获得信息。这说明了杉杉在该地区广告投入的效果，同时也提示出个人资讯传递的不足。

2. 被调查者对杉杉西服的其他概念仍普遍模糊，很多人认为其产地是上海、北京或台湾。

3. 对杉杉集团的概念，95%以上的人闻所未闻，对企业标志、企业理念之类则所知更少。

4. 曾经购买过或明确表示购买意向的不足5%。

5. 初步结论：目前在大众印象中，"杉杉"只是西服的一种品牌而较少整体丰满的集团概念，缺乏鲜明的形象和品味，因此没有强烈的号召力，尚未造成公众的偏爱或认牌购买心理。因而，杉杉集团在广告和公关策略上应突出体现企业的整体化形象，使企业性格、品牌性格和产品性格得以统一、升华并广为人知。

一个偶然的机会，杉杉找到了一家资深策划公司——台湾艾肯形象策略公司。当时，艾肯公司已成功地规划了国宝集团、中兴电工、统一工业等数十家企业的CI，艾肯不仅在使这些企业获得重新发展的动力的过程中获得了大量的经验和有效的方法，更重要的是，艾肯已开始潜心研究推广中国式的CI模式，即本土化、本质化的CI模式。艾肯的CI模式，从民族特性、文化取向、精神特质上，已十分接近杉杉正在寻找的突破模式，因而，杉杉与艾肯很自然地开始了合作。

1994年初，杉杉集团确立了导入CI的计划。经过艾肯公司和杉杉CI委员会的共同筹划，杉杉导入CI的目标确定为：

(1) 定位并提高企业形象，创建一流的企业经营文化系统；

(2) 创造第一，系统科学地进行有形资产和无形资产经营，提高综合竞争能力；

(3) 提升品牌地位，引导实业部门向更多的领域发展。

二、导入CI：企业精神、品牌宗旨和商标标志等的确立

杉树，伟岸挺拔，生命极为旺盛，它与中华民族五千年文明史积淀下来的坚韧不拔、生生不息的精神内核和谐一致。而面对世纪交替、体制转轨的企业发展重要阶段，杉杉集团不仅要塑造品牌，而且要营造涵义丰蕴的企业文化，建立起经营集约化、市场国际化、资本社会化的现代化国际化产业集团。

据此，杉杉集团确立了"立马沧海，挑战未来"的企业精神和"奉献挚爱，潇洒人间"的品牌宗旨，从自身的品牌诉求出发，紧扣21世纪"环保、生态平衡、绿化"的世界性主题，把杉杉品牌提升到与人类生存处境息息相关的高度，确定了杉杉企业及品牌在社会中的位置和宣传定位。

杉杉集团标志以音译"ShanShan"及象征中国特有杉树"CHINAFIRS"作为设计题材，并将大自然的意蕴融入设计，以"S"字体象征流水般生生不息，杉树则有节节高升之意。

杉杉标志色彩规划采用自然沉稳的青绿色与象征现代清新的水蓝色搭配组合，视觉上令人耳目一新、生动有力，象征杉杉集团如青山绿水般永无止境。

结构上以两个S作阴阳曲线之拓展变化，意谓杉杉集团由单一西服迈向多元发展；而耸立挺拔的杉树图形，令人一眼即能联想到杉杉从传统到现代的串联，更象征集团创新突破的成长，以实现杉杉创中国一流世界名牌的企业目的。

三、执行：杉杉CI的推广和深化

（一）经过CI整合后的杉杉集团

1994年6月28日，杉杉集团公司正式成立，并召开了盛大的杉杉集团CI标志发布会，向社会公众广泛告知新的集团标志。同时，通过建立CI走廊和全体员工累计平均8小时的培训，使广大员工深感企业发展即将进入一个新的高峰，集团员工的凝聚力和积极性被进一步调动起来。企业的中短期发展战略，因为有了CI工程系统的指导，也在紧张地筹划和确立。

1994年6月28日也是一个里程碑，它标志着杉杉从品牌期全面进入形象期。在很短的时间内，所有的杉杉电视报纸广告、灯箱、霓虹灯等，都换成了统一的全新的杉杉标志和企业精神用语，专卖店（厅）外观和内部布置也经过重新装璜和设置，以焕然一新的面貌出现，企业形象的推广宣传全面启动。在杉杉吉祥物命名过程中，杉杉面向公众公开征集吉祥物命名，此举立即得到了社会各界的热情响应，共收到30余万封回信。这种巨大的热情除了公众对成长的杉杉关注、信赖外，在很大程度上依赖于公众对导入CI之后的杉杉充满了希望，很快接受了焕然一新的杉杉新形象。

（二）BI行动的开展

杉杉集团经过对VI视觉识别系统的推广后，在1995年又展开了在MI整合统筹下的BI运作，通过一系列有杉杉特色的公益活动，提高了杉杉集团投身公益的社会美誉度和品牌形象张力。1995年3月初，杉杉推出了精心设计的BI行动：第一，3月11日在北京香格里拉饭店举行了以“我们与世纪的早晨同行”为主题的CI发布会，全面大规模地向公众推介CI开展的成果，同时还进行了体现杉杉理念和标准色彩的时装表演。第二，3月11日晚杉杉集团和中央电视台联袂推出’95植树节大型文艺晚会“我爱这绿色家园”，关心人类生存作为企业的行为特征向公众告知。第三，杉杉独家赞助、以绿化为主题的海报在全国张贴。第四，杉杉集团在全国各地的分公司，在杉杉企业形象策划部配合下，同时推出“让大地披上绿装”的绿化宣传活动，涉及全国29个省、市、自治区，从而把此次BI行动推向高潮，让更多的人知道杉杉的企业行为，大大提升了企业形象。

四、评估：CI之于杉杉

1. 通过充分利用首都北京这一全国政治、文化、经济中心“居高声远”的独特地位，较高的人文素质及电视、广播、报纸共128家新闻媒体的有力传播，将杉杉集团从自身品牌诉求出发，投身“绿化环保”这一21世纪重大主题的企业行为特征广泛告之公众，确立了杉杉在社会和公众中的绿化环保代言人的地位，表现了杉杉企业现代、清新、富于社会责任感的优美形象，极大地丰富了杉杉品牌的文化内涵，提升了社会美誉。

2. 通过客观、系统、科学的CI导入及深化推广活动，促进了企业发展战略的沿革和完善，使杉杉集团逐步建立起富于特质的企业经营文化系统，并以此为依托，走上了有形资产和无形资产相结合的企业发展新路。据有关权威机构评估，导入CI后，杉杉品牌的无形资产价值迅速升值，已达到2.2亿元人民币，成为企业自身的又一笔巨大财富。

3. 导入CI，极大地提高了杉杉品牌的影响力和认知度。据调查资料显示，杉杉集团和品牌的认知率，在华东和华中市场，已从1994年初的50%上升至1995年末的92%；在华北和东北市场，从1994年初的6%迅速上升至1995年末的23%左右；使这两大原本薄弱的市场得以迅速开辟，并辐射到更为广泛的西北、西南等市场，从而使杉杉品牌作为全国性品牌地位进一步确立。与此同时，杉杉集团的销售额从1993年末的2.54亿元上升至1994年末的4.5亿元和1995年末的8.49亿元，实现了持续跳跃式发展，体现了杉杉CI的巨大功效。

4. 凭借导入CI的扩张效力，杉杉集团以服装服饰为基础产业，迅速向金融、期货、证券、交通运输、房地产和高新技术等产业拓展，目前已在全国建立分、子公司38家，1996年预计可实现销售收入12亿元，利税1.8亿元。CI的持续功效，使杉杉呈现了更加朝气蓬勃、活力非凡的发展态势。

5. 杉杉集团的CI导入，创造了中国的CI，富于鲜明的民族特色，成为中国CI领域的范例。它标志着中国企业对CI的理解和实践达到了一个新高度。

（资料来源：摘自 http：//www.goidea.com.cn/bbs/html/2007－4－26/9254237062.html）

【案例思考】

1. 杉杉集团为什么要导入CI？简述其导入CI的动因。
2. 结合课本有关知识，归纳杉杉集团导入CI策划的程序和内容。

策划实训

实训名称：企业MI（理念识别系统）设计

实训目的：请选择一家企业进行MI设计，通过实训达到掌握MI相关知识；具备对企业进行理念诊断、设计的目的。

实训方式：市场调查、撰写实训报告等实际操作。

实训组织形式：以小组形式进行，每六人为一组，并选出一名组长，组长在整个实训活动中起到组织、协调、领导作用。以团队形式到企业进行实地调查。

实训步骤及内容：

1. 企业实态调查。
2. 企业形象调查。
3. 调研结论。主要包括整体评价、主要问题、结论。

4. 企业的MI设计。

根据企业实态调研分析及企业形象调查结果，对企业形象进行定位，提炼出一组准确的设计概念，以作为MI设计的依据。企业理念是CIS开发实施的关键，能否开发成功一个完善的企业识别系统，主要依赖企业对理念识别的理解和建立。一般来说，企业理念的建立包括经营理念、经营方针、企业精神、企业价值观、形象口号等诸多要素。

考核评价

1. 考核分值比例。实际操作50%，实训报告30%，团队合作表现10%，实训表现10%。

2. 考核形式：教师评价40%，学生分组互评30%，学生自评30%。

项目八 品 牌 策 划

学习目标

知识的掌握：

- □ 识记品牌及品牌策划的相关概念
- □ 领会品牌命名、品牌设计、品牌定位策划应遵循的原则
- □ 掌握品牌定位、品牌延伸策略的策划方法

技能的提高：

- □ 初步具备品牌命名设计的基本能力
- □ 初步具备品牌定位策划，品牌延伸策划能力

项目描述

在充分领会品牌的相关概念前提下，掌握品牌设计、品牌定位策划的原则，掌握品牌策划的方法。

案例引导

旅游品牌故事

像讲故事一样对消费者传递一种亲切、友好的品牌概念，能够拉近旅游消费者与品牌之间的关系，极大地提升品牌忠诚度。

怎样才能让一个品牌的概念变成一个脍炙人口的神话、一则人人传颂的寓言呢？交广传媒旅游策划营销机构认为：这不仅需要“品牌大使”们始终如一地传达品牌故事，还少不了“市场影响者”们的理解和推广，才能被“品牌簇拥”者们接受和信奉。

除了自然资源之外，还要赋予很多动人的传说，比如说爱情圣地。人们说罗马是个非常浪漫的城市，其实罗马是一个起义的城市，不浪漫，那里的人们性格比较凶悍。但是有了《罗马假日》，罗马就有了这样一个爱情传说。廊桥遗梦也是因为一座桥使一个城市出

了名。中国也有这样的城市。在杭州，有断桥，有白娘子的传说。

树立品牌也需要讲故事，很多大品牌、个性十足的品牌，都是讲述品牌故事的高手。一般来说，旅游品牌的主要目的就是用情感和相关性将企业服务和消费者联系起来，为消费者创造一种迷人的、令人愉快和难以忘怀的消费体验。让我们看看如下案例。

一、银海游轮的故事

银海游轮的故事是将乘坐游轮周游世界变成奢华的时尚。银海游轮是艘豪华游轮，它已经连续七年被世界著名旅游杂志评为世界第一顶级游轮。这一切都源于他们的品牌故事。由《时尚》、《名利场》的御用摄影师FabrizioFerri和名模演员伊莎贝拉、罗西里尼出演，他们不负众望，为消费者演绎了一个奢华、优雅的风情故事。

这个品牌故事的创意是：伊莎贝拉、罗西里尼和FabrizioFerri一起乘坐银海游轮旅行，他们在旅途中的经历和照片被广泛刊登在了各大时尚媒体上，让乘坐银海游轮周游世界成为了一种奢华的时尚。

营销策划机构认为，动态的报道成为一个口口相传的品牌故事，这个故事是通过生动的画面，由消费者自己的口碑完成的。这个品牌故事不动声色，但异常成功。

二、凤凰古城的故事

相信很多人知道凤凰是从作家沈从文那篇《边城》开始的，小说中灵秀的山水、淳朴的民风、善良的翠翠给读者留下了深刻的印象，这种印象引发了游客前去旅游的潜在欲望，当游客在欲望的推动下实际前往后，就形成了某种意义上一次完美的营销。而湘西也适时推出“为了你的到来，凤凰等了千年”的宣传标语，每个到达凤凰的游客在看到标语的瞬间，内心都会涌起一股浪漫的感动。

在凤凰品牌的形成过程中，在景区和游客之间搭起桥梁的是沈从文先生和他的那篇名作，而凤凰的发展脉络中也几乎每处都闪现着沈从文先生的影子，这是景区品牌故事营销的一个好例子。

旅游品牌不必刻意去销售，只要跟消费者分享一个美好的故事！可口可乐做到了，所以它当仁不让成为价值670亿美元的全球第一品牌！中国的旅游品牌，想成为第一等的旅游品牌，先要成为故事的演绎者。

（资料来源：2008年12月11日中国营销传播网。作者：谭小芳）

任务一

品牌内涵及策划流程

一、品牌的内涵

随着商品经济的发展，品牌在现代营销中的作用越来越大。不仅生产经营者注重品牌，消费者在很大程度上也很在意消费品牌。市场注重品牌甚于商品，品牌的魅力超过商品的魅力。

美国市场营销协会对品牌下的定义是：“品种名称、术语、标志、符号或设计，或是它们的组合运用，其目的是借以辨认某个销售者的产品或服务，并使之同竞争对手的产品和服务区别开来”。而被誉为世界整合营销之父的唐·舒尔茨则认为，“品牌是为买卖双方所识别并能够为双方都带来价值的东西”。国际上公认一个品牌能够表达出六层含义：

1. 属性。品牌首先使人联想到某些特定的属性。例如，梅塞德斯（Mercedes）汽车代表昂贵、制造精良、耐用和较高的声誉等。

2. 利益。品牌反映出能带给消费者的利益。因为消费者购买的不是产品的属性而是产品所带来的利益，所以需要把属性转化为功能型或情感型利益。

3. 价值。品牌也能反映出制造商的某些价值观。梅塞德斯汽车包含的价值有：高效绩安全和名声。

4. 文化。品牌可以表达一定的文化内涵。梅塞德斯汽车包含的德国文化是：组织性、效率和高质量。

5. 个性。品牌也可能反映出一定的个性。如果把品牌联想为一个特定的个人、一个动物或一个物体的话，则梅塞德斯汽车可能使人联想起一位严谨的老板（人）、一头有权威的狮子（动物）或一座雄伟的宫殿（物体）。

6. 使用者。品牌建议或暗示购买及使用该产品的消费者类型，品牌反映出用户的形象。例如，拥有梅塞德斯汽车的消费者应该是成功的人士。

美国著名经济学家史蒂芬·列维曾有过这样一段经历：一天，他开车在马路上遇红灯，等待的时候，一个乞丐向他乞讨。他正要打开钱包，忽然发现那个乞丐戴着 ipod 耳机。这种耳机需要 50 美元，而史蒂芬本人使用的还只是 15 美元的耳机。于是，经济学家终止了他的施舍行为。可见，一件产品品牌在消费者心目中已经成了财富、身份、地位、价值等的符号。

二、品牌策划的流程

品牌策划的流程可以用图 8－1 来加以概述。

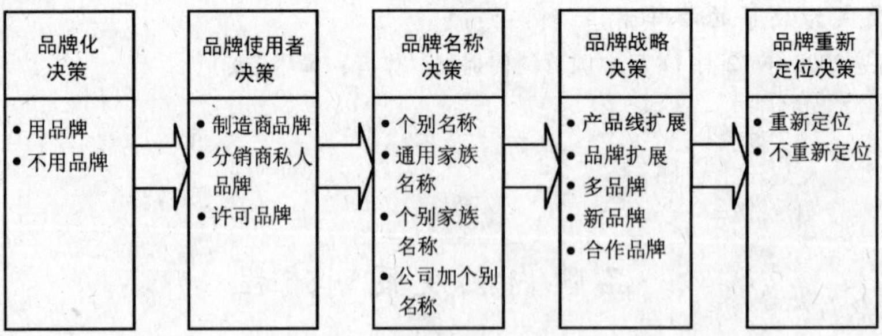

图 8－1　品牌策划的流程

依据品牌策划的流程，品牌策划的内容可分为品牌化策划、品牌使用者策划、品牌数量策划、品牌建设策划、品牌发展策划和品牌定位策划等。

（一）品牌化策划

品牌化决策，即决定该产品是否需要品牌。在激烈的市场竞争中，品牌是企业获取竞争优势的重要手段之一，它可以为企业赚取巨大的利润。但是，要使一个品牌成功进入市场，往往要花费巨额的费用，导致成本的增加，倘若经营失败，则弄巧成拙，会使企业信誉和其产品都受到不良影响。因此，企业首先要在是否使用品牌上作出正确的抉择。有的产品使用品牌的意义不大，不采用品牌的效果更好。

1. 使用品牌。企业使用品牌的目的是为了实施名牌战略。品牌在市场营销中有以下重要作用：

- 就产品而言，由于品牌是“整体产品”的一部分，它有助于在市场上树立产品形象，并成为新产品上市和推广的重要媒介。
- 就价格而言，通过品牌建立较高的知名度、美誉度，有利于制定较高价格，还可以降低消费者的价格敏感度。
- 就分销而言，由于品牌具有辨认作用，在形式上容易记忆，一方面，著名品牌更容易渗透和进入各种销售渠道；另一方面，企业也便于处理订货、运输、仓储业务。
- 就促销而言，品牌是制作各种促销信息的基础。品牌在产品质量上是企业形象的体现和信誉的保证，有利于吸引品牌忠诚者，品牌与企业形象联系起来，容易树立企业形象，便于宣传和促销。无品牌的产品，就像一个无名无姓的人，别人难以称呼，有关它的一切信息也不便流传。
- 就维护企业的利益而言，使用注册后的品牌（商标）可以使企业的产品得到法律的保护。

美国堪农毛巾公司与商店合作，在自己的产品出售时一部分加上堪农商标，一部分不加商标。结果，尽管毛巾质量完全一样，当售价相同时，有商标的毛巾销售量是无商标的三倍；将有商标的毛巾提价4美分，销售量还是无商标的两倍；最后，将有堪农商标的毛巾提价10美分，两者销售量才拉平。

2. 不用品牌。使用品牌有很多积极的作用，但并不是所有产品都必须使用品牌。一般在以下情况，企业多考虑不用品牌：

- 同性质产品，如电力、煤炭、钢材、水泥等，只要品种、规格相同，产品不会因为生产者不同而出现差别。
- 人们不习惯按品牌购买的产品，如食盐、食糖、大多数农副产品、原材料和零部件等。
- 生产简单、无一定技术标准的产品，如复写纸、小农具等。
- 临时性或一次性生产的产品。

（二）品牌使用策划

当企业决定自己的产品需要品牌后，就要进一步决定使用谁的品牌，此时企业可有三种选择：一是使用自己的品牌，即制造商品牌（如海尔）；二是使用别人的品牌，如中间商品牌或别的制造商品牌，即分销商品牌（如苏宁）或许可品牌（如麦当劳）；三是使用自己和别人共有的品牌，即混合品牌。作出品牌使用策划要全面考虑各方面因素，最关键的是要确认制造商和中间商谁在产品分销链上居主导地位，谁拥有更好的市场信誉和拓展市场的潜能。

1. **使用制造商品牌**。绝大多数生产者都使用自己的品牌，制造商品牌长期以来一直支配着市场。生产者使用自己的品牌，可以获得品牌带来的全部利益。享有盛誉的生产者可以将其品牌租赁给他人使用，从而收取一定的特许权使用费。例如，我国青岛啤酒品牌就与多家企业联营共同使用其品牌，使联营企业的产品可以借助青岛啤酒的名牌效应，迅速打开销路，同时青岛啤酒公司也可以收取一定的特许权使用费。

2. **使用中间商品牌**。随着商业的发展，中间商品牌得到了强劲的发展，近十几年来，美国等西方国家的大零售商、大批发商都在发展自己的品牌。例如，美国著名的商业公司西尔斯·罗巴克所经营的商品90%以上皆用自己的品牌。

使用中间商品牌的原因是：一方面，一些资金薄弱、市场经验不足的企业，为集中力量更有效地运用其有限的资源，宁可采用中间商品牌；另一方面，顾客对所需产品并不都是内行，缺乏选购知识，除了将制造商品牌作为选购依据外，还经常依据中间商品牌，愿意在商誉良好的商店购买。

中间商树立自己的品牌会带来一些问题：必须额外花费较大的促销费用以推广其品牌；要承担更大的风险，一旦消费者对某一种中间商品牌的产品不满，往往会影响其他品牌的销售。但同时，中间商使用自己的品牌也有许多好处，主要包括：中间商有了自己的品牌不但可以加强对价格的控制能力，而且可以在一定程度上控制作为供应商的生产者；中间商可以找到一些生产能力过剩、无力创立品牌或不愿自立品牌的厂家，使其使用中间商的品牌制造产品，这样可以减少一些不必要的费用，中间商就可以降低产品的售价，提高产品的市场竞争力。

作为生产者，是使用自己的品牌还是中间商的品牌，主要根据品牌在市场上的声誉。如果一个企业对市场不熟悉或者自己的品牌声誉远不及中间商的品牌声誉，就可以考虑使用中间商品牌，以便集中自己有限的资源去做对企业来说更有利的事情。

策划实例

家乐福的自有品牌

法国家乐福集团在中国各地的所有家乐福店里推出了400种自有品牌产品，如家乐福的洗发露、香皂、饼干、薯片、白砂糖、速溶方糖等。仔细察看顾客会发现，家乐福的洗发露、沐浴露等的生产商是“上海美臣化妆品有限公司”；香皂的制造商在南京；饼干的制造商在广州；薯片的制造商在江苏苏州；白砂糖的产地有广东和广西两地；速溶方糖的产地标明在广东佛山……与同类商品相比显得特殊的是，凡是家乐福自己的品牌商品都有一个醒目的导购标志。

（资料来源：屈冠银：《市场营销理论与实训教程》，机械工业出版社，2009年版。）

3. **使用混合品牌**。使用混合品牌是一种既用生产者的品牌又用经销商品牌的策略。这种策略有三种方式：

其一，生产者部分使用自己的品牌，部分批量卖给经销商，使用经销商品牌。这样既能保持本企业品牌的特色，又能扩大销路。

其二，为了进入新市场，企业先使用中间商的品牌，取得一定市场地位后再使用自己制造的品牌。

其三，两种品牌并用，即一种制造商品牌与一种中间商品牌或另一种制造商品牌同时用于一种产品，以达到兼有两种品牌各自的优点或说明某些不同的特点。

（三）品牌数量策划

对于那些决定使用自己品牌并且生产非单一产品的企业来说，下一步就是要对使用多少品牌作出决策。企业可以根据自身的具体情况选择使用以下几种策略：

1. **使用统一品牌**。这种做法是企业的各种产品使用相同的品牌推向市场，例如，美国通用电气公司的所有产品只用一个品牌——“GE”。采用这种策略的好处在于：可以节省发展新品牌的时间、费用；大量产品共用一个品牌可以显示企业的实力，提高企业的声望，形成“品牌伞”效应。新产品可以借助已有品牌的影响力，迅速打入市场而不必从零开始。在市场传播方面，企业可以集中力量突出品牌形象，同时也可以节约促销费用。

需要注意的是，在使用统一品牌时各种产品的质量水平应大体接近，如果质量水平参差不齐，势必影响品牌声誉，其他的产品也会受到一定程度的负面影响。

2. **使用个别品牌**。在这种策略下，企业不同的产品使用不同的品牌。如宝洁公司的洗衣粉使用了“汰渍”、“碧浪”，香皂使用了“舒肤佳”，牙膏使用“佳洁士”等。其主要优点在于可以有效避免企业的声誉不致因为个别产品表现不佳而受影响，同时可以为每种产品寻求最适当的品牌定位，有利于吸引顾客购买。但是这种做法需要企业投入大量的时间和费用，实力一般的企业无法承担多种品牌发展和市场传播所需的大量资源。

3. **使用分类品牌**。企业依据一定的标准将其产品分类，并分别使用不同的品牌。这种策略可以看做是上述两种策略的折中，可以兼收统一品牌和个别品牌两种策略的优点。例如。健力宝集团的饮料类产品使用健力宝品牌，而运动服装类产品使用李宁品牌。

4. **使用公司名称加个别品牌名称**。这种策略通常是把企业的名称和徽记作为统一品牌并与每一种产品的个别品牌联用。这样，在产品的个别品牌前面冠以企业的统一品牌，可以使新产品正统化，分享企业已有的声誉；在企业统一品牌后面跟上产品的个别品牌，又能使新产品个性化。例如，日本的丰田汽车，使用丰田卡罗拉、丰田凯美瑞和丰田皇冠等品牌。

思考与训练

选择一个较有影响的品牌，列举其品牌价值包含的多层涵义。

任务二

品牌建设策划

企业一旦决定使用自己的品牌，就必须积极进行品牌建设方面的策划。

一、品牌命名策划

品牌名称是品牌的核心要素，是形成品牌概念的基础。俗话说，“名不正则言不顺，言不顺则事不成”，这足以道出名称的重要性。因此，企业要想自己的产品畅销，除了产品质量有保障外，给产品起个好名字也是至关重要的。好的品牌名称既可以引起消费者的独特联想，还能反映产品的特点，有强烈的冲击力，增强消费者的购买欲望。例如，宝马汽车使人们联想到尊贵、成功，同时也反映了汽车制造工艺的优良等特点。

（一）品牌命名的类型

1. 根据品牌名称本身的含义，可将其划分为明喻式、隐喻式和空瓶式名称。

（1）明喻式名称，即直接用产品的属性或功能作为名称。一般在药品行业应用普遍，如感冒灵、醋酸氟轻松软膏、肠虫清等。这种命名方式除制药行业外，在其他行业很少运用，因此，应用范围窄小。

（2）隐喻式名称，即通过含蓄和暗示的手法，将产品的功能或特征表达出来的名称。1920 年，美国的 CocaCola 开始进入中国市场，当时的译名为“蝌蝌啃蜡”。当数千个这样的广告牌竖立起来后，CocaCola 公司才发现这蹩脚的“英译汉”既让人不知所云，作为饮品又令人不忍入口。1979 年，CocaCola 重返大陆时，公司负责亚洲市场的部门在英国伦敦征求中文译名，一位中国著名学者恰好留学英国，他以“可口可乐”这个名字一举夺魁。“可口可乐”暗喻饮料有良好的口感，使人舒心快乐。时至今日，在中国，可口可乐可谓家喻户晓，妇孺皆知。

（3）空瓶式名称，即名称本身没有任何含意，不会让消费者产生任何联想。如 MJB、Wendys、华达等。

2. 按照品牌名称的文字类型，可以将品牌命名划分为文字型品牌、数字型品牌。其中，文字型品牌指的是品牌完全由文字的组合来命名，这种品牌命名方式最为常见，如中国一些知名品牌：海尔、长虹、全聚德等，以及国外的 Microsoft 等。数字型品牌则是指品牌完全由数字或数字较多的组合来命名，因为阿拉伯数字通行全球，所以这种品牌名具有简洁、醒目、易读和易记的特点，例如 999 感冒灵，“555”香烟和 3M 等。

3. 按照品牌名称的出处，可将品牌命名分为人名品牌、动植物名品牌、地名品牌和独创品牌。

（1）人名品牌名称。以人物姓名作为商品品牌的名称，这些人物大多是企业的创业者、设计者或知名人物。例如，“奔驰”（BENZ）取自汽车发明人 Benz 先生的名字，其他如“王麻子”剪刀、“李宁”运动服、王安电脑、福特汽车以及麦当劳、劳斯莱斯等取自人名。

（2）动植物命名品牌名称。以动植物命名品牌名称很多，其中，以动物命名的品牌常常能给消费者留下深刻印象。著名的有 Puma（汉译为“彪马”）、熊猫、金狮、白兔、鳄鱼等。以植物名称作为品牌名的有苹果电脑、两面针牙膏、牡丹牌电视机、菊花牌电扇、梅花牌香皂等。

（3）地名品牌名称。即以产品的出产地或所在地的山川湖泊名胜的名称作为品牌名称。例如，茅台酒、青岛啤酒、科涅克（干邑）白兰地、香槟葡萄酒、勃郎峰牌金笔及万宝路、桑塔纳等都是地名或地名的演变。以地名命名时，要注意地名要有特色，要有一定的知名度，要有利于产品品牌的推广。

（4）独创品牌名称。以企业名称或功能名称的缩写词来对品牌进行命名，这种命名方式的好处是简单易记、特色鲜明，在电子类产品中运用的较多。例如，国际商用机器公司（International Business Machine），简称为“IBM”，日本的索尼公司以“Sony”作为品牌名称等。

4. 按照品牌的特性，可将品牌命名划分为功能性品牌、效果性品牌和情感性品牌三种类型。

（1）功能性品牌。指产品以其自身功能、效用、成分或用途等来命名，如药品中的感冒灵、六必治，洗涤领域的舒肤佳香皂、佳洁士牙膏和海飞丝洗发水等。

（2）效果性品牌。即刻意在向消费者传递产品在某方面具有很强满足能力的价值信息，以期待在消费者心目中建立深刻印象，如针织行业的名牌“宜而爽”和化妆品“益肤霜”等。

（3）情感性品牌。即通过情感增加产品与消费者精神方面的沟通，以期消费者对产品产生情感上的共鸣，如“乐百氏”愿将欢乐随产品送给千家万户，“万家乐”让千家万户快乐等。

（二）品牌命名策划原则

1. 易读易记原则。易读、易记原则是对品牌名称的最基本的要求。品牌名称只有易读、易记，才能高效地发挥它的识别功能和传播功能。这就要求品牌经营者在为品牌取名时，要做到以下几点：（1）简洁；（2）独特；（3）响亮；（4）有气魄。

2. 注重文化意蕴。富有文化意蕴的品牌既体现了企业的精神面貌，又容易赢得消费者的好感。拥有丰厚文化底蕴的品牌，无论是对内还是对外，都会产生强大的感召力和激发力。在中国这样一个拥有五千年历史的国家，给品牌起个具有文化底蕴的名字尤其重要。这方面做得出色的例子很多，例如，山西杏花村酿酒公司利用唐代诗人杜牧的名篇《清明》中的“借问酒家何处有，牧童遥指杏花村”的著名诗句，把汾酒定位为中国悠久的酒文化的代表而使汾酒名扬四海；化妆品 Revlon 的中文译名为“露华浓”，则巧妙地借鉴了古诗“云想衣裳花想容，春风拂槛露华浓”的优美诗句。

3. 启发品牌联想原则。这是指品牌名称要有一定的寓意，让消费者能从中得到愉快的联想，而不是指消极的品牌联想。例如，下列品牌名称能让人引发相关的品牌联想，“孔府家酒”：悠久的历史，灿烂的文化；中国的儒文化，高品位。“健力宝”：运动、强健的体魄、各种运动会。相反，有的品牌名称起得不好，容易引起人们的反感，甚至引起法律纠纷。例如，河南一家食品厂曾为其生产的火腿肠起名“少林”牌，广告语“少林功夫无敌天下，少林火腿名扬中华”，给人造成一种错觉，似乎少林寺的和尚们与火腿肠有着某种联系。产品上市后，引起了少林寺僧人和宗教界人士的不满。

4. 适应市场环境原则。品牌名称要适应市场，更具体地说要适合该市场上消费者的文化价值观念。品牌名称不仅要适应目前目标市场的文化价值观念，而且也要适应潜在市场的文化价值观念。文化价值观念是个综合性的概念，它包括风俗习惯、宗教信仰、价值观念、民族文化、语言习惯、民间禁忌等。不同的地区具有不同的文化价值观念。因此，营销策划者要想使品牌进入新市场，首先必须入乡随俗，有个适应当地市场文化环境并被消费者认可的名称。

5. 受法律保护原则。营销策划者还应注意，品牌名称一定要能够注册，受到法律的保护。

二、品牌标识策划

（一）品牌标识概念与作用

品牌标识是指品牌中可以被识别，但不能用语言表达的部分，也可以说它是品牌的图形记号。如可口可乐的红颜色圆柱曲线、奔驰汽车的三叉星环、麦当劳的黄色“M”等。

品牌标识与品牌名称都是构成完整的品牌概念的要素。品牌除了要有好的品名，还应有好的标识设计，两者相互融合，并与产品相映成辉，相得益彰。品牌标识设计就是选择特定的表现元素，结合创意手法和设计风格去表现品牌内涵，达到品牌名称和品牌标识的统一创造性的工作。

品牌标识有下列作用：

- 引发品牌联想，尤其能使消费者产生有关产品属性的联想。
- 促使消费者产生好感。
- 充当公众识别品牌的指示器。风格独特的品牌标识是帮助消费者记忆的利器。例如，当消费者看到四个圆圈时，立刻就会想到奥迪汽车；看到“两只小鸟在巢旁”，就知道这是他们要购买的雀巢产品，等等。

（二）品牌标识的类型

品牌标识是一种视觉语言，它通过一定的图案、颜色来向消费者传输某种信息，以达到识别品牌、促进销售的目的。品牌标识可以根据其造型、构成因素和内容等的不同来加以分类，如按品牌标识的内容可分为：名称性标识（IBM）、解释性标识（苹果电脑那只诱人的苹果）和寓意性标识。

（三）品牌标识的设计原则

品牌标识要和品牌名称紧密地联系在一起，这样两者才能相得益彰，突现整个品牌的亮点，赢得消费者的青睐。品牌设计策划者在进行品牌设计策划时，应当遵循以下几个原则：

1. 简洁鲜明原则。品牌标识不仅是消费者辨认品牌的途径，也是提高品牌知名度的一种手段。品牌标识在设计上其图案与名称应简洁醒目，易于认知、理解和记忆。同时还要求设计风格特色鲜明，使标识具有出奇制胜的视觉效果，易于捕捉消费者的视觉，以引起注意，产生强烈的感染力。如耐克（NIKE）的形似对钩的红色标记，不但简洁明了，而且使人感到新奇和独特，从而给消费者留下深刻的印象。

2. 独特新颖原则。品牌标识是用来表达企业或产品的独特个性，又是以此为独特标记，要让消费者识别出独特的品质、风格和经营理念。因此，在设计上必须别出心裁，使标识富有特色、个性显著，使消费者看后能留下耳目一新的感觉。创立于1977年的苹果电脑公司的经营者之所以将公司命名为“苹果”，是由于圆型的苹果——象征着简单而圆满之意；产品的标识是一个被咬掉一大口的红苹果，反映出公司的经营宗旨，即要发展一切易于掌握和使用的电脑，极新颖又独特，给消费者留下了深刻的印象。

“M”这个很普通的字母，对其施以不同的艺术加工，就形成表示不同商品的标记或标志：鲜艳的金黄色拱门“M”是麦当劳的标记，由于它棱角圆润，色调柔和，给人自然亲切之感。

摩托罗拉（Motorola）的“M”虽然也只取一个字头“M”，但是，摩托罗拉充分考虑到自己产品的特点，把“M”设计得棱角分明，双峰突起，突出了自己在无线电领域的特殊地位和高科技的形象。

3. 易懂易记，引发联想。品牌策划所蕴含的信息，要使人容易明白，这样消费者才容易记忆，如果消费者无法理解品牌所承载的信息，就无法达到品牌与消费者之间的沟通。同时，好的品牌设计能够给消费者以意会、机智或趣味方面的心理享受，引发联想。例如，北京“同仁堂”品牌的设计，“同仁堂”三字由与清宫有密切关系的书法大家启功先生所写，力道十足，同时“同仁堂”三字的周围由两条戏珠飞龙来环绕，整个品牌的设计，不但易懂易记而且会使人引发一种历史悠久、至高无上的联想。

4. 优美精致原则。优美精致原则是指品牌标识造型要符合美学原理，要注意造型的均衡性，使图形给人一种整体优美、强势的感觉，保持视觉上的均衡。并在线、形、大小等方面作造型处理，使图形能兼具动感及静态美。

思考与训练

围绕一特定产品分组讨论，尝试设计出有特色的产品的名称。

任务三

品牌定位策划

品牌定位是指企业在市场定位和产品定位的基础上，对特定的品牌在文化取向及个性差异上的商业性决策，它是建立一个与目标市场有关的品牌形象的过程和结果。换言之，即指为某个特定品牌确定一个适当的市场位置，使商品在消费者的心中占领一个特殊的位置。品牌定位是品牌建设的基础，也是品牌经营成功的前提。

品牌定位是品牌营销的前提，对企业开发、拓展市场起着导航的作用。成功的品牌定位，能够在消费者心中树立鲜明的、独特的品牌个性与形象，为建立品牌竞争优势打下坚实的基础。

品牌定位是针对消费者进行的，为了达到定位的目的，品牌定位的策划者和实施者要深刻了解消费者的认知模式。同时，遵循一些基本的定位原则也是必要的，这有助于更好地进行品牌定位。

一、品牌定位的原则

（一）品牌定位应实现品牌核心价值的差异化

成功的品牌定位策略，首先应能制造差异，制造特色，能使品牌从竞争品牌中凸显出来，有差异的、与众不同的事物才能够吸引人的注意力。在生活多姿多彩的当今社会，个性化消费渐成时尚，没有一个品牌可以成为“大众情人”，对所有的消费者都产生吸引力。此外，媒体爆炸，信息迅速膨胀，使消费者身处广告海洋的包围之中，一个品牌的核心价值若与其他竞争品牌没有鲜明的差异，就很难引起公众关注。例如，在品牌多如牛毛的洗发水市场上，海飞丝洗发水定位为可去头屑的洗发水，这在当时是独树一帜的，因而海飞丝一推出就立即引起消费者的注意，并认定它不是一般的洗发水，而是具有去头屑功能的洗发水。当消费者需要解决头屑烦恼时，很自然第一时间就想到它。

（二）定位策略应符合市场导向

任何一件产品不可能满足所有消费者的需求，任何一个品牌只能以部分顾客为其服务对象，才能充分发挥优势，提供更有效的服务，因而明智的公司会根据消费者需求的差别将市场细分化，并从中选出具有一定规模和发展前景、符合企业的目标和能力的细分市场作为其目标市场。确定了目标消费者还远远不够，因为这时公司还是处于“一厢情愿”的阶段。企业还需要将产品定位在目标消费者所偏爱的位置上，并通过一系列推广活动向目标消费者传达这一定位信息，让消费者认可并感到这一品牌就是自己所需的，这样才能真正占据消费者的心。

策划实例

水 晶 之 恋

喜之郎果冻是中国最具影响力的果冻品牌，市场占有率高达83%。为了进一步拓展市场，喜之郎推出子品牌——水晶之恋，水晶之恋界定了自己的目标市场——年轻情侣。营销策划人员从一开始就围绕着年轻情侣的特点做文章，品牌命名为“水晶之恋”，喻为“水晶般尊贵浪漫的恋情”，同时在产品的样式上将果冻的造型由传统的小碗式改为心形，封盖上两个漫画人物相拥而望；水晶之恋礼盒则是一个心形的盒子里面装有若干种心形果冻；产品的颜色有蓝色、紫色、粉色，每种颜色的果冻都有不同的名字和浪漫物语。绿色——真的好想见到你；紫色——好想你抱紧我；黄色——好想跟你说对不起；红色——好想天天跟你在一起；透明——真的不能没有你；粉红——爱你一生不变……喜之郎果冻抓住了年轻人向往“水晶般尊贵浪漫的恋情”的心理诉求，取得了成功。

（资料来源：杨明刚：《营销策划创意与解读》，上海人民出版社，2008年版。）

（三）以产品特点为基础

品牌是产品的形象代表，产品则是品牌的物质载体。二者相互依存的紧密关系决定了策划人员在进行品牌定位策划时，必须考虑产品的质量、性能、用途等方面的特点。品牌定位包含了产品定位，这种定位不是信手拈来，而是来自于产品与生俱来的特点，否则，这种定位就失去了物质层面的支撑，是站不住脚的。例如，我国的农夫山泉“有点甜”以及“天然水”的定位就是来自于产品实实在在的特点，如果产品不具有这种特点，那么这些定位就无法取得成功。

（四）品牌定位要以情动人，情理交触

瓦尔特·玄纳特在《广告奏效的奥秘》一书中指出：人，首先依赖于感情，其次才依赖于理智；大家经常谈论的“理智之人”根本就不存在。可见，品牌定位的“以情动人”至关重要，情理交融则几近完美。任何企业在品牌定位时都不能忘记这一点，不可忽视这一点。

策划实例

贝尔经典亲情广告

一天傍晚，一对老夫妇正在进餐，这时电话铃响了，老太太去另一个房间接电话。回到餐桌后，老先生问他：“是谁来的电话？”老太太回答：“是女儿打来的。”老先生又问：有事吗？”老太太说：“没有。”老先生惊讶地问：“没事？几十里地打来电话？”老太太道：“她说她爱我们！”两位老人相对无言，激动不已。这时，旁白道出：“用电话传递你的爱吧——贝尔电话！”

（资料来源：屈冠银：《市场营销理论与实训教程》，机械工业出版社，2009年版。）

二、常见的品牌定位策略

（一）利益定位

所谓利益定位，就是将产品的某些功能特点与消费者的利益联系起来，向消费者承诺产品能带给其某种利益。利益定位可以突出品牌的个性，增强品牌的人文关怀，从而获得消费者的认可。利用利益定位时，利益点的选择不宜太多，最好不要超过两个，因为消费者对信息的记忆是有限的，也不喜欢复杂的品牌信息，因此一般说来，利益点以单一为好。采用利益定位策略例子不少，例如，“高露洁，没有蛀牙”；“保护嗓子，请选用金嗓子喉宝”等。

（二）情感定位

情感定位是利用品牌带给消费者的情感体验而进行定位的，它立足于激起消费者的联想和共鸣，进而促使其购买产品。情感定位要着重考虑品牌与消费者之间的情感沟通，让品牌和消费者产生联系。同时，情感是维系品牌忠诚的纽带，有效的品牌建设需要与人们的情感建立恰当而稳固的联系。采用情感定位策略的例子有：海尔的“真诚要永远”；伊莱克斯冰箱的“好得让您一生都能依靠，静得让你日日夜夜察觉不到”；纳爱斯雕牌洗衣粉的“妈妈，我能帮您干活啦”，等等。

（三）USP 定位

USP 是英文 Unique Selling Proposition 的缩写，中文的意思为“独特的销售卖点”。USP 定位，是在对产品和目标消费者进行研究的基础上，在产品特点中寻找最符合消费者需要的、竞争对手欠缺的、最为独特的部分，并以此部分作为品牌的定位。在同类产品品牌众多、竞争激烈的情形下，运用 USP 定位可以突出品牌的特点和优势，让消费者按照自身偏好将不同品牌在头脑中排序，置于不同的位置，在有相关需求时，可便捷地选择品牌。许多企业在品牌定位时采用了这一策略，例如，乐百氏纯净水的“27 层净化”；M&M 巧克力的“只溶在口，不溶在手”，等等。

（四）空档地位

所谓空档定位，指的是找出一些为消费者所重视而竞争者又未开发的空档作为品牌的定位。空档定位策略关键在于能够善于发现这样具有商业价值的市场空档并及时加以实施。一般说来，市场空档主要有时间空档、年龄空档、性别空档、使用量上的空档、价格空档等。空档定位有利于品牌避开激烈的竞争，往往能达到另辟蹊径、出奇制胜的效果。

（五）比附定位

所谓比附定位，是通过与竞争品牌的比较，借助竞争者之势，衬托自身品牌形象的一种定位策略。比附定位的目的是通过品牌竞争提升品牌自身的知名度和价值。一般说来，只有与知名度、美誉度高的品牌作比较，才能抬高自身品牌的身价，比附定位所选择的比照对象主要是有较好市场业绩和良好声誉的品牌。这样在消费者欣赏并记住这些强势品牌时，也让作为陪衬级别的自身品牌分到消费者注意力的“一杯羹”。运用比附定位策略取得成功的经典案例当推艾维斯租车公司，其主动承认自己不如竞争对手赫兹公司，推出了“我们第二，所以更努力”的品牌新形象，消费者被艾维斯租车公司的谦虚诚恳所打动，很快地信任并接纳了“新”的艾维斯，其品牌定位取得了巨大的成功。

（六）产品类别定位

所谓产品类别定位，是把产品与某种特定的产品种类联系起来，以建立品牌联想。产品类别定位力图在消费者心目中造成该品牌等同于某类产品，已成为某类产品的代名词。七喜汽水的“非可乐’的定位是借助类别定位的一个经典案例，不仅避免了与可口可乐和百事两大巨大的正面竞争，还巧妙开辟了可乐饮料之外的另一选择，取得了巨大的成功。

（七）文化定位

所谓文化定位，是指将某种文化内涵注入品牌之中，形成文化上的品牌差异。文化定位将普通商品升华为情感象征物，更易获得消费者的心理认同和情感共鸣，使产品深植于消费者的脑海中，达到稳固和扩大市场的目的。这方面的品牌定位策略也不乏例子，例如，孔府家酒将自己定位于“家酒”；七匹狼品牌形象则着眼于“勇往直前、百折不挠、积极挑战人生的英雄气概”；张裕红酒的“传奇品质，百年张裕”；等等。

（八）目标消费者定位

所谓目标消费者定位，是把产品和消费者联系起来，以某类消费群体为诉求对象，突出产品专为该类消费群体服务，从而树立独特的品牌形象。目标消费者定位策略直接将品牌定位于产品的使用者，依据品牌与目标消费者的生活形态和生活方式的关联作为定位。例如，“太太口服液，十足女人味”；“百事可乐，新一代的选择”；广东客家酿酒行业的“女人自己的酒”，等等。

（九）首席定位

即追求品牌成为本行业中领导者的市场地位，常用的有市场占有率第一、销售量第一等。在信息爆炸的社会里，消费者会筛选掉大部分信息。据调查，一般消费者只能回想起同类产品中的7个品牌，而名列第二的品牌的销售量往往只是名列第一的品牌的一半，名列第三的品牌的销售量往往是名列第二的品牌的销售量的一半。名列第一的品牌的知名度最高。人们头脑里容易记住美洲的发现者、第一个登上月球的人、第一个跑过终点的冠军的名字以及其他许多第一次而不是第二次遇到的人或事，这就是营销策划者拼命争夺首席定位的原因。这种“第一”就是要寻找甚至创造性地发现或制造这种空白点。七喜的“非可乐”定位，第一个叫出了“非可乐”饮料这个名称；娃哈哈把纯净水的情感演绎得相当彻底，第一个把水与美、情、清纯关系表达得这样透彻，这就是第一的功效。

（十）高级俱乐部策略

即强调自己是某个具有良好声誉的小集团的成员之一。企业如果不能取得第一位和某种独特的属性，采取这种定位策略不失为一种良策。例如，美国克莱斯勒汽车宣称自己是美国“三大汽车公司之一”，这使消费者觉得这三家汽车公司都是最佳的，当然，市场上名列第一的企业是不会用这种定位策略的。

思考与训练

1. 要求学生策划一家特色门店，并进行 USP 定位。
2. 模拟一项产品或服务，并对其进行品牌定位。

任务四

品牌发展策划

当一个企业的品牌已经获得了成功品牌的声誉时，为了使该品牌发挥更大的作用，企业往往借助该品牌推出改进型产品或新产品，这是品牌发展的一种特殊策略，通常被称为“品牌延伸”。同时企业也可以为同一种产品使用两个或两个以上的品牌，这种策略被称为“多重品牌策略”。品牌发展策划一般就在这两种策略下进行的。

一、品牌延伸的含义及作用

所谓品牌延伸，是指在已有相当知名度和市场影响力的品牌基础上，将原品牌运用到新产品或服务上，以期望减少其进入市场风险的一种营销策略。品牌延伸有纵向延伸和横向延伸。

- **品牌纵向延伸**，指的是企业成功推出某个品牌后，再推出新的经过改进的该品牌产品，从而不断升级该产品但其品牌却不变。例如，宝洁公司先推出飘柔洗发液，后来又推出新一代的飘柔洗发液。
- **品牌横向延伸**，指的是把成功的品牌用于新开发的不同产品。例如，娃哈哈集团先后以娃哈哈为名推出了口服液、果奶、纯净水和服装等一系列产品。一般来讲，品牌的横向延伸比纵向延伸的风险要大得多。

由于品牌延伸具有能增加新产品的可接受性、减少消费行为的风险性、提高促销性开支使用效率、满足消费者多样性需要以及减少新产品导入市场的成本等多项功能，它受到越来越多企业的青睐。

但是，品牌延伸又具有极大的潜在风险，一旦延伸不当，就会产生诸如“损害原品牌形象”、“淡化品牌个性”、“消费者产生心理冲突”等一系列消极后果。

例如，三九集团以“999 胃泰”起家，品牌定位在“一种关怀你的，有效的胃药”。企业的品牌经营也取得了成功，以致于消费者把“999”视为胃泰这种药物的代名词。然而，三九集团随后将“999”品牌延伸到生产的啤酒上。虽然广告称“九九九冰啤酒，四季伴君好享受”，但是消费者仍旧会马上联想起“999 胃泰”这种药，因而啤酒销售大打折扣。

二、品牌延伸策略

品牌延伸按照延伸产品的性质可以分为三类：倘若延伸产品与旗舰产品属于同一类产品，则这种延伸就称为产品延伸；如果延伸产品与旗舰产品不属于同类产品，但性质一样，例如，两者都是食品，这种延伸便称为名称延伸；若是两者既不是同类产品，也不是同性质的产品，这种延伸就称为概念延伸。这三种延伸策略的成功运用需要一些不尽相同的前提条件。

（一）产品延伸策略

产品延伸中不同的产品拥有相同的品牌名称。倘若产品延伸中不同的产品在价格上差异不大，这种延伸就是横向产品延伸，如，农夫果园由混合果汁饮料延伸出 100%橙汁、100%胡萝卜果蔬汁。倘若价格有较大差异的话，就是纵向产品延伸。如同一轿车品牌中有不同价格档次的车型：技术领先型、运动型、基本型、豪华型等。

横向产品延伸多见于非耐用消费品，而纵向产品延伸则多见于耐用消费品。

美国的派克钢笔质优价高，是身份和体面的象征，许多成功人士都喜欢使用派克笔。然而，当公司利用派克品牌生产每支售价 3 美元的低档笔以期扩大市场占有率时，派克公司非但没有打入低档笔市场，反而丧失了一部分高档笔市场。其市场占有率大幅度下降，竞争力锐减。错误的品牌沿伸，破坏了派克在消费者心目中的高贵形象。

（二）名称延伸策略

有研究表明，当延伸产品处于生命周期的成熟阶段时，名称延伸策略尤其有效。研究结论是，名称延伸策略可以成为突破消费惯性的手段。这里的消费惯性指的是消费者对现有成功品牌的偏好。产品延伸在产品生命周期的早期最有效，而单从进入市场的角度来看，名称延伸则在产品生命周期的晚期更为有效。

名称延伸策略也是为了把旗舰产品的形象转移到延伸产品上。影响名称延伸策略成功的因素有：品牌附加值水平、旗舰产品与延伸产品的相匹配程度。品牌附加值包含三个元素：感受功效、社会心理含义以及品牌名称认知度。旗舰产品与延伸产品的相匹配程度也包含了三个因素：产品相关性、目标群体的相似性及视觉上的相似性。

（三）概念延伸策略

概念延伸是指将现有品牌用于不同于旗舰产品性质的新产品上，例如，娃哈哈由食品延伸到童装上。这类品牌延伸的命名来源于“品牌是一种概念（或观念）”的理念，如李宁的“一切皆有可能”，耐克的“Just do it”等。

影响概念延伸成功的因素有：旗舰产品与延伸产品的相匹配程度、品牌的附加值水平。在两种产品的匹配方面，概念延伸中旗舰产品与延伸产品的差别往往非常大，两者在外观上也可能显著不同。

概念延伸决策要解决的实际问题是，确定哪个品牌的社会心理含义较高，这种社会心理含义（或称为“感受世界”）能给消费者带来哪些品牌附加值，哪些新产品有助于强化该品牌给消费者带来的感受世界。通过概念延伸，品牌概念应在消费者心目中得到强化，只有这样的概念延伸才是成功的。“宝马”由汽车延伸到服装，“万宝路”由香烟延伸到牛仔服、腰带等，都使得原有的品牌的形象得到了加强，可谓是成功的概念延伸的例子。

三、品牌延伸的准则

（一）品牌延伸应符合品牌的核心价值

品牌的核心价值，是指品牌承诺消费者的功能性、情感性及自我表现性利益。品牌核心价值是品牌的精髓，是一个品牌区别于另外一个品牌最为显著的特征，是品牌一切资产的源泉。一个品牌最中心、最独一无二、最不具时间性的要素就是其核心价值。例如，微软是“高科技软件”的代名词，劳斯莱斯象征着“贵族风范”，万宝路代表了“牛仔形象”，耐克被物化为“体育精神”等。一个成功的品牌有其独特的核心价值，若这一核心价值能包容延伸产品，就可以大胆地进行品牌延伸。这也意味着：品牌延伸应以尽量不与品牌原有核心价值与个性相抵触为原则。例如，登喜路（Dunhill）、都彭（S. T. Dupont）、华伦天奴（Valentino）等奢侈消费品品牌麾下的产品一般都有西装、衬衫、领带、T恤、皮鞋、皮包、皮带等，有的甚至还有眼镜、手表、打火机、钢笔、香烟等跨度很大、关联度很低的产品，但却成功地共用一个品牌。根本原因在于这些产品都能提供一种共同的效用，即身份的象征，能让人获得高度的自尊和满足感，符合这些奢侈消费品品牌的核心价值。相反，派克生产3~5美元的低档钢笔惨遭失败，原因是新产品与原有的品牌核心价值相抵触，派克的品牌延伸破坏了品牌的核心价值，有损派克的高贵形象。

（二）新老产品之间尽量要有较高的关联度

这一原则实质上是由品牌的核心价值原则延伸出来的。其实关联度高只是表象，关联度高导致消费者会因为同样或类似的理由而认可同一个品牌才是实质。关联性一般可体现在产品的功能、生产技术、目标市场、价格档次等方面。比如，选择奶粉、柠檬茶、咖啡时都希望品牌能给人一种“口感好、有安全感、温馨”的感觉，于是具备这种感觉的雀巢旗下的奶粉、咖啡、柠檬茶都很畅销；国内的好孩子品牌针对儿童这一目标群体，将品牌延伸到婴儿童车、纸尿裤、童装也取得了成功。

（三）服务系统相同

服务系统相同是指延伸产品与核心产品的售前和售后服务应当一致，以使消费者不会产生差异感，使他们产生“和核心产品一样好”的感觉，这样延伸品牌就不会伤害核心品牌的定位。如果延伸品牌的服务系统不如核心品牌的服务系统，就会导致消费者改变对核心品牌的原有价值的认知。因此，品牌经营者进行品牌延伸决策之前，必须对延伸品牌的目标市场进行调查，以识别消费者最重视的主要服务项目及其相对重要性是否与核心品牌相同，如果不同，就不宜进行品牌延伸。

（四）品牌延伸不能超出限度

品牌的核心价值决定了任何一个品牌都不可能适合于所有的领域以及所有的产品，因此品牌延伸是有限度的。企业在实施品牌延伸之前应当明确，延伸产品并不是越多越好，一旦品牌延伸战线拖得太长，往往是每一个新产品推广所需的资源就会缺乏，而且新产品脱离品牌核心价值的危险增大，这就增添了企业的经营风险。应该清醒地认识到品牌延伸是一把双刃箭。

四、多重品牌策划

多重品牌指的是企业在同一产品中设立两个或多个品牌。这种品牌发展策略原创于美国宝洁公司，并且该公司在推行多重品牌策略的过程中取得了巨大的成功，其旗下的品牌多达300多个，每个品牌都有其独特的属性，且知名度很高，仅洗发水在中国市场上就有飘柔、海飞丝、潘婷、沙宣和润妍等。多重品牌策略后来被许多企业广泛地使用，如美国的通用汽车公司有凯迪拉克、别克、雪佛莱和庞蒂克等品牌；我国科龙集团的空调有容声、科龙、华宝和三洋科龙等品牌。

（一）多重品牌策略的优势

多重品牌策略之所以对企业具有很大的吸引力，原因在于多重品牌发展策略具有以下几点优势：

1. 多占货架面积。一种产品多个品牌可以取得更多的货架面积，增加了企业产品被消费者选中的机会。

2. 给低品牌忠诚者提供更多的选择。由于低品牌忠诚者或无品牌忠诚者常发生品牌转移，截获品牌转移者的唯一方法是提供多个品牌。

3. 降低企业风险。没有将企业的美誉维系在个别品牌的成败上，有效地分散了企业的经营风险。

4. 鼓励内部合理竞争，激扬士气。同类产品的不同品牌管理者之间适度地竞争，能提高士气和工作效率。

5. 各品牌具有不同的个性和利益点，能吸引不同需求的消费者，这一点是多重品牌策略最本质的竞争优势。

同时，品牌策划者应当清楚，多重品牌策略存在消耗时间和金钱多、品牌管理难度大等问题。因此，多重品牌策略一般适合于资金实力雄厚、产品市场规模大且管理能力强的企业。

（二）多重品牌运用策略

第一，各品牌之间实施严格的市场区隔并协同对外。

企业引入多重品牌的目的在于用不同的品牌去占领不同的细分市场，联手对外去夺取竞争对手的市场份额。如果引入的新品牌与原有品牌没有明显的差异，就会造成企业内部品牌之间的竞争，造成“自己打自己”的局面。这时，引入的新品牌对企业来讲就没有多大的意义。

第二，各个品牌都要具有足够吸引力的独特买点。

多重品牌策略的本质是通过各品牌独特的买点的差异化来占领不同的细分市场。独特的买点包括产品的功能、特色、价格等方面，其造就了品牌的鲜明个性，给了品牌自身发展的空间，这样就不会造成目标市场的重叠。比如，宝洁公司旗下的飘柔洗发水的独特买点是“头发飘逸柔顺”，而潘婷洗发水的独特买点是“乌黑亮泽”。

第三，在营销传播上应充分体现各品牌之间的差异。

不同的品牌在营销传播上应体现出各自的差异，凸现其个性。宝洁公司的飘柔与潘婷在品牌传播上就充分显示了这两个品牌之间的差异。飘柔把模特的头发拍得飘逸柔和、丝丝顺滑，梳子一放到头上就掉了下来的镜头特别传神地表现出这一点；而潘婷则主要表现了头发乌黑亮泽的特点。

第四，多重品牌策略要依据产品和行业的特点而实行。

相对来说，生活用品、食品、服饰等行业适合采用多重品牌策略，而电器类等行业适合采用品牌延伸策略。例如，松下、日立和夏普，无论是洗衣机、彩电、音箱、空调还是冰箱都采用的是同一品牌。这主要因为消费者对电器类产品最为关注的是产品在技术、品质上的保障，而非产品的个性。

第五，各品牌所面对的细分市场具有规模性。

若某一品牌所针对的细分市场的容量较小，销售额无法支持一个品牌生存和成功推广所需的费用，就不能实施多重品牌策略。例如，台湾地区的日用品企业就很少运用多重品牌策略，因为食品、日常用品的市场容量是以人口数量为基础的，而台湾地区的人口数量才两千多万，任何一种食品、日常用品的市场容量都是有限的，其细分市场的规模就更小了，不足以支持一个品牌的生存和发展。

思考与训练

1. 选择一个有成长性的产品，尝试对其进行品牌延伸。
2. 选择一个典型案例组织学生分组讨论，说明多品牌策略的优势。

复习思考题

1. 阐述品牌的涵义。
2. 品牌命名应遵循哪些基本原则？品牌设计应遵循哪些基本原则？
3. 品牌定位的原则？
4. 列举几种常用的品牌定位策略并说明该定位策略追求的市场效果。
5. 什么是品牌延伸？品牌延伸有哪些类型？
6. 怎样理解品牌延伸策略的双刃剑特征？

7. 为什么纵向产品延伸容易失败？

案例分析

迪斯尼的品牌战略——打造娱乐品牌

美国资深品牌顾问公司"Interbrand"，1999年对全球著名品牌的市场价值进行了调查，迪斯尼排名第六，也是其中唯一的娱乐产业品牌。其排名依据是：品牌的地域伸展力，在主要市场上的形象，公司财政的透明度。这个排名反映了品牌的市场价值，同时也反映了品牌为企业赢利的能力。迪斯尼公司推崇品牌至上，视品牌如生命，因为有强烈的品牌意识，所以公司从一开始就不断积累品牌资产。迪斯尼坚信：只要东西好，我们就可以把大众的钱吸引过来。

（一）设计完美的品牌外部形象

迪斯尼的名称来源于它的创始人沃尔特·迪斯尼，这是一种用人名命名的方法，品牌联想命名使消费者借物思人，因人忆物。人与物建立了联系，因而引起联想，激发购买兴趣。迪斯尼有着鲜明的商标，两只圆圆的大黑耳朵，一双充满神奇的大眼睛，身穿红马夹、红短裤、黄袜子，这就是米老鼠，迪斯尼公司的看家鼠。头像与手写变形体"Walt Disney"组合作为公司的标识，成为当今世界最著名的商标之一。迪斯尼的商标设计既包含了图案，又包含了文字，鲜明生动，形象活泼，构思新颖，风格独特，具有迷人的艺术魅力。迪斯尼努力要达到这样的艺术效果：能在刹那间捕捉消费者的视觉，引起消费者的强烈兴趣，使之驻足欣赏，满足其审美享受并由此产生对商品的信任和好感，激发购买欲望。

（二）传播独特的品牌文化

消费者不仅注重商品的使用价值，而且追求文化价值。1928年，迪斯尼公司首次使用配音的动画片《蒸汽船威利号》取得巨大的成功，其后，一系列经典卡通片如《白雪公主和七个小矮人》、《皮诺曹》等更是俘获了一代又一代观众的心。迪斯尼的品牌迅速树立起来，进入世界五十大商标行列中。

迪斯尼与其他企业不同，它不是先有产品后将文化注入产品之中，而是先有文化，再将产品注入文化中。因为迪斯尼本身就是文化娱乐的产业化和企业化，它的产品就是文化和娱乐，也就是说迪斯尼和文化密不可分。迪斯尼的企业文化特征就是：轻松、休闲、欢乐。公司用童趣加幽默等表现形式体现公司的文化内涵。迪斯尼有许多讲述神话故事的作品，但它的神话离人们并不遥远，而是在故事中洋溢着一种幽默，一种真实的亲切感。

【案例思考】

1. 分析迪斯尼的品牌策略。
2. 迪斯尼的品牌策略对我国企业有什么启示？

策划实训

实训内容：设计某一品牌名称和标识。

实训目的：通过设计品牌名称和标识，熟悉品牌的概念、品牌形象策划、品牌传播方式策划和品牌营销策划策略的原理与应用。

实训组织：在教师指导下，由学生自由组合成4~6人为一组的研究性学习项目小组，并确定负责人，并经教师确认选择2~3个类型的产品品牌作为研究的样本。

实训要求：根据品牌设计思路和方法的要求，从消费者认知心理和消费模式角度出发，设计某一品牌的名称和标识，使设计的品牌具有创意性，新颖而有吸引力。

项目九 新产品开发与推广策划

学习目标

知识的掌握：

□ 了解新产品的种类、新产品开发的战略选择，熟悉新产品开发的程序

□ 掌握新产品推广的几个阶段

技能的提高：

□ 掌握新产品开发的方法，能熟悉新产品开发程序

□ 能熟练制定新产品上市计划，实施新产品上市方案

项目描述

运用新产品开发的技巧为企业开发、推广新产品。

案例引导

苹果手机的成功之道

2007 年苹果公司发布的 iPhone 手机开启了近年来智能手机的普及风暴。很多人都评价说，iPhone 引爆了一场智能终端市场的革命！那么，iPhone 成功的最关键因素是什么？有人说是精美的界面，有人说是多样的应用，有人说是新鲜的模式。

iPhone 的成功在于两个方面：一是 iPhone 对于产业链的整合以及它的商业模式的创新。传统的手机产业链以运营商或者制造商为主体，但后台的开发者与前段的应用者是被隔断的。iPhone 的出现，打通了开发者与消费者之间沟通的渠道，开发者通过生态系统中的平台将开发出的应用推广给消费者，消费者通过平台将需求再反馈给开发者，开发者可以根据反馈信息进行再次创新，从而形成一个闭环的良性循环。二是 iPhone 代表的文化力量，从苹果公司早期的产品 iPod、iTouch，再到 iPhone、iPad，这些产品一脉相承，培

养了消费者的消费心理与消费习惯，通过积累逐渐形成了苹果特有的文化。所以 iPhone 的成功也是文化被接受的成功。

（资料来源：中国新通信 趋势对话：从苹果手机的成功看智能手机发展趋势 2011.20。）

【思考】

1. 企业的新产品策略有哪些？

2. 企业如何分析所处的环境，选择恰当的产品创新方式，实施产品创新策略？

任务一

新产品开发战略

科学技术的飞速发展，市场竞争的日益激烈，导致产品生命周期越来越短。在 20 世纪中期，一代产品通常意味着 20 年左右的时间，而到 90 年代，一代产品的概念不超过 7 年。80～90 年代，美国的产品生命周期平均为 3 年，2009 年已经缩短为不到 1 年。这一切迫使企业必须不断开发新产品，以迎合市场需求的快速变化，产品创新已成为企业经营保持基业长青的必由之路。

一、新产品的分类

从市场营销角度看，新产品是一个相对广泛的概念。既指绝对的新产品，又指相对的新产品；既可以对市场而言，又可以对企业而言。也就是说，只要是产品整体概念中任何一个要素的创新、变革或改造，都可以被理解为新产品。所以，这里所谓的新产品是指在企业经营活动中一切新开创的产品，包括全新产品，还包括现有产品的改进、竞争产品的仿制和产品线的增设等。

新产品大体可分为六种：

- 全新型：采用新原理、新技术、新材料，具有新结构、新功能的产品。
- 改进型：是在原有老产品基础上进行的改进，使产品在结构、功能、品质、花色、款式及包装上具有新的特点和新的突破，改进后的新产品结构更加合理、功能更加齐全、品质更加优良。
- 模仿型：是对市场上已有的产品进行模仿，成为本企业的新产品。
- 系列型：是在企业原有产品的基础上增加新的品种、花色、规格等，从而与企业原有产品形成系列。
- 降低成本型：是指利用新科技、改进生产工艺或提高生产效率，削减原产品的成本，但保持产品的原有功能不变。
- 重新定位型：是将企业的老产品重新定位包装以新的形象进入新的市场。

二、新产品应具备的特点

第一，相对差异优点。

所谓相对差异优点，也就是产品的比较优势。相对于已有的产品或竞争产品，新产品应具有独特的优点，这种优点越大、越明显，能给消费者提供更多的利益，就越容易被普遍接受。

第二，较好的适应性。

新产品同社会的消费习惯及人们的价值观念比较适应，就比较容易被接受；反之，与当地的消费习惯、传统的价值观念、社会文化风俗不相适应，差距越大，就越难以推广。因为改变人们旧的消费习惯和养成新的习惯十分困难。

第三，简易性。

新产品的结构和使用方法要力求简便易懂，否则就不易被消费者所接受。

第四，可分割性。

由于不同的消费者在购买、生活习惯和消费方式等方面存在的差别，新产品应力求可以分割。可分割性越大，新产品被接受的过程越短，如食品及大多数日用品都有这种要求。

第五，产品介绍的明确性。

介绍新产品的特点和使用方法，内容应明确实在，切忌抽象空泛，使人产生怀疑。宣传越切合实际，说服力越强，产品越容易被尽快接受。

三、新产品开发的方向

随着科学技术和经济的发展，消费者的需求也不断变化。从总的趋势来看，新产品的发展方向主要表现在以下几个方面：

- **保健型**。产品除了有使用价值和功能外，还要有益于人类的身体健康和具有保健作用。
- **功能型**。一种产品具有多种功能的同时也给消费者带来多种使用价值和利益。一种产品有多种用途，就等于多打开了几个市场。产品除了具有好的使用功能外，还应有保健、娱乐、环保、开发智力、科普、防护、教育等多种功能。
- **愉悦型**。产品除了良好的使用性能外，还能使消费者在使用或消费时感到快乐、愉快，即产品具有式样新颖、结构合理、美观大方等特点。
- **组合型**。产品向组合化发展，包括从原材料组合到结构、造型的组合。组合产品由基本件和组合件构成，特点是节约材料，占地面积小，式样新颖，用途多样化。
- **立体型**。产品的结构、造型、装潢、图案都向立体化发展，以便有效利用各种空间，使产品造型新颖美观。
- **便捷型**。产品在保证其功能和性能的前提下，向微型化、轻巧玲珑方向发展，即开发轻、薄、短、小的产品。
- **仿质感型**。这是为了适应消费者回归自然的需要。一些使用人工化学合成材料制造的产品，不仅外观和手感与天然物质一样，而且使用性能一般优于天然物质。

• **节能型**。由于能源的紧张，因此节电、节煤、节油、节水、节气的节约性产品是产品开发的重要方向。开发便利而充分节能的产品，是目前产品开发一大关键领域。

• **独特型**。新产品要有一定的特色，与众不同，具有个性。

• **标准化和配套化**。新开发的产品是标准的和配套的。

• **高性能化**。采用高新科技开发有时代超前特征的新产品，实现产品的高性能化，引导消费新潮是现代产品开发的一大趋势。2000 年美国通用汽车公司推出的一种“网络汽车”，就是一种高性能化的超前产品。驾驶这种汽车，人们可以在汽车中上网收发电子邮件、查询股市行情、了解天气情况或收听新闻。这种汽车能声控上网，人们只要发出口令无需动手或转向，即可实施上述功能，其功能的高性能化确令其他品牌汽车咋舌。

• **多样化、系列化**。以某一特征为主线，推出系列产品，是新产品开发的一种常用方法，这一方法对于培养消费群体，扩大销售具有积极意义。如在当今国际市场上，采用了多样化的加工技术，开发了多样化的、系列化的蔬菜新产品。除速冻蔬菜、罐头蔬菜、脱水蔬菜外，还有粉末蔬菜、汁液蔬菜、辣味蔬菜、美容蔬菜等。

• **知识化、智慧化**。所谓“知识和智慧的价值”，是日本学者界屋太一在其著作《知识价值革命》一书中提出的概念。他认为：在产品中包含着两部分价值，一部分是由人的体力劳动创造的原材料价值和产品的加工费，另一部分是由人的脑力劳动创造的包含在产品中的技术、样式和格调的价值，这后一部分价值就是“知识与智慧的价值”。例如，许多传统技术采用高新技术后，使成本提高了 10% ~25%，售价却提高了 70% ~150%。新开发出的高技术产品价格还要高。

• **人性化、情感化**。现在许多产品的开发十分重视个性化，以情动人，以情感人。例如，美国宝洁公司在中国市场推出的洗发水品牌都被赋予了鲜明个性：飘柔——使头发光滑柔顺；潘婷——为头发提供营养保健；海飞丝——头屑去无踪，秀发更出众等。这些品牌同时包含了一个东方女性的共性——自信。此外，随着人们生活水平的提高，产品向个性化和高档化发展的趋势也越来越明显。

策划实例

三星的数码世界

三星这个源自韩国的品牌，在全球企业史上几乎创造了一个神话。美国《商业周刊》刊登世界权威品牌咨询公司 Interbrand 评选的2003 年度世界品牌价值排名100 强名单，三星 2004 年已经上升到 22 名。仅以 1 位之差排在索尼之后，成为亚洲第二大品牌。

此前，三星曾一度是“廉价货”的代名词，模仿别人的技术，制造大量缺乏灵感的廉价产品。那么，是什么改变了这一切？那就是集科技化、时尚化、数字化于一身，进而全面领导潮流和把握未来。在中国，“三星电子的目的在于创造中国家庭高端数字化生活的未来，帮助中国人民实现生活数字化。”

（资料来源：智库．百科 http：//wiki. mbalib. com/wiki。）

任务二

新产品开发策划

一、产品开发战略策划

产品开发一般有四种战略模式：

（一）风险型战略

采用风险型战略，是指企业调动所有资源投入到新产品的开发中。新产品开发的目标是率先进入市场并成为该新产品市场的领先者，创新的技术来源采用自主开发、联合开发或技术引进等方式。实施该新产品战略的企业须具备领先的技术创新能力、强大的资金实力、强有力的营销运作能力，中小企业显然不宜采用这种战略。

（二）进取型战略

采用进取型战略的企业以积极的态度和一定的资源投入新产品开发，但不会因此而影响企业现有的生产经营。开发的目标是通过市场占有率的提高使企业获得较快的发展，新产品创意可来源于对现有产品用途、功能、工艺、市场定位等的改进，改进型新产品、降低成本型新产品、系列型新产品、重新定位型新产品都可成为其选择。这种新产品开发战略的风险相对要小一些。

（三）跟进型战略

采用跟进型战略，是指企业迅速仿制竞争者已成功上市的新产品，以维持企业的生存和发展。许多中小企业在发展之初需要采用这种开发战略。该战略的特点是创新程度不高、研究开发费用小，关键是跟进要及时、快速、准确地获得竞争者有关新产品开发的信息是成功的前提，灵活的市场运作是成功的保障。

（四）防御型战略

采用防御型战略，是指企业为保持或维持现有市场地位，选择新产品开发的防御战略。新产品开发的目标是维持或适当扩大市场占有率，以维持企业的生存。成熟产业或夕阳产业中的中小企业应该采用此战略。

二、新产品开发方式策划

在市场经济条件下，企业的新产品开发并不意味着必须由企业独立完成其全部工作。企业除了依靠自己的力量，还可以通过其他各种方式和途径开发新产品。

（一）独立研制开发

企业依靠自己的力量开发新产品。该策略方式有三种形式：一是从基础理论研究开始，经过应用研究和开发研究，最终开发出新产品。这种方式可以使新产品在开发出来以后的较长时间内保持优势，从而在市场竞争中处于有利的地位。但采用这种方式投资大、周期长，并需要较强的科研实力，一般只有技术力量和资金雄厚的企业采用。二是利用已有的基础理论，进行应用研究和开发研究，开发出新产品。这种方法投资较少，研制时间也较短，常被许多大中企业采用。三是利用现有的基础理论和应用理论的成果进行开发研究，最终开发出新产品。这种方式需要的人力、财力较少，只要具备一定的科研能力的企业都可以采用，但新产品保持优势的时间较短。

（二）技术引进

企业通过购买别人的先进技术和研究成果，开发自己的新产品。企业既可以从国外引进技术，也可以从国内其他地区引进技术。这种方式不仅能节约研制费用，避免研制风险，而且还能节约研制时间，保证新产品在技术上的先进性，因而被许多开发力量不强的企业所采用。但新产品难以在市场上形成绝对的优势，也难以拥有较高的市场占有率。

（三）研制与技术引进相结合

企业在开发新产品时既利用自己的科研力量研制又引进先进的技术，并通过对引进技术的消化吸收与企业的技术相结合，开发出本企业的新产品。这种方式以研制促进引进技术的消化吸收，使引进技术为研制提供条件，从而可以加快新产品的开发。

（四）协作研究

企业与企业、企业与科研单位、企业与大专院校之间协作开发新产品。这种方式有利于充分使用社会的科研力量，弥补企业开发实力的不足，有利于把科技成果迅速转化为生产力，使其商品化，有利于发挥各方面的长处和力量。

（五）合同式新产品开发

企业聘请社会上的独立研究人员或新产品开发机构为企业开发新产品。

（六）购买专利

企业通过向有关研究部门、开发企业或社会上其他机构购买某种新产品的专利权来开发新产品。在现代市场条件下，采用这种方式可以大大节约新产品开发的时间。

三、新产品开发程序策划

开发新产品是一项艰巨而又复杂的工作，不仅要投入大量的资金，冒很大的风险，而且直接关系到企业的经营成败。因此，为了减少新产品的开发成本，取得良好的经济效益，必须按照科学的程序来进行。开发新产品的程序因企业的性质、产品的复杂程度、技术要求及企业的研究与开发能力的不同而有所不同。一般说来要经过以下程序，见图9－1。

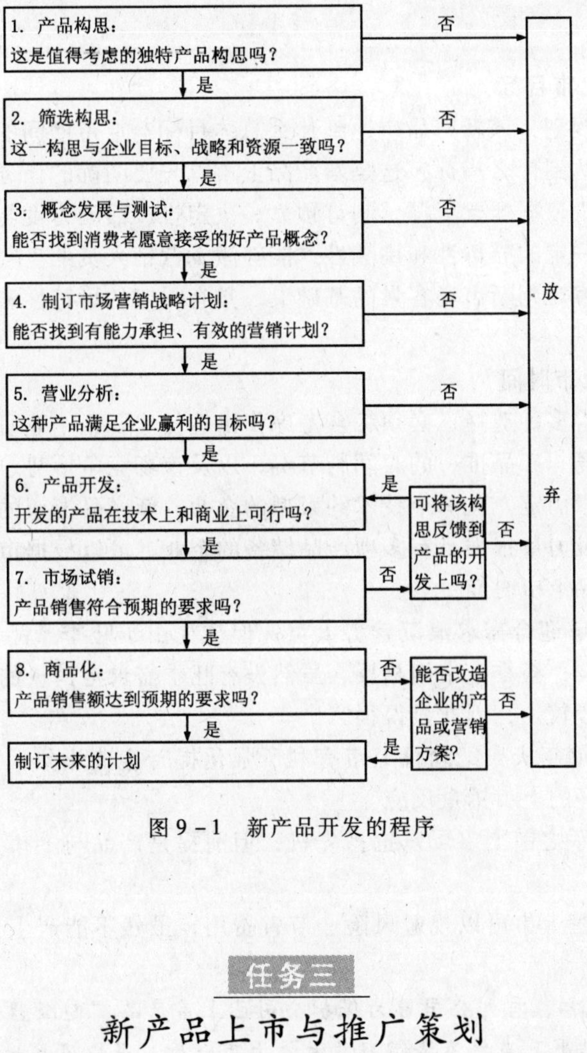

图9－1　新产品开发的程序

任务三
新产品上市与推广策划

一、新产品上市策划

在市场竞争越来越激烈，技术更新和需求变化越来越快的时代，产品更新也越来越快，越来越频繁，产品上市策划成为营销策划中最常见的策划项目。新产品上市策划是一项系统化整体性策划，一般应该就下列内容进行思考和策划：

（一）新产品上市定位

通过产品整体规划与定位分析研究，明确上市新产品的目标市场与市场定位，确定新产品的功能性能、质量水平与价格档次，所采用的品牌名称与品牌定位，明确上市新产品与老产品的关系，上市新产品在企业产品组合中的地位，以确保上市推广效果的实现，确保上市的新产品推广与企业整体产品推广与营销的协调，避免产品之间顾此失彼或互相冲突。

（二）新产品上市目标

根据产品整体规划，该新产品应达到什么总体目标？上市期间的目标是什么？新产品试用率和接受度应达到什么指标？这是新产品上市首先要明确的任务。新产品上市策略与活动的策划要以此为依据配置资源，制订预算，决定推广活动力度与强度。新产品上市目标的确定，既要有一定的鼓舞性和挑战性，能够激发营销人员的士气和斗志，同时，也要建立在科学分析与客观判断市场容量的基础上，具有一定的可行性和现实性。

（三）新产品上市时间

上市时间面临着多种选择，必须综合考虑作出选择。要视企业研发、生产与销售的能力与节奏，整体市场与产品推广的时间与节奏，以及市场竞争形势、消费者需求的程度与时间特征等多种因素而定。在一个技术约束型的企业，新产品上市的时间往往取决于研发的时间进度。在研发力量很强且有多项产品储备的企业，可以根据市场需求与销售季节或竞争需要决定新产品上市时间：

- 旺季入市能够迎合需求浪潮趁势上量，但往往由于旺季产品宣传推广集中，上市推广信息容易被淹没；淡季入市则相反，虽然没有旺季需求与销量的大势支撑，但由于竞争品牌推广活动一般较少，因此显得很突出。
- 选择在企业周年庆典纪念日上市有利于强化提升企业形象，但由于市场销售季节等原因，未必有很好的上市销量反应。
- 抢在竞争对手之前上市可以抢占先机，但前提是产品与上市方案必须完善，否则仓促上阵问题很多。
- 跟随竞争品牌上市可以规避风险、节省费用，虽然不能产生优先效应，但也有可能后来居上。

20世纪60年代初，吉列公司曾为保护公司已上市产品“超级蓝光”而推迟了生产不锈钢产品的计划，结果，当年不锈钢刀片大量上市以后，很快风靡世界市场，竞争对手借此建立了较为稳固的市场地位，使吉列公司连续两年利润下跌10%，总体市场占有率由70%降到55%，教训非常深刻。

（四）新产品上市区域

是先在本地上市，再在外地上市，最终推向全国？还是根据各地人口规模、消费能力和品牌影响力，按城市大小分期分批在全国上市？这需要根据企业资本实力、销售能力、生产能力等因素综合考虑。如果是一个有影响力的全国性品牌，拥有全国性分销网络和大量生产能力，产品又在全国普遍适用，应该考虑在全国市场同步上市。如果只是一个区域性品牌，仅在区域性市场具备竞争优势，应先考虑在本地上市。如果产品的需求存在梯次差异，则应按各地消费能力差异分批上市。

（五）新产品上市通路

新产品选择何种通路形式上市？经销商的类型、数量和标准如何控制？销售通路需要按照怎样的进度、在什么时间、按照质量标准和数量规模标准建设好？这要依据上市产品定位、上市区域选择以及上市时间安排进行系统设计。

一般来说，改进型新产品、系列型新产品和降低成本型新产品可以按照原来的销售渠道进行销售，不必进行太多的新渠道策划与设计，这样既可以节省新产品上市的时间，加快新产品上市的速度，也可以进一步推进与原渠道的合作，巩固和强化与原销售渠道的关系。跟进竞争对手的模仿型新产品也可以参照或模仿竞争对手的销售渠道上市。但是，全新产品和重新定位型新产品需要进行上市通路和销售渠道的重新策划和设计。

（六）新产品上市价格

新产品上市零售价格定在什么价位最好？按照市场可以接受的零售价格，零售商、批发商的进货价格应为多少？一批、二批价格及销售政策应如何确定？上市价格是否具有市场竞争力？是否符合产品组合的价格体系？这需要对新产品上市目标、新产品定位、竞争产品价格、目标消费者的需求水平和价格承受能力、企业与分销商的赢利目标、企业的整体价格体系等因素进行系统考虑，优化设计。

（七）新产品上市广告

产品上市广告策划中应明确的内容：

- 新产品上市是否需要以及需要何种强度的广告宣传攻势？
- 新产品广告应如何定位？
- 广告诉求对象是些怎样的受众？广告诉求主题是什么？采取何种广告诉求方式？
- 选择哪些广告媒体？
- 广告创意与广告制作什么时间完成？
- 广告何时投放？投放多长时间？
- 广告投放的频率和力度如何安排？
- POP 广告能否和产品上柜不同步？
- 广告费用预算要多少？
- 广告效果如何保证和监控？

一般来说，新产品上市广告的传播攻势强度与广告创意的新颖度，与新产品的创新程度及与老产品的差异化程度密切相关。全新产品和重新定位型产品需要较强的广告传播攻势，不同于现在正在销售中的产品的广告创意。改进型新产品可以重新创意广告并进行一定程度的广告传播，系列型新产品和降低成本型新产品则不必开展大众媒体的强势广告攻势，只需要在销售终端开展一些 POP 传播即可。

（八）上市公关活动

新产品上市是否需要配合公关活动？需要什么样的公关活动既能传播知名度又能提升

美誉度？新产品上市策划通常也需要考虑公关问题并作出明确决策。

一般来说，全新产品和重新定位型新产品上市需要在公关层面形成有利的舆论氛围，通过借势和造势，通过新闻公关传播形成有利于新产品上市的舆论导向与消费认知。在这方面，新闻公关宣传和新闻营销造势的作用特别重要，效果甚至要超过广告，以至于策划界有人提出“公关第一，广告第二”的观点。

（九）上市促销活动

产品上市策划通常需要考虑促销问题并作出明确决策。一般来说，消费者从对新产品概念的认知了解到新产品的尝试购买使用，是一步重要的跨越。为了推动这一步跨越的尽快实现，需要促销活动的支持。

单纯重视广告和公关传播而忽视促销配合，易导致上市新产品难以实现销售的启动和销量的增长，既浪费了营销资源，又耽误了市场机会和新产品上市工作，甚至导致新产品上市的失败。因此，应该在广告和公关传播形成的有利认知基础上，更上一层楼，通过促销活动建立尝试性消费购买。一般来说，产品越新颖，消费者越不熟悉，接受和购买过程越长，难度越大，越需要促销活动支持；产品越接近老产品，消费者熟悉和接受难度越小，促销活动的需要越不强烈。

二、新产品推广策划

（一）新产品采用过程

所谓新产品采用过程，是指消费者个人由接受创新产品到成为重复购买者的各个心理阶段。这个过程包括五个阶段：认识阶段、说明阶段、决策阶段、实施阶段和证实阶段。见图 9－2。

认识阶段	在认识阶段，消费者要受个人因素（如个人的性格特征、社会地位、经济收入、性别、年龄、文化水平等）、社会因素（如文化、经济、社会、政治、科技等）和沟通行为因素的影响。他们逐步认识到创新产品，并学会使用这种产品，掌握其新的功能。
↓ 说服阶段	有时，消费者尽管认识到了创新产品并知道如何使用，但一直没有产生喜爱和占有该种产品的愿望。而一旦产生这种愿望，决策行为就进入了说服阶段。在说服阶段，消费者常常要亲自操作新产品，以避免购买风险。
↓ 决策阶段	通过对产品特性的分析和认识，消费者开始决策，即决定采用还是拒绝采用该种创新产品。
↓ 实施阶段	当消费者开始使用创新产品时，就进入了实施阶段。消费者会考虑以下问题了：“我怎样使用该产品？”“我如何解决操作难题？”这时，企业市场营销人员就要积极主动地向消费者进行介绍和示范，并提出自己的建议。
↓ 证实阶段	人类行为的一个显著特征，就是人们在作出某项重要决策之后总是要寻找额外的信息，来证明自己决策的英明和果断。消费者购买决策亦不例外。在决策之后，消费者总是要评价其选择行为的正确与否。

图 9－2

（二）新产品扩散过程

所谓新产品扩散，是指新产品上市后，随着时间的推移，不断地被越来越多的消费者所采用的过程。也就是说，新产品上市后逐渐地扩张到其潜在市场的各个部分。

在新产品的市场扩散过程中，由于个人性格、文化背景、受教育程度和社会地位等因素的影响，不同的消费者对新产品接受的快慢程度不同。罗杰斯根据这种接受快慢的差异，把采用者划分成五种类型，即：创新采用者（可简称为"创用者"）、早期采用者、早期大众、晚期大众和落后采用者。同时，从新产品上市算起，采用者的采用时间大体服从统计学中的正态分布，约有68%的采用者（早期大众和晚期大众）落入平均采用时间加减一个标准差的区域内，其他采用者的情况类推（图9－3）。尽管这种划分并非精确，但它对于研究扩散过程有着重要意义。

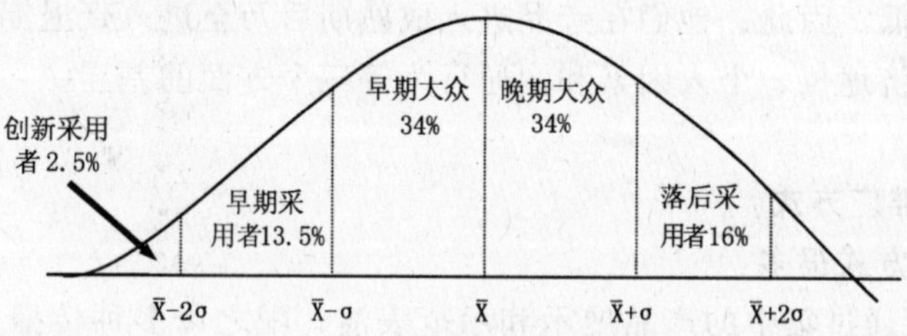

图9－3　采用者分布曲线

新产品采用者的类型如下：

第一类，创新采用者。

该类采用者处于距离平均采用时间两个标准差以左的区域内，占全部潜在采用者的2.5%。任何新产品都是由少数创新采用者率先使用，因此，他们具备如下特征：极富冒险精神；收入水平、社会地位和受教育程度较高；一般是年轻人，交际广泛且信息灵通。

企业市场营销人员在向市场推出新产品时，应把促销手段和传播工具集中于创新采用者身上，如果他们采用效果较好，就会大肆宣传，影响后面的使用者。不过，找出创新采用者并非易事，因为很多创新采用者在某些方面倾向于创新，而在别的方面可能是落后采用者。

第二类，早期采用者。

早期采用者是第二类采用创新的群体，占全部潜在采用者的13.5%。他们大多是某个群体中具有很高威信的人，受到周围朋友的拥护和爱戴。正因如此，他们常常去搜集有关新产品的各种信息资料，成为某些领域里的舆论领袖。这类采用者多在产品的介绍期和成长期采用新产品，并对后面的采用者影响较大，所以，他们对创新扩散有着决策性影响。

第三类，早期大众。

这类采用者的采用时间较平均采用时间要早，占有34%的市场份额。其特征是：深思熟虑，态度谨慎，决策时间较长，受过一定教育，有较好的工作环境和固定收入，对舆论领袖的消费行为有较强的模仿心理。他们虽然也希望在一般人之前接受新产品，但却是在经过早期采用者认可后才购买，从而成为赶时髦者。由于该类采用者同后面的晚期大众占有68%的市场份额，因而，研究他们的消费心理和消费习惯，对于加速创新产品扩散有着重要意义。

第四类，晚期大众。

这类采用者的采用时间较平均采用时间稍晚，占有34%的市场份额。其基本特征是多疑。他们的信息多来自周围的同事或朋友，很少借助宣传媒体，其受教育程度和收入状况相对较差，所以，他们从不主动采用或接受新产品，直到多数人都采用且反映良好时才行动。显然，对这类采用者进行市场扩散是极为困难的。

第五类，落后采用者。

这类采用者是采用创新产品的落伍者，占有16%的市场份额。他们思想保守，拘泥于传统的消费行为模式。他们与其他的落后采用者关系密切，极少借助宣传媒体，其社会地位和收入水平最低。因此，他们在产品进入成熟期后乃至进入衰退期时才会采用，与一般人存在着社会经济地位、个人因素和沟通行为等三个方面的差异。

（三）新产品推广方式

新产品的推广方式很多：

- **推介会**。指通过集中的产品展示和示范表演，配之以多种传播媒介的复合式传播形式，集中宣传产品和企业的活动。
- **特殊手段推销法**。利用大型体育活动、新闻等广泛传播的特殊手段推销新产品。
- **名人介绍法**。借助著名的政治家、文学家、演员、歌唱家、记者、节目主持人等名人的地位与声望来宣传企业及产品。
- **直销法**。直接面对消费者，取消中间环节，把给予中间环节的利润给予消费者，较流行的方式有电话、电视直销、直接邮寄、DM、上门推销、综合直销等。

思考与训练

为某企业构思一个产品概念，并写出详细的上市推广计划。

复习思考题

1. 试阐述新产品开发的主要类型。
2. 结合某类产品谈谈新产品开发的趋势。
3. 简述新产品开发策划的程序。
4. 新产品在试销中应该注意哪些问题？
5. 简述新产品上市策划的内容。

案例分析

“脑轻松”开发及上市策划

香港康富来公司一直专门生产洋参含片、洋参胶囊等，是中国洋参制品市场的四大知名品牌之一。它在上海推出一种全新的健脑补品——脑轻松，顿时在市场上掀起了一股不大不小的旋风。其实，“脑轻松”的面市并非易事，而是经过公司审慎策划实施而成的。

第一，作出开发新产品的重大决定。由于洋参制品市场竞争越来越激烈，各大品牌被迫竞相加大广告投入和降低销售价格，致使各自的利润下降。究竟是加大力度与竞争对手一争高下，还是在保持现状的前提下开发新的保健品？决策层在反复权衡之后，作出了开发新产品的决定。

第二，选择功能性的健脑产品进行开发。企业为此做了大量的保健品市场调查。他们找到了支持这一选择的四个理由：一是中国人的健脑意识和健脑需求随着智力竞争的加剧而开始有所增强；二是“巨人脑黄金”曾经一度成功，证明了健脑产品是有市场潜力的；三是健脑产品目前没有领导品牌，这就给新产品留下了市场发展的机会；四是企业能从某中医研究所购买到一个卫生部批准的健脑产品的专利。

第三，确定上海市场为首攻市场。企业意识到决不可四面出击，必须集中力量先攻占一地，力争在此一炮打响而又能产生辐射周边市场的作用。上海是康富来公司的老市场，企业跟经销商和媒体关系都很密切，销售渠道畅通，上海媒体对邻近江浙两者份影响很大，而上海的走俏产品历来在这两个省份也能很快地被市场所接受，加上保健产品多年来在上海市场一直销售看好，所以企业决策层最终确认上海为“脑轻松”的首攻市场。

第四，明确规定洋参制品经销商和“脑轻松”经销商要分而不合。这既可保住洋参制品的现有销售市场，又让新产品“脑轻松”拥有一支强大而独立的销售队伍，以保证“脑轻松”有足够的力量攻打市场。与此相适应，企业为经销商服务的市场推广人员也被兵分两路，各负其责。

第五，决定进行广告投入。企业决策层将大家的认识统一到这一点上：要想市场开发迅速见效，广告投入是绝对必要的。因此企业决定在为时 34 个月的产品导入期内投入 1500 万元，通过多种媒体发动强劲的立体攻势，以达到振聋发聩的广告轰炸效果。

第六，制定产品合理的价位政策。决策层意识到，合理的价位才能保证经销商的销售利益，也才能保证有足够的市场推广费用。

【案例思考】

1. 为何香港康富来公司要进入脑保健品的市场当中？
2. 你认为新产品开发应注意哪些问题？
3. “脑轻松”新产品是如何进行市场推广的？

项目十 促 销 策 划

学习目标

知识的掌握：

- □ 理解促销的含义
- □ 了解促销组合方式以及促销策略
- □ 熟悉销售促进、广告促销、公共关系、人员推销等四个方面的策划的过程
- □ 掌握促销的基本策略以及方法

技能的提高：

- □ 能够掌握推销技巧，具备独立完成商品推销的能力
- □ 能够综合运用各种促销方式为企业制订营销传播方案
- □ 能够撰写促销方案

项目描述

观察和了解大型卖场的商品促销，分析思考各种促销方式的优劣，选择某一特定商品，完成促销方式的选择并最终撰写详细的促销方案。

案例引导

著名的“可乐实验”

20 世纪七八十年代，百事可乐针对可乐行业霸主可口可乐的挑战达到巅峰，其中颇具杀伤力的一次策划要算是百事可乐发起的“口味大挑战”。

在那次策划活动中，百事可乐请参与者品尝各种没有品牌标志的饮料，然后要他们说出哪一种口感更好，并对消费者口感试验进行了全程现场直播。百事可乐以事实赢得了成

功，在参加品尝者中，2/3 的人都选择了百事可乐。

这次口味实验在当时引起了极大轰动，成为百事可乐攻击可口可乐最有力的武器。

然而几十年过去了，两种可乐的口味都没什么变化，但可口可乐还是拥有最多不离不弃的品牌忠诚者。难道，消费者的口味发生了变化？或是那次可乐口味实验有什么内幕问题（或是实验的设计程序有什么偏差）？

2003 年，美国贝勒医学院的神经学教授们又做了一次口味实验。不过这次他们动用了最先进的 MRI（核磁共振造影仪），在这次口味实验中，MRI 被用来监测记录受试者的大脑皮层活动。

首先，实验人员使用 MRI 造影仪监测受试者品尝无记名可乐时大脑的活动状况。结果显示，百事可乐倾向使大脑的腹侧核产生更强烈的反应，而这个区域，是大脑产生强化奖赏情感的区域。在实验初期，受试者喝百事可乐时，其腹侧核的活跃程度是喝可口可乐时的 5 倍。

其次，实验组织人员又开始测量可乐的品牌形象影响力。这一回，受试者被告之：实验样本是可口可乐。形势随即扭转了——几乎所有的受试者都表示他们更喜欢可口可乐。非但如此，连他们的大脑活动也呈现出不一样的情形，他们的大脑中区前额叶皮质也有活动。而这个区域，正掌握着大脑里高水平的认知能力。而百事却未能达到相同的效果。当被告知品尝样本为百事可乐时，说更喜欢百事的受试者相对要少得多。

（资料来源：李光斗，《品牌竞争力》，中国人民大学出版社，2004 年 1 月。）

【思考】

1. 为何可口可乐在消费者心中会经久不衰？
2. 你认为可口可乐可以通过“可乐实验”开展怎样的促销宣传？

任务一
制定促销组合

促销是现代市场营销活动中使用最为广泛的一种拓展市场、促进销售的方法。促销在激励消费者购买行为、增进销售、扩大营业额、提高企业知名度等方面有着独特的功效。

一、了解促销

（一）促销的含义

促销，即促进销售，是指营销者将有关企业及产品的信息通过各种方式传递给消费者和用户，促使其了解、信赖并购买本企业的产品，以达到扩大销售目的的活动。因此，促销的实质是营销者与购买者、潜在购买者之间的信息沟通。

（二）促销的作用

即使企业的产品质量上乘、价格合理、销售渠道畅通，但若促销不力，顾客对产品的陌生或冷淡，意味着企业已做的种种努力将前功尽弃。促销是企业整体营销活动不可缺少的组成部分，具有不可忽视的作用：

- 传递信息、沟通渠道。
- 诱导需求、扩大销售。
- 突出特点、彰显优势。
- 提高声誉、巩固市场。

二、促销组合的运用

促销主要有人员推销、广告、销售促进和公共关系四种形式。促销组合就是有目的、有计划地把上述四种促销形式结合起来综合运用，形成一种促销合力。

（一）各种促销形式的特点

1. 人员推销。人员推销有以下特点：

（1）与购买者直接对话，信息的双向沟通。

（2）与顾客建立友好关系，并保持长期的联系。

（3）面对面的人员促销，能够尽快消除顾客疑虑，迅速得到是否决定购买的信息。

（4）针对性强。

人员销售的局限性：在市场广阔、顾客分散时，建立庞大的推销队伍会导致推销成本上升；推销人员的管理较为困难；理想的推销人员较难寻觅。

2. 广告。广告促销有以下特点：

（1）大众性。广告是一种高度大众化的信息传递方式，因此，它比较适用于供应大众的标准化产品的宣传推广。

（2）渗透性。广告是一种有着广泛渗透性的信息传递方式，生产商可多次重复同一信息，使购买者易于接受和比较各企业所传播的信息。

（3）表现性。广告是一种很富有表现力的信息传递方式。它通过印刷字体、声音以及色彩等艺术化的运用，为增强企业及其产品的宣传效果提供了机会。

（4）非人格性。广告不像人员销售那样具有人格性，它属于单向交流，不管目标受众的反应如何，只管讲自己的，强制灌输。

广告既可以用来树立企业和产品的形象，又可用来引发快速销售（促销广告）。广告是与地理上大量分散的购买者接近的一种有效方式。一般来说，大量做广告的公司更易赢得消费者的“青睐”。

策划实例

HP的经典广告

想象一下，如果一部打印机因突发事件而暴露在风雨中，任凭风吹、雨打、水浸……它还能继续工作吗？答案是：能。1992年，OPEL飓风摧毁了AT&T公司卡兰·柯瑞安女士的屋顶，使她的HP激光打印机在风雨中听天由命……飓风终于过去，打印机已浸透雨水，聪明的柯瑞安女士并没有把它扔进垃圾堆里去，而是给惠普打了个咨询电话。按惠普的建议，柯瑞安女士先用电吹风将打印机烘干，24小时之后再开机。她试探着打印了一份文件，结果实在令人惊喜，一张精美的彩色文件竟被打印出来，而且毫无缺憾！

读者无法辨明事件的真假，但却对惠普打印机的质量有了深刻的印象。这则报纸广告巧妙地表明："从此，HP激光打印机又多了一个风雨无惧的美名"。

（资料来源：http：//www. xhadv. cn/PinPai_ news. asp？BigClassName = 营销实例 &SmallClassName = 促销策略精典案例。）

3. 销售促进。销售促进包括多种具体形式，如优惠券、奖券、竞赛、附带廉价品等。企业运用销售促进来创造更强烈和更迅速的消费者反应，目的是提高正在下降的销售。销售促进的特点是：

（1）信息沟通。赢得人们的注意并提供一些可能使顾客购买产品的信息。

（2）刺激购买。销售促进一般都融合了某些明显的让利、诱惑或贡献，目的是通过提供某些优惠来刺激和引诱顾客购买。

（3）诱导性。诱导消费者立即进行交易。

（4）短期效果。销售促进往往是企业为了推销积压产品，或是为了在短期内迅速收回资金而采取的手段。因此，这种促销方式的效果往往是短期的。如果运用不当，一方面可能会使顾客对其产品产生怀疑，不利于长期效果，另一方面也可能大大影响企业的利润。

4. 公共关系。公共关系对促销来说是一种间接的方式，不会产生直接的经济效益，但较其他方式有特殊的意义：

（1）可信度高。新闻报道及特写看上去比广告更真实、可信。人们普遍认为新闻报道是经第三者之手写作而成，比较客观，不像广告那样有"王婆卖瓜，自卖自夸"之嫌。

（2）传达力强。很多潜在顾客能接受宣传，但回避推销人员和广告。以新闻的形式将信息传播给购买者要比销售导向的信息传播要好。

（3）具有戏剧性。公共关系像广告一样，有一种能使企业或产品引起人注意的潜能。

在当前，运用公共关系这种促销手段特别受到企业的"青睐"，越来越多的企业包括跨国集团，纷纷求助于公关这种促销手段，特别是通过赞助活动，来提高品牌的知名度。例如，健力宝公司通过赞助中国体育代表团迅速打开市场；可口可乐公司、宝洁公司以及万宝路公司等均通过赞助非常受国人关心的希望工程、足球运动等迅速打开了中国的市场。

策划实例

解析可口可乐的二战营销

享誉世界的品牌可口可乐，在第二次世界大战的全球战场上，演绎出一场惊心动魄的战地公关，不仅有效地推销了产品，还树立了爱国的形象。

从休闲饮料到战场必需品

1941年12月7日，日军突袭美国海军基地珍珠港，美国被直接卷入了世界大战的漩涡。紧张的战事，使可口可乐的经营陷入困境。国内销售情况不佳，国外销路更是一筹莫展。可口可乐的第二任董事长罗伯特·伍德鲁夫焦虑万分。

正在“内外交困”的时候，伍德鲁夫的老同学班塞从战区给他打来电话。伍德鲁夫说：“难得你还想着我啊？”班塞却说了句让伍德鲁夫既伤心又感激的话：“我不是想你，我是天天在想你的可口可乐。”

班塞的一句话使伍德鲁夫心中豁然开朗：如果前线的将士都能喝到可口可乐，那么当地的人自然也可以喝到这种饮料，这样销路还用发愁吗？

次日，伍德鲁夫发表特别声明：“不管我国的军队在什么地方，也不管本公司要花多少成本，我们一定让每个军人只花5分钱就能买到一瓶可口可乐。”

为此，可口可乐公司印刷了取名为《完成最艰苦的战斗任务与休息的重要性》的小册子。小册子强调：由于在战场上出生入死的战士们的需要，可口可乐对他们已不仅是休闲饮料，而是生活的必需品了，与枪炮弹药同等重要。之后，可口可乐公司一共派遣了248人随军到国外。这批人随军辗转，从新几内亚丛林到法国里维拉那的军官俱乐部，一共卖了100亿瓶可口可乐。除了南、北极以外，可口可乐在战时还建立了64家装瓶厂。

名人公关彰显品牌魅力

可口可乐在二战中也非常注重“名人效应”。因为可口可乐清楚，一些最佳的传播机会往往会来自于有影响力的顾客，借助他们进行传播，可以快速建立品牌的知名度与美誉度。

五星上将巴顿把可口可乐当作必需品，无论他转战何处，都要可口可乐的技术观察员跟着搬迁装瓶厂。巴顿有次半开玩笑地说：“我们应当把可口可乐送上前线，这样就不必用枪炮去打那些混蛋了。”

更富有传奇色彩的是，伍德鲁夫与美国大英雄艾森豪威尔的密友关系也是在可口可乐的基础上建立起来的。

可口可乐的名人策略至少达到了以下两个目的：一是借助这些名人的名气和权威直接提升产品的形象和销售，艾森豪威尔、巴顿等不仅是在军中，而且是在全美国甚至全世界都有影响的人物，通过他们的带动，使可口可乐的影响遍布全球；二是将消费者对名人的喜爱转嫁到品牌上，将名人的人格特征融入到品牌中，促使其品牌人格化，艾森豪威尔、巴顿等被视为美国英雄，是美国精神的代表人物，可口可乐与之结缘，极大地提升了其品牌内涵。

树立可口可乐的爱国形象，恐怕是伍德鲁夫最成功的公关举措。大战期间，公司以每本1毛钱的价格卖出成千上万册《了解战斗机》，当时的美国小孩几乎人手一册；同时出版《我们的祖国》，介绍美国的钢铁、木材、煤炭和农业生产等情况。可口可乐也是广播节目《胜利大游行》的赞助者，他们雇请了100多个乐队在全国各军事基地演奏。这些都以不打广告的形式出现，却取得了异常良好的广告效果。

从战场走向世界

可口可乐的二战营销，不久便结出硕果，可以说，日军偷袭珍珠港，是世界大战的一个重要转折点，也是可口可乐历史上的转折点，大战使可口可乐从此行遍天下。在二战以前，尽管伍德鲁夫千方百计想把可口可乐推广到全世界，但是在很长时间内，却只将它推广到加拿大、古巴、德国等有限的国家。

1948年，可口可乐公司技术观察员开始陆续从美军占领区返回。但是，他们建立的工厂却留了下来，为战后的新发展奠定了坚实基础。

伍德鲁夫是一个喜欢用“新招”的人。经过一番筹划，一个新名词出现了：“利用当地的人力、财力、物力，开拓可口可乐的国外市场”。这就是可口可乐公司的“当地主义”原则，也就是现在的“本地化”策略。

伍德鲁夫认为，“外国人对美国的崇拜不会一成不变，对美国货也不会永远迷信。他们的爱国之心会逐渐加强，像饮料这样的消费品，如不借助当地人的力量，很难在海外长期立足。”

可口可乐作为一支社会力量，影响着不同的时代，而时代也影响着可口可乐。可口可乐往往能抓住稍纵即逝的机会，更多地用行动去影响时代。无论是在经济危机中，还是在两次世界大战中，可口可乐都参与其中，并扮演了重要的角色。

（资料来源：http：//brand. icxo. com/htmlnews/2007/02/07/999960_0. htm。）

（二）各种促销形式的目标

企业在不同时期的市场环境下所执行的特定促销活动，都是与其特定的营销目标有关，目标不同促销组合也就有差异，所采用的促销方式也有所不同，如表10-1所示。

表10-1 **各种促销方式的目标差异**

目标 / 促销方式	营销目标	
	目标实现期	影响范围
人员促销	近 期	范围小
广告促销	近 期	范围广
销售促进	中 期	范围较广
公共关系	长 期	范围广

例如，在一定时期内某企业的营销目标是在某一市场迅速增加销售量，扩大企业的市场份额；而另一企业的营销目标是在该市场树立企业形象，为其产品今后占领市场赢得有利的竞争地位奠定基础。显然，前者的促销目标强调了近期效益，它将更多地使用广告和

销售促进；而后者需要实现长期目标，加强公共关系、建立广泛的公共关系，与之相配合的广告宣传在手段和内容上也应有差异。

（三）不同类型产品促销组合的选择

不同类型的产品，面对的购买者不同，购买的目的也不同，因此，使用的促销组合也应不同（见图 10－1）。

一般说来，从事消费品营销的企业，最重要的促销方式是广告，其次是销售促进，然后是人员销售，最后是公共关系。这就是说，在全部费用中，广告所占比例最大，然后才是销售促进、人员销售和公共关系。

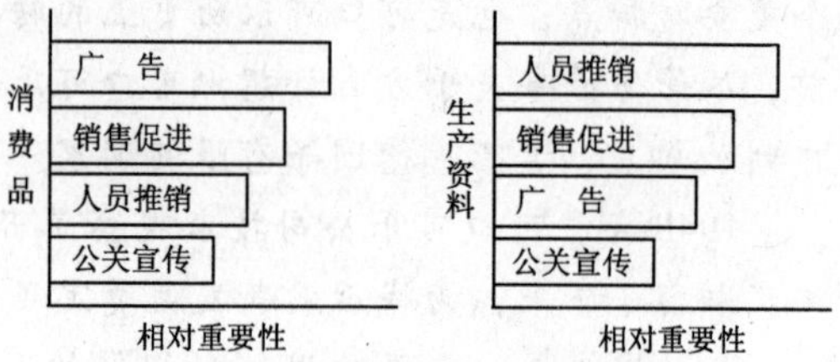

图 10－1　不同类型产品不同促销方式的相对重要性

与此不同，从事生产资料营销的企业分配促销经费的次序则是：人员销售第一，销售促进第二，广告第三，公共关系第四。人员销售比较适用于价格较昂贵、技术性强、买主少而集中的生产资料市场或中间商市场。

（四）促销活动中“推拉”策略的选择

企业促销活动的策略有“推动”和“拉引”之别。

1. “推动”策略选择。“推动”策略就是以中间商为主要促销对象，把产品推进分销渠道，推上最终市场。例如，生产厂商的推销员访问批发商，批发商的推销员访问零售商，零售商的推销员再积极地向消费者推销。按照这种方式，产品顺着行销通路，逐层向前推进。“推动”策略常偏重于需要利用人员销售的工业用品与部分消费品。

要有效地使用“推动”策略，厂商必须具备下列三个条件：

（1）拥有高品质水准的推销技巧；

（2）拥有相对高价位的产品（如汽车）；

（3）对中间商及其推销员，必须拥有足以引起其兴趣的经济诱因。

2. “拉引”策略选择。“拉引”策略是以最终消费者为主要促销对象，即设法引起潜在购买者对产品的需求和兴趣，如果促销奏效，消费者会纷纷向中间商询购这种产品，中间商看到这种产品需求量大就会向生产企业订货，即使利润较低也愿意经营。

与“推动”策略相比较，“拉引”策略的特征是大量使用广告促销，而没有强调人员销售。例如，有一家公司，在其成衣最初上市时，批发商及零售商都不愿经销此种新产品。于是该公司在电视、广播、报纸上大做广告，宣传此成衣的种种优点，引起消费者对于此成衣的强烈兴趣。于是成群的消费者涌向百货商店要求购买此种成衣，迫使零售商不得不向批发商订购，而最后批发商亦不得不向此公司订购此种新产品。

3. 综合策略选择。“推动”策略与“拉引”策略各有优点，但大多数企业在销售其产品时，都同时采取“推动”与“拉引”相结合的混合策略。

在实际的市场营销情况下，通常可以发现某一厂商，一方面运用推销人员将产品推压到批发商的手中，同时亦派遣推销人员，巡回各零售商，指导零售商的经营，援助零售商推销员的销售活动；另一方面亦运用广告攻势，加强消费者对产品商标的认识，创造出消费者对产品的强烈需要，从而吸引其购买产品。

（五）顾客对产品的认识与促销效果评价

产品的促销效果常常是根据顾客对产品的认识深度来划分的，图10-2表明了顾客在购买的不同认识阶段，不同促销方式的促销效果。

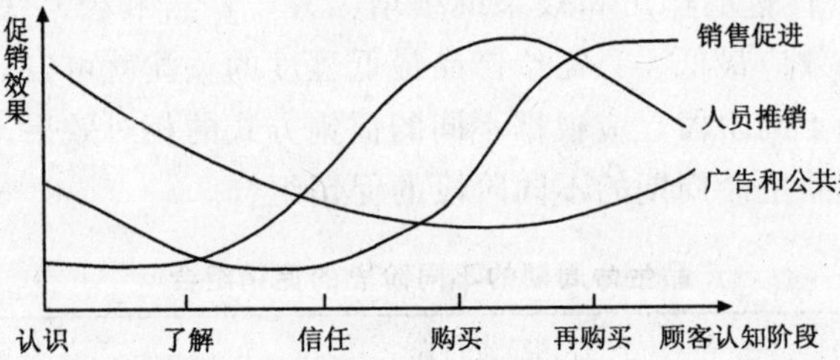

图10-2　不同认识阶段的不同促销方式的促销效果

• 广告和公共关系在产品认识阶段发挥着重要的作用，它比销售人员的拜访或是销售促进更有效。

• 在促进顾客对企业或产品的了解中，除广告和公共关系以外，人员销售也起了重要作用。

• 在增强顾客对企业或产品的信任中，人员销售的影响最大。

• 在促成顾客购买和再次购买阶段，人员销售和销售促进是最强大的推动力。在再次购买阶段广告和公共关系的作用又有提高。

企业所面对的市场不同，各种促销方式的作用大小也不同。另外，不同市场对不同促销方法的接受程度也不同。因此，在促销方式的选择中，需首先对所面对的市场的特点有比较充分的了解，然后在策划过程中选用与该市场相适应的促销组合。

（六）产品生命周期阶段的促销选择

在产品生命周期的不同阶段，各种促销方式的促销效果相差较大，如图10-3所示。

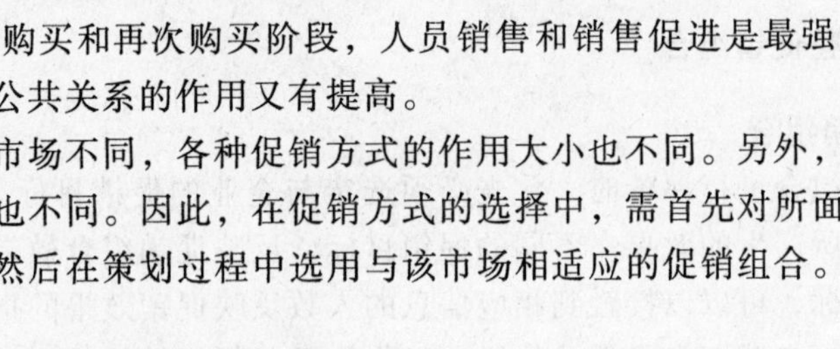

图10-3　产品生命周期的不同阶段的促销方式的相对效果

• 引入期：促销的目的是建立产品的知名度，让更多的顾客认识并了解新产品，所以广告和公共关系的作用最显著，其次是扩大分销范围的人员销售活动，以及促进产品试用的销售促进活动。

- 成长期：由于有了引入期强大的促销攻势，口碑发挥了作用，需求保持自然增长的势头，各种促销手段的作用都有所减弱，但影响最大的促销方式仍是广告和公共关系促销。
- 成熟期：因为顾客对产品已经比较熟悉，所以，广告和公共关系促销仍然具有较强的促销效果，但销售促进的作用已开始超过广告和公共关系促销。
- 衰退期：除销售促进的作用和效果继续增大外，广告和公共关系的作用和效果都显著下降，人员销售的效应最低，只需给产品最低程度的关注就可以。

在产品生命周期的不同阶段，应根据不同的促销方式的相对效果，选择相应的促销组合。表 10－2 给出了产品生命周期的不同阶段的促销组合。

表 10－2　产品生命周期的不同阶段的促销组合

产品生命周期	促销重点目标	促销主要方式
引入期	认识了解产品	各种广告
成长期	增进兴趣与偏爱	改变广告形式
成熟期	同上	同上
衰退期	促成信任购买	销售促进为主，辅以广告、减价
生命周期各阶段	消除不满意感	改变广告内容，利用公共关系

三、评价与调整促销组合

（一）评价促销组合

对企业的促销组合进行评价时，首先必须选定与企业的促销目标相一致的评价指标，以便评价促销组合所产生的效果。不同的促销目标，反映促销组合效果的指标不同。如对于提供信息这一目标，可以以接触到相应信息的人数反映促销效果的指标；对于增加需求这一目标，可以以一定时期内需求量的增加量作为反映促销效果的指标；对于其他的促销目标，也同样可以选择相对应的指标。图 10－4 提供了一个评价促销效果的例子。

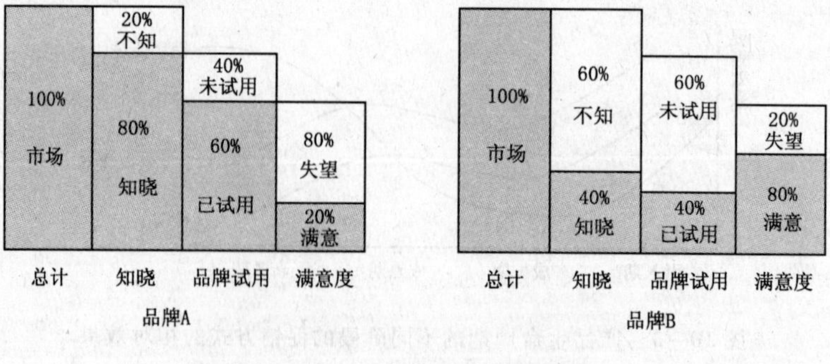

图 10－4　两个品牌的消费现状

由图 10－4 可知：

对于品牌 A，有 80% 的消费者知道它，60% 的人曾试用它，而试用者中只有 20% 对其满意。这表明促销组合方案在创造品牌知名度方面很有成效，但该产品未能满足消费者的期望。

对于品牌 B，只有 40% 的消费者知道，其中仅有 40% 的人试用过它，试用者中有 80% 的人对其满意。在此情况下，需要加强公共关系计划，才能更好地发挥 B 品牌的潜力。

（二）调整促销组合

对企业促销组合调整必须以促销组合效果评价为依据。在对促销组合进行调整时，一般是对促销费用分配进行少量的调整；或去掉某类促销方式中明显效果很小的促销方法，增加可能会产生较大促销效果的促销方法。这种调整一般以基本达到每种促销方式都能正常发挥作用为止。

在进行促销组合的评价与调整时，必须考虑到促销效果的滞后性，只有考虑了滞后时间以后，所进行的评价才真实可靠，根据评价结果进行的调整才会有效。

思考与训练

请你以一个你熟悉的大型连锁超市作为调研对象，观察并思考，该超市通常的促销策略怎样？它是如何利用促销组合完成产品销售的？其促销效果你的评价怎样？有何启示？

任务二

促销方法与促销技巧的选择

商家促销活动是有组织、有计划、有目的的整体行为，不是孤立的、零碎的四处出击，而是各种促销手段组合为一个完整的体系，互相配合运用，加强销售产品的效果。同时，不同的企业依据不同市场情况也可适当选择、互相搭配促销手段进行促销。

具体的促销方法有多种，但总的来说可分为三个部分：

一、以消费者为中心的促销

（一）服务促销

1. 样品促销。在消费者购买产品之前，免费赠送有关样品或试用品，以介绍产品的性能、特点和使用方法等，刺激消费者购买。这是最有效同时又是最昂贵的一种方式，通常是在新产品上市或商品还不为消费者所认识时采用的一种方式。

策划实例

口香糖样品促销

美国商人里力制作的口香糖在销售初期，顾客寥寥无几。为了寻觅销路，里力按照电话簿上刊载的地址，给每个家庭免费送上4块口香糖，他一口气送了150万户，共600万块。几天以后，奇迹出现了，孩子们吃完里力赠送的口香糖，都吵着还要吃，家长只好去买。从此口香糖的销路打开了。

（资料来源：周建波：《营销管理》，山东人民出版社2002年版）

2. 售后服务促销。一些比较贵重的耐用消费品已经步入老百姓的家庭，而这些耐用消费品的技术含量通常较高，消费者在使用时可能会出现问题。这时，就要求企业在提供产品的同时还要追加相应的技术支持，也就是提供相应的售后服务。

3. 方便促销。就是在销售产品过程中，尽量为顾客提供搬运、安装、维修服务的方便，以促进销售。

4. 示范促销。即通过现场的示范表演，来促进产品销售。德国某厂家生产了一种能防止眼镜片因热起雾的去雾剂，为推销此产品，他们除了大做广告，还在一些商店里做现场示范，见到带眼镜的顾客，就请他（她）试一试：抹上去雾剂，擦净后喷上水蒸汽，镜片仍然明亮如故。顾客直接看到了效果，因而购买十分踊跃，产品销量大增。示范销售的作用实质是对顾客购货前的使用产品的免费培训。

（二）让利促销

1. 优惠券促销。优惠券是商家给予消费者的一种优惠凭证，消费者可凭此券享受折价、特惠价、换取某种赠品甚至免费优待等。采用优惠券促销方式，可以增强弱势品牌的销售利益，或在一定程度上扭转产品或服务全面下跌的局面；有助于提高消费者的兴趣，还可刺激消费者对产品的试用欲望。

2. 有奖促销。有奖促销是一种更具诱惑力的促销手段，它集竞赛、抽奖、促销于一身，通过有奖竞赛、抽奖等形式来吸引消费者，从而扩大销售，但是这种销售方式多数只能给商家带来短期效益，当推出有奖促销时，销售猛增，既定利润目标很容易实现；当不再进行有奖促销活动时，能否保持一定的销售水平及利润水平则很难断定。

3. 馈赠促销。馈赠促销是以较低的代价或免费向消费者和销售商提供一定的赠物品，以刺激其购买或销售某一特定产品。

4. 还本促销。还本促销即促销企业在售出商品时，出具一定的信用凭证（如售货发票、银行代办手续等），若干年后将此商品销售款的全部或大部分退还给顾客。这种销售方法，能引起消费者的浓厚兴趣，也可以迅速回笼资金，比较适用于家用电器等高档商品的销售。但作为企业，一定要考虑偿还能力，慎重使用；作为消费者，一定要辨明真伪，谨防上当受骗。

（三）心理促销

1. 顺潮心理促销。通过对社会时尚变化的分析，迎合社会热点的需要和顾客追赶时髦、潮流的心理，进行销售。重大的政治事件、社会活动、体育活动、喜庆节日，乃至某些社会现象，都会引起消费者对某一产品的购买欲望，聪明的制造商总是不失时机地抓住这些机会促销产品。

2. 逆反心理促销。就是巧用人的逆反心理进行销售。例如，在某洗涤化妆用品交易会上，各厂家竞聘公关小姐、模特、乐队展开促销战。某牙刷用品厂却别开生面，聘请了一位身板硬朗、慈眉善目的公关老太太。当身披红绶带、高举保健牙刷的公关老太出现在会场时，顿时吸引了数千双眼睛。该厂原打算在交易会成交 50 万把牙刷，没料到仅一个下午，就成交了 180 万把。

3. 匮乏促销。就是灵活运用供求杠杆，给消费者制造紧俏心理，促进销售。维顿公司是法国经销皮箱的名牌大公司，但它们仅在巴黎和威尼斯各设一家商店，在国外的分店也控制在 27 家，并严格控制销售量，人为地制造供不应求的紧张状态，碰到购货量再大的客户也不动心。该公司通过这种匮乏促销策略，获得了销售上的巨大成功。

策划实例

限 量 销 售

当日本汽车公司推出极具古典浪漫色彩的“费加洛”车时，宣布全部汽车生产数量只有 2 万台，并保证事后绝不再生产。消息传出，在广大消费者中造成轰动效应，订单雪片般飞来。

（资料来源：《十大经典节日促销营销案例》www. 51zjxm. com 51 资金项目网）

二、以商家为中心的促销

生产企业除了以广告和个人推销的形式来促进销售活动外，也在与中间商的交易中经常使用销售促进的手段。这些手段主要是：折让、费用补贴和会员制等。

（一）折让促销

1. 商业折让。如果零售单位向公众发放了代价券，那么，在代价券的有效期内，生产企业在向发行代价券的零售单位出售产品的时候，要对客户进行补偿。为了避免纠纷，生产企业与销售单位的这种商业折让活动一般都以签署合同的形式来作为保证。

2. 批量折让。批量折让是指生产企业与中间商之间或是批发商与零售商之间，按购买货物数量的多少，给予一定的免费的同种商品。例如，每购买 10 箱某种商品，即无偿赠送 1 箱的做法，就是批量折让。批量折让的目的是激励中间商增加购买量。

3. 商业折扣。企业与中间商之间或批发商与零售商之间的交易中，也时常使用一定比例的价格上的折扣，这种折扣因为是分销渠道内部的折扣，所以称为“商业折扣”。商业折扣这一做法的基础是需求的价格弹性，即价格下降时，需求量会增加。

（二）费用补贴

零售商在配合生产企业进行促销活动时，有时会增加一部分的成本。这些成本有时花费在广告上，有时花费在店堂中商品的陈列上。为此，厂商一般要给予中间商部分补贴。当中间商自己从生产企业的仓库里将产品运至销售地点时，他们也能收到生产企业所给予的费用补贴。

（三）会员制促销

会员制是利用人的团体归属的心理，来达到促进销售的目的。

策划实例

博士伦的会员促销

博士伦的“明眸一族”俱乐部已经成为博士伦公司与消费者之间进行“感情交流”的桥梁，俱乐部为消费者提供尽可能多的关爱。

俱乐部通过每季一刊的“名眸通讯”与会员保持联系，传达信息。通讯主要栏目有“博士伦世界”、“明眸新视野”、“明眸生活点滴”、“博大夫信箱”等等。在消费者的眼中，“博士伦”不再是一个陌生、冰冷、“只知赚钱”的产品，而成了熟悉、可亲又可依赖的朋友。它通过与消费者建立深厚的“友谊”，从而为企业长远的市场营销活动服务。

（资料来源：周建波：《营销管理》，山东人民出版社 2002 年版）

三、以社会为中心的促销

（一）赞助促销

1. 体育赞助促销。各种各样的体育赛事，如今已经成为人们生活中不可缺少的一部分。每逢重大体育赛事举行，往往会吸引众多的观众，这也是商家促销的大好时机。

体育营销主要就是借助赞助、冠名等手段，通过所赞助的体育活动来凸显自己的品牌。现在很多企业领导都具有体育营销的意识，认识到体育背后蕴藏着无限的商机，认识到体育赛事是品牌最好的广告载体。体育赞助的优势是：

（1）体育赞助的效果自然、易于接受。体育赞助实际上是一种软广告，但由于广告并不单独出现，因而商业性及功利性不像硬广告那么明显。

（2）体育赞助沟通对象面广、有针对性。在重大比赛现场，观众动辄成千上万，媒体观众更是不计其数。因此，非常有利于企业与目标对象进行有效的沟通，达到事半功倍的效果。

策划实例

“农夫山泉”的赞助促销

“农夫山泉”是中国申奥成功后的赢家之一。申奥之前，养生堂公司抓住了这个千载难逢的好时机，在央视大做“一分钱”广告：“再小的力量也是一种支持。从现在起，你买 1 瓶‘农夫山泉’，你就为申奥捐出 1 分钱。”公司每销售 1 瓶“农夫山泉”，都提取 1 分钱，以代表消费者来支持北京申奥事业。

为此，中国奥委会特别授予养生堂公司“2001 ~ 2004 年中国奥委会合作伙伴/荣誉赞助商”的称号，授权其拥有中国体育代表团专用标志特许使用权。养生堂公司由此成为中国奥委会及中国体育代表团最高级别的赞助商之一，也是最早与中国奥委会建立合作伙伴关系的赞助企业。

长达7个月的全国范围筹款是一笔非常可观的巨额资金。但这来自千万双手的点滴凝聚，比之企业直接的捐赠，是后者数倍的乘数效应。因为这既为申奥注资，又为公民搭建了一条表达心愿和参与申奥的桥梁。最后，作为企业，养生堂也在此次“善行”中提升了品牌和效益。

（资料来源：杨明刚：《营销策划创意与案例解读》，上海人民出版社2008年版）

2. 公益赞助促销。公益活动赞助体现了企业关心社会、关心人类，可以以情感人，塑造品牌亲和力的良好形象。因此是一种“高明”的促销手段，如果策划得好，赞助促销往往能够成为新闻的焦点，从而在公众中引起强烈反响，达到宣传和促销的目的。

公益赞助促销的效果一般超过广告，而且有时还可以避开某些对广告的限制。如今，赞助公益事业已成为众商家必不可少的公关活动之一。赞助公益事业往往可以为商家带来意外的收获，一般商家看重的是企业美誉度的提高，良好的口碑往往是赢得消费者信赖的基石。

策划实例

“三八妇乐”公司的独特促销手段

古城咸阳是我国保健品的重要生产基地，一种名叫“三八妇乐”的女性保健品由于种种原因遇到了重重危机，处于风雨飘摇之中。

中国人口福利基金会秘书处给“三八妇乐”公司来信说，由于中国人口福利基金会和中国计划生育协会发起的“幸福工程”是一项以救助贫困地区的贫困母亲为使命的社会慈善活动，他们希望“三八妇乐”公司为幸福工程做出贡献。

公司认真研究了幸福工程，发现如果“三八妇乐”公司投入这一活动，企业奉献的仅仅是利润，但得到的却是计生系统庞大的网络优势和巨大的服务市场。因此，赞助幸福工程肯定能一举数得，名利双收！不但可以扭转“三八妇乐”公司的秃势，更能使“三八妇乐”公司夺得全国市场。

经过筹划，“三八妇乐”公司和幸福工程双方协商后，决定开展幸福工程“三八妇乐”产品义卖活动。由“三八妇乐”公司向中国人口福利基金会幸福工程赞助价值上千万元的“三八妇乐”产品。这批赞助的产品将通过计生网络和妇联义卖活动转化为资金，800万元的利润将一分不留地奉献给贫困妇女。

此后，义卖活动在各地全面展开，取得了令人瞩目的成绩。结果，幸福工程使“三八妇乐”公司又重新站了起来。“三八妇乐”公司实现了企业的良性循环，收到了满意的经济效益。

（资料来源：周建波：《营销管理》，山东人民出版社2002年版）

（二）节日促销

1. 传统节日促销。每逢良宵佳节，人们往往与家人朋友共享这美好时光，购物、餐饮、旅游等活动便成为人们在这时的首选，从而为商家们提供了巨大的商机。如何抓住这些商机并尽可能地赢得利益？促销，无疑是商家的一个得力助手。

以节日为主题开展促销活动，首先要深谙这些节日具有的意义，并了解节日能给消费者带来什么样的心理反应，这样就能掌握市场活动中的主动权，将准确的情感融于产品及促销活动的过程之中。如春节、中秋节以亲人团聚为促销主题；"三八"节母亲节以关心妇女为促销主题，"六一"儿童节以关爱少年儿童为促销主题，等等。

策划实例

必胜客餐厅"六一"儿童节促销策划

1. 端午节至"六一"儿童节期间，即5月28日至6月1日，共五天时间内，全部主顾享受午餐原价七折，晚餐原价八折优惠；

2. 端午节及"六一"儿童节当天凡到我餐厅就餐的1米3以下儿童，每位都将获得一张不收费就餐券，同时"六一"儿童节当天餐厅还将赠予精彩大年夜嘴鸟佩章一枚。

（资料来源：《"六一"儿童节促销活动方案案例》http：//www. jdwqchy. com/gb/newsdetail. asp？newsid = 457）

2. 造节助兴促销。节日不仅是消费者的节日，更是商家的"节日"，因为节日意味着销售额的显著提高。因此，商家可能希望天天都是节日。但一年中节日对于商家来说毕竟太少了，如此一来，"造节"无疑是一种"明智之举"。让消费者在节日的气氛中消费，何乐而不为呢？

周年纪念对于企业来说，具有"至关重要"的意义。首先，周年纪念就好比企业过"生日"，通过周年纪念，可以塑造企业形象和弘扬企业文化；其次，周年纪念和开业庆典、节假日一样，也是开展促销活动的大好时机。周年纪念已经得到越来越多企业的重视。

（三）文化促销

现代消费讲究品位，崇尚文化，即便是物质形态的消费也不单单局限于物质本身，消费的对象还包括蕴藏在物质形态中的无形价值——文化品位。现在的消费者追求文化品位，具有渴望获得别人尊重的心理需求。所以，企业要想成功地闯出一片属于自己的天地，就必须懂得迎合消费者的文化与心理，巧妙地运用文化促销的方式。

青岛啤酒刚进入美国市场的时候，促销人员在如何开拓市场方面作了许多策划。促销人员认为，筷子不仅代表了中国的历史，而且还代表了中国人独特的进食方法，其作用与西方人惯用的刀叉相同。如果将筷子与青岛啤酒合二为一，一定会有助于更好地宣传中国的饮食文化形象。基于此，公司设计了一双筷子与青岛啤酒构成的招贴画，广泛地张贴在美国的各种餐馆、超市以及部分酒吧中，达到了较好的效果。

思考与训练

请选择一个你熟悉的大型超市，模拟为其开拓市场策划促销方案。

任务三

广 告 策 划

广告是企业用以对目标顾客和公众进行直接说服性传播的主要工具之一，是促销组合中受到普遍重视和应用的促销形式。

广告对企业经营活动影响很大，搞得好，能促进企业的发展；搞得不好，也能影响企业的发展。

广告策划作为一种科学的广告管理活动，必须确定广告目标、广告对象、广告策略等原则问题，亦即解决广告应该“说什么”、“对谁说”、“怎样说”、“说的效果如何”等一系列的重大问题。

一、确定广告目标

（一）广告目标的分类

广告策划第一步就是确定广告目标。依据广告承担任务的不同，广告目标可分为通知、说服购买和提醒使用三种（见表10－3）。

表10－3　广告目标分类及作用

通知性广告的作用	
• 向市场通告新产品信息	• 描述可提供的各项服务
• 建设产品的新用途	• 纠正错误的印象
• 将价格的变化通告市场	• 解除消费者的顾虑
• 说明产品如何使用	• 树立公司形象
说服性广告的作用	
• 培养品牌偏好	• 说服顾客立即购买
• 鼓励消费者转向自己的品牌	• 说服顾客接受销售访问
• 改变顾客对产品特性的认识	
提醒性广告的作用	
• 提醒消费者可能不久就会需要该产品	• 使消费者在淡季也能记住产品
• 提醒消费者购买的地点	• 保持尽可能高的知名度

1. 通知性广告。主要用于产品的市场开拓阶段，此时的目标是建立初步的需求。一则好的广告可以唤起注意，引起兴趣，刺激欲望，导致购买。

2. 说服性广告。说服性广告适应于产品成长期，这个时期需求的特点是选择性需求，即顾客对某一种产品有需求，但还没有形成品牌偏好，可在不同品牌中进行选择。此时企业的主要广告目标应是劝导顾客购买自己的产品，突出产品特色，介绍本产品优越于其他产品之处，促使顾客形成品牌偏好。

3. 提醒性广告。提醒性广告适用于产品成熟期，广告目标是提示顾客购买。例如，可口可乐是众所周知的产品，早已处于成熟期，广告目标就不会再是介绍和劝说人们购买，而是提示人们别忘了购买这种产品。

（二）选择广告风格

广告策划者在创意广告时都有一定的风险。这取决于广告策划者的业务水平和一定文化氛围下的艺术表现手法。

广告的风格，大体可以归纳为三种类型：

1. 规则式风格。这种风格近乎公式化，介绍产品一般只从质量参数、价格水平、规格尺寸、花色品种等自然属性方面加以如实报道，很少带感情、艺术色彩、这种风格多用于生产资料和技术服务广告。

2. 理性感化风格。这种风格被广泛用于广告文稿策划。它主要以文学艺术形式的表现力打动顾客的情感，通过理性、感情诉求改变顾客的态度，这种风格要求策划者有很高的语言文学才能。

理性感化风格的广告文稿又可分成五种：诱导式、同情式、设身处地式、幽默式和启发式。

策划实例

乐百氏，27 层净化

经过一轮又一轮的“水战”，饮用水市场形成了三足鼎立的格局：娃哈哈、乐百氏、农夫山泉，就连实力强大的康师傅也曾一度被挤出了饮用水市场。纵观各水成败，乐百氏纯净水的成功相当程度上得益于其“27 层净化”的营销传播概念。

乐百氏纯净水上市之初，就认识到以理性诉求打头阵来建立深厚的品牌认同的重要性，于是就有了“27 层净化”这一理性诉求经典广告的诞生。

当年纯净水刚开始盛行时，所有纯净水品牌的广告都说自己的纯净水纯净，消费者不知道哪个品牌的水是真的纯净或者更纯净。此时，乐百氏纯净水在各种媒介推出卖点统一的广告，突出乐百氏纯净水经过 27 层净化，对其纯净水的纯净提出了一个有力的支持点。这个系列广告在众多同类产品的广告中迅速脱颖而出，乐百氏纯净水的纯净给受众留下了深刻印象，“乐百氏纯净水经过 27 层净化”很快家喻户晓。“27 层净化”给消费者一种“很纯净可以信赖”的印象。

27 层净化是什么？是其他纯净水厂家达不到的工艺吗？非也，一种营销传播概念而已。

（资料来源：《广告营销经典案例分析：创造最好的产品》http://edu.qq.com/a/20110316/000255.htm。）

3. 论证式风格。运用论证式风格策划广告文稿，一般采用一点论、两点论和比较三种方法突出焦点。一点论，文稿只就产品劳务的固有优点述说，策划者站在企业的角度；两点论，向消费者客观介绍产品的优点和缺点，并介绍解决使用过程中出现的问题的方法；比较，就产品外形、质量、价格、性能与同类产品相比确认优势。

策划实例

舒肤佳占领香皂市场

1992年3月，“舒肤佳”进入中国市场时，早在1986年就进入中国市场的“力士”已经牢牢占居香皂市场。然而后生的“舒肤佳”却在短短几年时间里，硬生生地把“力士”从香皂霸主的宝座上拉了下来，根据2001年的数据，舒肤佳市场占有率达41.95%，比位居第二的力士高出14个百分点。

舒肤佳的成功自然有很多因素，但关键的一点在于它找到了一个新颖而准确的“除菌”概念。

在中国人刚开始用香皂洗手的时候，舒肤佳就开始了它长达十几年的“教育工作”，要中国人把手真正洗干净：看得见的污渍洗掉了，看不见的细菌你洗掉了吗？

在舒肤佳的营销传播中，以“除菌”为轴心概念，诉求“有效除菌护全家”，并在广告中通过踢球、挤车、扛煤气等场景告诉大家生活中会感染很多细菌，然后用放大镜下的细菌“吓你一跳”。最后，舒肤佳再通过“内含抗菌成分‘迪保肤’”之理性诉求和实验来证明舒肤佳可以让你把手洗“干净”，另外，还通过“中华医学会验证”增强了品牌信任度。

（资料来源：《广告营销经典案例分析：创造最好的产品》http：//edu. qq. com/a/20110316/000255. htm。）

二、策划广告主题

广告主题就是一则广告要向消费者传达的主要信息。主题是广告的灵魂，是广告的中心思想，是表现广告为达到某种目标的而必须要说明的基本概念。广告主题决定了广告信息的内容、创意和表现。

策划实例

“白加黑”的成功

1995年，“白加黑”上市仅180天销售额就突破1.6亿元，在拥挤的感冒药市场上分割了15%的份额，登上了行业第二品牌的地位，在中国营销传播史上堪称奇迹。这一现象被称为“白加黑”震撼，在营销界产生了强烈的冲击。

一般而言，在同质化市场中，很难发掘出“独特的销售主张”（USP）。感冒药市场同类药品甚多，层出不穷，市场已呈高度同质化状态，而且无论中、西成药，都难于作出实质性的突破。康泰克、丽珠、三九等“大腕”凭借着强大的广告攻势，才各自占领一块地盘，而盖天力这家实力并不十分雄厚的药厂，竟在短短半年里就后来居上，关键在于其崭新的产品概念。

“白加黑”是个了不起的创意。它看似简单，只是把感冒药分成白片和黑片，并把感冒药中的镇静剂“扑尔敏”放在黑片中，其他什么也没做；实则不简单，它不仅在品牌的外观上与竞争品牌形成很大的差别，更重要的是它与消费者的生活形态相符合，达到了引发联想的强烈传播效果。

在广告公司的协助下，“白加黑”确定了干脆简练的广告口号：“治疗感冒，黑白分明”，所有的广告传播的核心信息是“白天服白片，不瞌睡；晚上服黑片，睡得香。”产品名称和广告信息都在清晰的传达产品概念。

（资料来源：《广告营销经典案例分析：创造最好的产品》http：//edu. qq. com/a/20110316/000255. htm。）

（一）影响广告主题的因素

1. 广告策略。广告策略是指根据企业的营销战略而制订的广告策略。要使广告取得预期的效果，广告主题必须体现广告策略的要求。

2. 信息个性。信息是指广告内容，一般来说，广告内容主要是指宣传商品、企业、观念、劳务等。个性则指上述信息的突出差异性。所以信息个性主要是指广告的商品（或企业、劳务）的突出特点。因此，信息个性也称为销售重点，广告诉求则为诉求重点。

3. 消费心理。消费心理是指广告决策和信息个性要符合心理需要。如果不符合消费者的心理欲求，这个主题不会被人们所接受。

广告主题的题材是非常丰富的，如人类对生存和长寿的欲望——健康；投合天下父母喜爱子女的天性，选择与儿童成长与生活相关的儿童需求；满足生理上饥餐渴饮、营养滋补、延年益寿等自然需求；讲求食品的色、香、味，讲求饮食环保、方便、舒适等享受需要——食欲；促进社会群体成员的健康社会活动——社交等。

广告主题的基本要素有两个：一要鲜明，即观点表达明确，使人能立即把握问题的实质，正确地领会；二要深刻，即以新的角度和层次表达问题，富于新意，不落俗套。

（二）确定广告主题

广告主题要突出企业或产品所给予购买者的利益。广告主题要因不同性质的产品、市场需求的变化以及消费者对象的差异而精心谋划、有所侧重。

1. 根据产品的作用确定广告主题。产品的作用是产品提供给消费者的某种利益，以产品的作用为广告主题，是广告主题选择最多、最普遍的做法。如果产品的作用正好是消费者所期待或潜在的需求，把这种产品的作用信息作为广告主题传达给消费者就很容易被消费者接受。

2. 以消费者的心理确定主题。对于相同类型的产品，要找出与竞争对手产品的差别是比较困难的，这时以满足消费者的心理要求为主题就显得比较可行了。要向消费者宣传产品的独特好处，避免选用竞争对手已采用的主题。市场上同类产品往往会有很多种，要想唤起消费者的兴趣，就必须着重介绍本企业的产品与众不同的地方。

策划实例

农夫果园，一“摇”三“鸟”

两个身着沙滩装的胖父子在一家饮料店前购买饮料，看见农夫果园的宣传画上写着一句“农夫果园，喝前摇一摇”。于是父子举起双手滑稽地扭动着身体，美丽的售货小姐满脸狐疑地看着他俩。

（镜头一转）口播：农夫果园由三种水果调制而成，喝前摇一摇。

（远景）两个继续扭动屁股的父子远走。

第一次看到这支广告时，先是一乐，接着是很兴奋：中国营销界又多了一个伟大的经典概念！

又是养生堂，又是在一个竞争已经十分激烈的行业，又是一个经典营销传播概念。

统一主打女性消费市场，喊出“多喝多漂亮”的口号，康师傅、健力宝、汇源等也纷纷走美女路线。康师傅签约梁咏琪为“每日C果汁”摇旗呐喊，健力宝聘请亚洲流行天后滨崎步作为“第五季”的形象代言人，汇源在宣传了一阵子冷灌装以后，邀请时下最红的韩国影星全智贤出任“真鲜橙”的代言人。PET包装的果汁市场，一下子美女如云。

而后来的农夫果园不为女色所惑，出手不凡，又一次运用了差异化策略，以一个动作作为其独特的品牌识别“摇一摇”。

这是一个伟大的创意。

“摇一摇”是一个绝妙的潜台词。“农夫果园，喝前摇一摇”、“农夫果园由三种水果调制而成，喝前摇一摇”。“摇一摇”最形象直观地暗示消费者它是由三种水果调制而成，摇一摇可以使口味统一；另外，更绝妙的是无声盛有声地传达了果汁含量高因为我的果汁含量高，摇一摇可以将较浓稠的物质摇匀这样一个概念。“摇一摇”的背后就是“我有货”的潜台词。

在农夫果园打出这句广告词之前，许多果汁饮料甚至口服液的产品包装上均会有这样一排小字“如有沉淀，为果肉（有效成分）沉淀，摇匀后请放心饮用”。这排小字看似是要消除一种误会就是有了沉淀并不是我的产品坏了，摇匀后喝就行了。其实是一个很好的卖点它证明产品的果汁含量高，但这样的语言在各种包装上已经有很多年了，从来没有人关注过角落里的“丑小鸭”，农夫果园发现了这只“白天鹅”，并把她打扮一新包装成了明星一句绝妙的广告语“喝前摇一摇”，变成了一个独特的卖点。

同时，在感性认同上，“摇一摇”使得宣传诉求与同类果汁产品迥然不同，以其独有的趣味性、娱乐性增添消费者的记忆度。

（资料来源：《广告营销经典案例分析：创造最好的产品》http：//edu.qq.com/a/20110316/000255.htm。）

3. 以产品生命周期确定广告主题。处于导入期的新产品在主题上应着力说明产品的功效，使用理性诉求方式。例如，美国澳尔费林公司1957年研制成功的猪皮便鞋“无声小狗”，就是运用这种创意方式进行广告宣传，成功地打入市场。他们在导入期广告的主题立意就是向潜在的顾客介绍并表演猪皮便鞋如何防酸、防雨、防污，使他们了解“无声小狗”的优点，以便为进一步的广告宣传打下基础。导入期的广告主题如果定位过高，则可能招致失败。

同样，在产品进入成长期后，要及时变换主题。这一阶段的主题应该以宣传产品的品牌形象为立足点，扩大品牌知名度。在产品进入成熟期后，人们对产品或品牌均已熟悉，因而此时的广告主题应以情感诉求为主调，吸引广大消费者继续购买本公司的产品。

4. 以产品的市场定位确定广告主题。当不同品牌产品尚未出现时，产品首创者不做广告或只做少量广告也能称雄市场。但一旦出现了不同品牌的同样产品，企业就不可在广告上掉以轻心。目前，市场上大多数消费品品牌林立，加上生产者的技术进步和模仿效应，产品之间的区别越来越小，要想使顾客对自己的品牌格外留意，就必须在广告创意上下功夫。其中一个很重要的方式，就是通过广告表现本企业产品的独特的市场定位，这样才能将品牌的形象嵌入人们的心田。

5. 以企业形象、产品商标作为主题。商标是一个企业或一种产品的质量、特点的重要标志。每当有众多的同类商品同时出现在消费者面前，并任其选购的时候，消费者在一时还弄不清每种商品的质量时，往往会凭着对商标的信任来选购商品。这时，商标就对产品的销售起了很重要的作用。

三、表达广告内容

广告信息的表达形式至为重要，能在很大程度上决定广告的效果。

（一）选择表达形式

1. 生活片段。显示一个或几个人在日常社会中使用产品的情景。

2. 社会方式。它强调产品如何适应人们的生活方式，如中国移动广告“人海茫茫，呼之即出”，就是通过对现代生活方式的宣传，刺激人们的购买欲望。

3. 引人入胜的幻境。针对产品及其用途，设计一种引人入胜的奇境。

4. 气氛和印象。借助产品营造某种气氛或印象，给人以暗示，但不对产品本身做任何直接宣传。如张裕葡萄酒广告“百年张裕，浪漫情怀”，只字未提产品本身，却从侧面揭示了葡萄酒与爱情、现代生活方式之间的关系。

5. 音乐。通常表现为广告角色演唱一首有关产品的歌曲，如“黄金搭档”。

6. 拟人。赋予产品人的特性，这种特性可以表现为富有生命力，如给产品图像安上头和脚，让它走动或说话。

7. 科学证据。表明这一品牌的产品比其他品牌的产品更具有科学性。

8. 技术经验。显示公司在制造产品中的专业经验。

9. 旁证。是以高度可信或者讨人喜欢的人士认可产品为特色的。如成龙为小霸王学习机所做的广告。

（二）语言表达

1. 注重标题醒目。广告标题要做到醒目易记、新颖独特、引人入胜，以尽量少的语言表达尽量多的信息。例如，某牙刷厂的广告标题“一毛不拔”，日本丰田汽车公司在中国的广告标题“车到山前必有路，有路就有丰田车”等，都给人留下深刻印象。其他，如“海尔，真诚到永远”、“维维豆奶，欢乐开怀”等，均耐人寻味，历久难忘。

2. 讲求艺术表达。广告语言与生活中一般的语言有很大的区别。广告语言最忌讳平铺直叙以及口号式、标语式的语言。广告语言的语调、停顿都必须讲究、斟酌。特别是对于短小的能在社会上广泛流传的广告语，除了语言的艺术和精妙外，还要注意从声韵学方面去研究它的朗朗上口，便于口头流传。

策划实例

1∶1∶1

2002 年，“金龙鱼”又一次跳跃龙门，获得了新的突破，关键在于其新的营销传播概念“1∶1∶1”。看似简单的“1∶1∶1”概念，配合“1∶1∶1 最佳营养配方”的理性诉求，既形象地传达出金龙鱼由三种油调和而成的特点，又让消费者“误以为”只有“1∶1∶1”的金龙鱼才是最好的食用油。

十年磨一剑，金龙鱼在 2002 年才让中国的消费者真正认识了调和油，关键在于找到了一个简单的营销传播概念。

（资料来源：《广告营销经典案例分析：创造最好的产品》http：//edu. qq. com/a/20110316/000255. htm。）

思考与训练

请你选择一个你熟悉的产品，研究其广告的有效性，同时为其策划一个新的广告方案。

任务四

公共关系策划

一、认识公共关系策划的重要性

在促销组合中，人员销售、销售促进、广告都带有短期性的目标，而公共关系则主要着眼于长期性的目标，是一种以长期目标为主的间接的促销手段。

企业不仅要建设性地与顾客、供应商和经销商建立关系，而且也要与公众建立关系。

公共关系策划（以下简称“公关策划”）就是企业运用公关方法、技能和智慧，对公共关系活动形成可操作性的整体战略、策略和运筹规划，提出并实施公关决策。公共关系策划不是点子，而是一个系统、科学、完备的程序，是按照企业发展目标和系统思路进行的，具有科学性、完整性、长期性的规划。

二、公关策划的步骤

（一）搜集公关信息

公关策划主要搜集政府决策信息、新闻媒介信息、立法信息、产品形象信息、竞争对手信息、消费者信息、市场信息、企业组织形象信息，流通渠道信息等，然后对所搜集的信息进行处理、储存。

（二）确定公关目标

公关目标有长期目标、近期目标、一般目标、特殊目标等。公关目标包括的主要内容有：

1. 提高企业的知名度、信任度和美誉度。
2. 使企业与公众保持沟通，并完善其渠道。
3. 当社会环境变化时，改变和调整企业的行为。
4. 建立良好的产品形象和提高产品的市场占有率。

（三）选择公关对象

企业处于不同的行业，分别有不同的目标顾客，公共关系活动是针对不同的目标顾客，以不同的方式展开的。公关对象的策划首先是要鉴别不同对象的权利和要求，然后对其进行分析，找出共性和个性，分别采取一般性和特殊性的对策。

（四）拟定公关策略

公关策略是为实现企业的公关目标所采取的对策和应用各种方法的总称。公关策略策划就是围绕企业所面对的实际问题使用的公关策略进行创意性的谋划。其中包括：

1. 社会性公关策划。指不以营利为目的的社会公益型公关活动的谋划，如公众服务，开展普及性的教育，开拓社会福利，以及其他文娱、体育、环保等活动。

2. 维系性公关策划。是一种维系企业良好形象和稳定企业发展的公关活动的谋划。

3. 矫正性公关策划。指矫正企业偶然失误或受到挫折给社会各方面造成的不良印象而进行的公关活动谋划。

策划实例

童车的危机公关

深圳一家公司生产的童车打入了国际市场。一次由于钢圈受压变形，一个爱尔兰女孩摔倒在地，被送进医院。在创意人员的敏捷策划下，公司总经理立即飞往伦敦，向受伤的女孩鞠躬致歉。接着，公司在爱尔兰的报刊上广登启事，声明对所有买下该公司童车的顾客负责，并就地对存货一一检验。一场危机过去，这家公司在海外的声誉不仅没有受到损害，反而有所提高。第二年，英国代理商的订货增加了 8 万辆。

（资料来源：周建波：《营销管理》，山东人民出版社 2002 年版。）

4. 新闻性公关策划。是调动新闻舆论界为宣传本企业的良好形象而进行的公关活动谋划。

（五）选择公关时机

公关时机策划是对公关时机选择的谋划。“机不可失，时不再来”，公关时机的选择非常重要。企业常常利用的公关时机是：（1）企业创办或开业之际；（2）企业推出新产品和新的服务项目之际；（3）企业发展很快但声誉尚未树立之前；（4）企业更名或与其他企业合并之际；（5）企业出现局部失误或遭某方面误解之际；（6）企业遇到突发性危机事件之际，等等。

三、策划企业公关主题活动

（一）企业公关主题活动策划内容的确定

企业公关主题活动是为完成企业的发展任务，依据确定的目标，专门组织的各项营销活动。活动策划要围绕主题活动的目的、时间、地点、人物等内容来进行。

1. 活动目的。通过各种典礼、展销、竞赛、研讨、社会公益等活动，扩大企业影响和知名度，宣传产品和开辟新的销售渠道。

2. 活动时间。即活动策划的时机，公关主题策划要善于抓住时机，“机不可失，时不再来”。最好的时机是企业推出新产品的时间、国家规定的节日和企业的纪念日等。

3. 活动地点。公关主题活动举办的地点，一般选择事件发生地、目标顾客所在地，交通便利、人口流动较多的地点。

4. 活动人员。以扩大影响为最终目的确定参加活动人员，以经济效益为原则，确定活动的规模和档次。

（二）公关主题活动策划的要求

公关活动策划应该遵循以下要求：

1. 诚信可靠，动机纯正。公关主题活动策划要保证举办者的动机纯正、可靠，不带有商业欺诈的成分，不设圈套，不隐瞒事实真相，不引人误入歧途。

2. 富有激情，引人入胜。活动策划应富有文化内涵，抓住心理，煽动公众的热情；同时具有启发性和趣味性，能引人注意，引起人们的心理共鸣。

3. 创意奇特，新颖别致。活动策划切忌一味模仿，要独辟蹊径，花样翻新，以形式上的多样化和手段上的奇特化显示其特色。

4. 讲求效益，切实可行。不搞花架子，一切从实际出发，充分体现活动的可行性，全面追求活动的实效性，在活动经费的耗费上要考虑举办单位的承受能力和活动的投入与产出比。

思考与训练

请你选择危机公关失败与成功的企业案例各一个，并加以分析，总结归纳其成败。

任务五
人员推销策划

一、认识人员推销策划

（一）推销策划的含义

在人员推销策划中，“推销”是企业委派自己的销售人员，直接向用户运用各种推销技术和手段推销某种商品和提供某种服务。推销的核心问题是如何说服现实的或潜在的顾客接受所推销的商品和服务。

（二）人员推销策划的具体实施

1. 明确推销任务。明确推销任务是人员推销策划的前提，人员推销策划要以满足顾客需要为中心。

（1）明确顾客需要的是什么？我们能够提供的是什么产品？

（2）对消费品需明了顾客的消费能力，明确顾客的消费动机；对工业品需明了是多层次的专家购买，还是其他购买方式，从而决定推销产品的种类和数量。

（3）了解顾客的分布状况、产品的特性等因素。

2. 确定人员推销方案。可供选择的方案有：上门推销、营业推销、会议推销、电话推销、信函推销、陪购推销等。

3. 推销人员的组织设计。推销人员组织有三种基本方法可以选择，即产品组织法、顾客组织法和职能组织法。

（1）产品组织法。即按产品和品牌的分类设置销售组织内部的机构和层次，由专人负责某类产品和品牌的推销的组织法。按这种方法配备的推销业务负责人，一般称为产品经理或品牌经理，如图 10－5 所示。

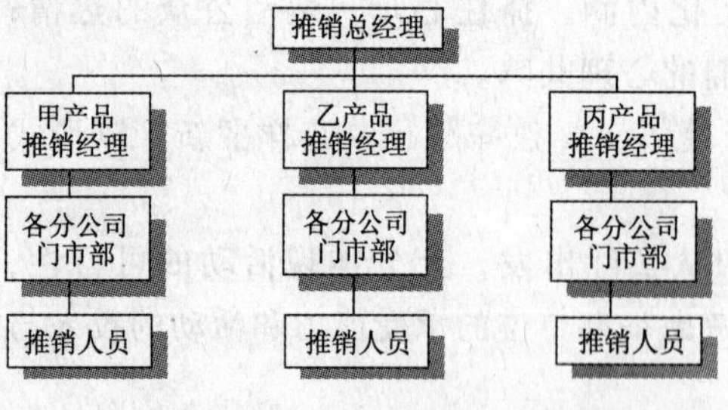

图 10－5　按产品设置的推销组织机构

按产品组建销售机构的优点是能集中力量管好具体产品，尤其是占销售额度大的骨干产品，便于熟悉业务和开展专题促销活动，当市场上出现问题时，产品经理能迅速作出反应。

缺点是所需人员多，费用高，协调难度大。

（2）顾客组织法。又称市场管理法，是按市场细分类别来设置销售组织内部的机构和层次，如图 10－6 所示。

顾客组织的最大优点是以市场为基础，根据顾客的需求进行有针对性的推销，对市场

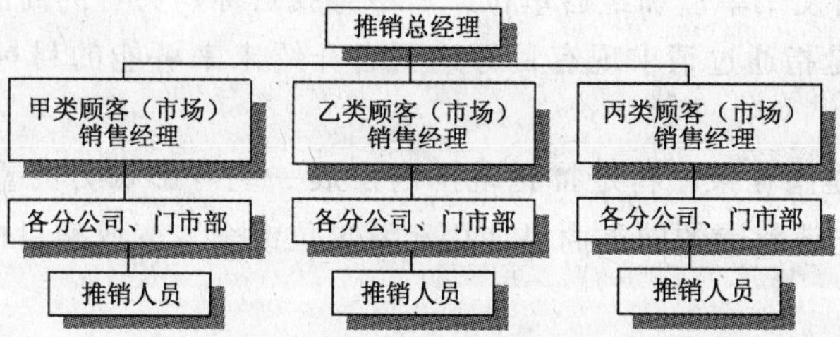

图 10－6　按顾客设置的销售组织机构

和顾客的情况了解比较全面。

缺点是当多种产品投入市场时，管理难度大，售后服务难以开展。

（3）职能组织法。是按需要完成的工作或职能来进行组建推销机构和配置推销管理人员，如图 10－7 所示。

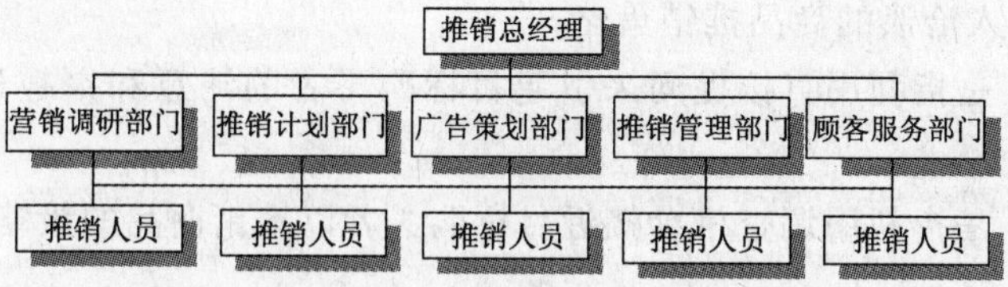

图 10－7　按照职能部门设置的销售结构

职能组织法的优点是可以解决主管领导对专业指挥困难的问题，有利于职能部门对各种专业业务的管理，决策的科学性较强。

缺点是各职能部门多头指挥，使指挥不能向纵深发展。

在实际中，大多数企业都会根据自身业务的特点而采取两种以上的复合型组织形式。如“职能—产品混合式”、“职能—顾客混合式”，或者“职能—顾客—产品混合式”等。

二、人员推销策略的具体实施

（一）一般人员推销

1. 试探性策略。试探性策略指推销人员在事先尚不了解顾客的具体需求的情况下，通过与顾客的“渗透式”交谈，观察其反应，试探其具体要求，然后根据顾客的反应进行宣传，刺激其购买动机，引导产生购买行为的商品促销策略。

2. 针对性策略。针对性策略指推销人员事先已了解了顾客的某些具体要求，针对这些要求积极主动地与之交谈，引起对方的共鸣，从而促成交易的商品促销策略。

3. 诱导性策略。诱导性策略指推销人员通过与顾客交谈，引起顾客对所推销的商品或劳务的需求欲望，促使顾客把满足其需求的希望寄托在推销员身上，这时推销员再说明自己手头上正好有能够满足其需求的商品或劳务，使顾客产生购买兴趣，以实现购买行为的商品促销策略。

（二）寻找顾客

1. 地毯式访问。是指推销人员在不太熟悉顾客的情况下，直接访问某一特定地区或某一特定行业的所有使用单位和经营单位，从中寻找目标购买者的商品推销策略。

2. 连锁介绍。是指通过请求现有目标购买者介绍未来可能的目标购买者的商品推销策略。

3. 中心开花。是指在某一特定推销范围内发展一些有影响力的重点人物，并在这些重点人物的协助下把该范围的同类商品使用经营单位或个人变成准目标购买者的商品推销策略。

（三）接近顾客

1. 介绍接近。是指通过自我介绍或第三者的介绍而接近顾客推销商品的策略。

2. 商品接近。是指直接利用所推销的商品引起目标购买者的注意和兴趣进而转入洽谈的商品推销策略。此法一般适用于名优特商品的推销。

3. 利益接近。是指利用洽谈的商品本身能够给目标购买者带来的实惠而引起对方的注意和兴趣进而转入洽谈的商品推销策略。

4. 提问接近。是指利用直接提问来引起目标购买者的注意和兴趣进而转入洽谈的商品推销策略。

5. 调查接近。是指利用调查机会接近目标购买者以推销商品的策略。

（四）推销洽谈

1. 动意提示洽谈。是指通过建议目标顾客立即购买的洽谈以推销商品的商品推销策略。从推销心理学理论上讲，任何一种商品观念，一旦进入目标顾客的脑子里，只要不与其内心既有的观念相抵触，就会刺激起一定的冲动性行为或动力反应，此法正好运用了这一心理反应，达到推销商品的目的。

2. 直接提示洽谈。是指通过劝说目标顾客购买所推销商品的洽谈以推销商品的商品推销策略。此策略与间接提示洽谈推销策略是相对应的。

3. 相反提示洽谈。是指通过利用反提示原理来说服目标购买者来购买所推销商品的洽谈以推销商品的商品推销策略。所谓“反提示原理”，其实就是“激将法”原理。

（五）推销成交

1. 请求成交。是指通过直接请求目标顾客成交以推销商品的商品推销策略。

2. 假定成交。是指通过假定目标顾客已经接受推销建议而直接要求目标顾客成交以推销商品的商品推销策略。从推销学理论上讲，假定成交的力量来自推销者的自信心，一旦成交时机成熟，推销人员就应该树立“他一定会购买，这点毫无问题”的信心。

策划实例

一个汽车销售员

这是美国中部一个普通城市里一个普通地区的一家比较知名的车行。这个车行展厅内有六辆各种类型的越野车。这天下午，阳光明媚，展厅看起来格外明亮，店中的7个销售人员都各自在忙着自己的事情。这是一个普通的工作日，一对夫妻带着两个孩子走进了车行。凭着10年汽车销售的直觉，乔治认为这对夫妻是真实的买家。

乔治热情地上前打招呼——这是汽车销售的第一个步骤，并用目光与包括两个孩子在内的所有人交流，目光交流的同时，他作了自我介绍，并与夫妻分别握手。之后，他看来是不经意地抱怨天空逐渐积累起来的云层，以及周末可能到来的雨雪天气，似乎是自言自语地说，也许周末的郊游计划要泡汤了。这显然是很自然地转向了他需要引导的话题：他诚恳地问，"两位需要什么帮助？"（消除陌生感，拉近陌生人之间距离）。

这对夫妇说他们现在开的是福特金牛，考虑再买一辆新车，他们对越野车非常感兴趣。乔治开始了汽车销售流程中的第二步骤：收集客户需求的信息。他开始耐心、友好地询问：什么时候要用车？谁开这辆新车？主要用它来解决什么困难？在彼此沟通之后，乔治开始了汽车销售的第三个步骤——满足客户需求，从而确保客户将来再回到自己车行的可能性得到提高。他们开始解释说，周末要去外省看望一个亲戚，他们非常希望能有一个宽敞的四轮驱动的汽车，可以安全以及更稳安地到达目的地。

在交谈中，乔治发现了这对夫妻的业余爱好，他们喜欢钓鱼。这样的信息对于销售人员来说是非常重要的。这种客户信息为销售人员留下了绝佳的下一次致电的由头。在优秀的销售人员中，他们一直认为自然界中"变色龙"的技能对销售过程最为有用。客户由此感知到的将是一种来自销售人员的绝对真诚、个性化的投入和关切，在这种感知下，客户会非常放心地与销售人员交往。由此，乔治展现出自己也对钓鱼感兴趣，至少可以获得一个与客户有共同兴趣的话题，从而建立起与客户在汽车采购以外的谈资。

乔治非常认真地倾听来自客户的所有信息，以确认自己能够完全理解客户对越野车的准确需求，之后他慎重而缓慢地说，"车行现在的确有几款车可以推荐给他们，因为这几款车比较符合他们的期望。——销售流程中的第三个步骤：产品展示。他随口一问，计划月付多少车款？此时，客户表达出先别急着讨论付款方式，他们先要知道所推荐的都是些什么车，到底有哪些地方可以满足他们的需要，之后再谈论价格的问题（客户的水平也越来越高）。

乔治首先推荐了"探险者"，并尝试着谈论配件选取的不同作用。他邀请了两个孩子到车的座位上去感觉一下，因为两个孩子好像没有什么事情干，开始调皮，这样一来，父母对乔治的安排表示赞赏。

这对夫妻看来对汽车非常内行。他推荐的许多新的技术、新的操控，客户都非常熟悉，由此可见，这对夫妻在来之前一定收集了各种汽车方面的资讯。目前，这种客户在来采购之前尽量多的收集信息的现象是越来越普遍了。40%的汽车消费者在采购汽车之前都通过互联网搜索了足够的有关信息来了解汽车。这些客户多数都是高收入，高学历，而且多数倾向购买较高档次的汽车（如越野车），从而也将为车行带来更高的利润。其实，客户对汽车越是了解，对汽车的销售人员就越有帮助。乔治认为越是了解汽车的客户，越是没有那些一窍不通的客户所持的小心、谨慎、怀疑的态度。

这对夫妻看来对"探险者"非常感兴趣，但是，乔治也展示了"远征者"——一个较大型的越野车，因为，后者的利润会多一些。这对夫妻看了一眼展厅内的标有价格的招牌，叹了口气说，超过他们的预算了。

乔治此刻建议这对夫妇到他的办公室详细谈谈。这也就是汽车销售流程中的第四个步骤：协商。协商通常都是价格协商。在通往办公室的路上，他顺手从促销广告上摘了两个气球下来，给看起来无所事事的两个孩子玩，为自己与客户能够专心协商创造了更好的条件。

汽车行销售人员的办公桌一般都是两个倒班的销售人员共同使用的，但是，尽管如此，乔治还是在桌上放了自己以及家人的相片，这其实是另外一个与客户有可能谈到的共同话题。他首先写下夫妻俩的名字、联系方式，通常采购汽车的潜在客户都不会是第一次来就决定购买，留下联系方式，以便将来有机会在客户到其他的车行都调查过以后，再联系客户成功性会高许多。他再一次尝试着先问了客户的预算是多少，但客户真的非常老练，反问道，"你的报价是多少？"乔治断定他们一定已经通过多种渠道了解了该车的价格情况，因此，乔治给了一个比市场上通常的报价要低一点的价格，但是，客户似乎更加精明，他们的开价，乔治实际只能挣到 65 美元，因为这个价格仅比车行的进价高 1%。乔治表示出无法接受。于是，乔治说，如果按照他们的开价，恐怕一些配置就没有了。于是，乔治又给了一个比进价高 6% 的报价。经过再次协商，乔治最终达成了比进价高 4% 的价格。对于乔治来说，这个价格利润很薄，不过还算可以了，毕竟，客户第一次来就能够到达这个步骤已经不错了，而这个价格则意味着车行可以挣到 1000 美元，乔治的提成是 250 美元。

乔治非常有效率地做好了相关的文件，并带回经理签了字的合同，但在这时，客户却说他们还需要再考虑一下。此时，乔治完全可以使用另外一个销售中的技巧，那就是压力签约，他可以运用压力迫使客户现在就签约，但是他没有这样做，他宁愿让他们自由地离开（受过较高的教育的客户绝对不喜欢压力销售的方式）。乔治非常自信这个客户肯定的回来，他给了他们名片，欢迎他们随时与他联系。

两天以后，客户终于打来电话，表示他们去看了其他的车行，但是不喜欢，准备向乔治购买他们喜欢的车，虽然价格还是高了一点，但是可以接受。他们询问何时可以提车。令人高兴的是，车行里有现车，所以乔治邀请他们下午来。

下午客户来了，接受了乔治推荐的延长保修期的建议，安排了下一次维护的时间，并且介绍了售后服务的专门人员——汽车销售流程的最后一个步骤：售后服务的安排。并由专门的维护人员确定了 90 天的日期回来更换发动机滤清器。这个介绍实际上是要确定该客户这个车以后的维护，保养都会回到车行，而不是去路边廉价的小维修店。

这是一个真实的例子，也是非常典型的、有代表性的。通过这个例子，我们可以看到一个汽车销售人员不仅需要有一个流程性的销售技能表现，还需要许多销售人员个人素质方面的技能，如沟通的细节问题，拉近距离的方法，发现客户个人兴趣方面的能力，以及协商能力。

（资料来源：泸州职业技术学院市场营销精品课：案例分析——人员推销决策。http：//jpkc. lzy. edu. cn/scyx/maxfile/anli/ch10. doc 有删减。）

思考与训练

请你选择生活中一个你熟悉的生活用品，为其模拟制定一个人员推销策略。

复习思考题

1. 促销的作用是什么？各种促销形式有什么特点？
2. 产品生命周期各阶段的促销方式有何不同？
3. 以消费者、商家、社会等为中心的促销各有哪些有特色的形式？
4. 广告促销的目标有哪些类型？广告的主题应怎么确定？
5. 广告的内容应如何表达？
6. 公关策划的步骤有哪些？企业公关主题活动应从哪些方面策划？
7. 销售人员的管理原则有哪些？应如何激励销售人员的士气？

案例分析

移动梦网促销策划书

一、背景资料

伴随着中国信息产业市场多元化进程的加快，电信市场的竞争日趋激烈。中国移动通信公司除了与中国电信、联通、网通等国内企业竞争外，还必须面对跨国公司的疯狂扩张。迫于目前严峻的形势，中国移动通信公司必须寻求新的经济增长点才能在激烈的竞争中取胜。移动梦网——传统的语音业务向数字业务领域扩展的技术平台，正是在这一形势之下推出的。提供客户以移动信息为服务内容的信息查询、点播、个性化订制和电子交易业务。本策划书首先着眼于开拓西安高校市场，向广大大学生进行移动梦网的广告宣传，然后辐射全社会，提升移动梦网在广大互联网用户中的形象。

二、业务简介

目前新推出的数字业务主要有：主叫显示，WAP 业务，国际自动漫游，移动 QQ，信息点播，英汉字典，“神州行”储值卡等。

三、市场前景分析

“移动梦网”是中国移动通信公司对外信息的窗口，数字新业务的技术平台，依托中国移动通信集团公司的雄厚实力，从真正意义上实现移动互联，引领时代的潮流。据初步统计：西安高校在校大学生手机普及率在6% ~18%之间，上网人数超过93%，手机持有者基本全部上网。但在所有上网同学中知道移动梦网的同学不足20%，登陆过或了解其数字业务的则更少。由此可见，中国移动通信公司对移动梦网及其新业务在大学生中的宣传力度还不足。

从长远战略看：大学生在未来2 ~5 年内80% 以上都会成为手机用户，这是一个巨大的潜在消费市场。并且大学生毕业后分散到各行各业，通过他们能够带动和影响部分社会消费者，从而将市场拓向全社会。

大学生思想先进，易于接受新的事物，这更有利于宣传。所以在高校宣传，对移动通信的发展及新业务的开展都有举足轻重的作用。综上分析：高校市场潜力巨大、前景广阔。因而在大学生中做好移动新业务的宣传是非常重要的。

四、市场细分及市场定位

（一）目标市场

以目前在校大学生作为目标消费者，对移动梦网及其业务进行宣传，既可以争取现有的市场份额，又极大地开拓了未来广阔的潜在市场。以高校宣传作为首要切入点，是一个很明智的选择。

（二）消费者分析

目标消费者定位于文化程度较高，经济状况较好，经常上网，拥有手机的人群层次，对于目前拥有手机的人，应让他们了解并应用新业务，尽力争取这份市场；对于目前没有手机，将来会拥有的一族，应首先发展为中国移动的用户，然后让他们了解并应用新业务。

（三）市场竞争态势

从目前的移动通信市场来看，有联通、网通、铁通等多家通信运营商。从互联网的角度看，网民首选的是比较著名的专业门户网站，而很少选择别的网站（如我国网民一般选择“新浪”，“搜狐”，“网易”等），只有将二者结合起来，才能增强移动梦网的竞争实力。

（四）市场优势机会

移动梦网将移动通信与互联网很好的结合在一起，实现了移动互联的统一，这在目前看来，属于首家，比单纯的移动通信或互联网存在很大优势，尚未存在很大竞争威胁，需尽早抢占商机，并利用移动梦网做好互联网上的移动新业务宣传。

（五）业务定位

如果说以前很多人是通过电子邮件来了解互联网，那么现在则是通过QQ来了解的，而高校中上网的同学中每人至少拥有一个QQ，所以在高校中将主要的宣传业务定位于移动QQ。让他们通过对QQ的了解及应用去了解别的业务，从而全面拓展移动的数字业务。

五、行销组合策略

1. 户外广告。为了增强消费者注意力，形成印象积累效果，在大学校园内设立户外广告牌、灯箱、霓虹灯等，使人们以欣赏艺术的轻松心情，自然地接受广告信息。具体地点可以选择在人流集中的地方，如食堂、阅报栏、校园主干道、草地、球场等。

广告应着眼于宣传移动梦网的清新亮丽的形象及其新业务，要避免过于商业化，结合大学的校园文化，着重体现企业形象及企业文化，使同学们易于接受。广告语言应着重体现出移动互联网业务特点及移动企业的形象，应选择生动活泼、表情感丰富的广告语言，如：“移动梦网，把移动的梦变成现实”，“促销无极限”等。让移动梦网的广告牌成为西安高校中既体现移动的企业文化与人文精神，又成为一道亮丽的风景线，融移动的企业文化于高校的校园文化。

2. 领导讲座。利用大学生对成功的渴望及对成功人士的创业经验的渴求，请移动的领导做一些讲座，引导大学生去更多的了解移动企业是很有必要的。讲座内容可以结合各高校不同的人文环境和科学环境，以展望大学生的美好前景，定位于以移动倡导的移动互联，展望未来的美好生活，穿插移动的企业文化，使学生无形中对移动通信公司产生好的印象，运用煽动性较强的语言，深化刺激，使同学们对移动梦网产生一定的探索欲望，进而产生购买欲望，达到营销的目的。

3. 移动杯足球赛。结合今年中国足球队“入世”所营造的浓厚的足球氛围及大学生对足球的热爱，立足于各高校每年都要举行足球赛，可由移动通信公司牵头，每校选拔一支队伍参加，借鉴甲A联赛的经验。在球场边制作氢气球条幅广告，悬挂横幅，并设立移动宣传资料发放点。并且由移动通信公司统一冠名队服广告。

4. 移动——环保。针对当前全社会关注的热点问题——环保，提高大学生的环保意识，体现移动通信公司的社会责任感。由移动组织，从各校环保协会选出精英组成“移动环保考察小组”，对陕西9条河流的污染情况进行分站考察，同时对经过之处进行环保宣传，散发由移动制作的环保宣传资料，并邀请媒体全方位跟踪报道。之后进行考察结果摄影展览，同时举行报告会。在各校举行“移动环保有奖征文”活动。

5. 消费者信息反馈。召开消费者意见采纳会，广开言路；并成立“移动消费者信息处理中心”，设立消费者意见热线电话，意见信箱。定期做市场问卷调查，动态掌握消费热点及消费心理。并根据反馈信息及时调整战略。

六、效果评估

从促销的经济效果看，通过以上长期及短期的广告宣传和诱导，自然会吸引一部分学生消费群体，获取一定的市场份额，给企业带来利润。更重要的是稳定了大部分未来的、潜在的消费者，从而达到广告的最基本、最重要的效果——经济效果。

从促销的社会效果看，定位于高校，赞助高校各项活动，就是对社会文化教育的贡献，对社会主义精神文明和物质文明的促进，从而产生深远的影响和意义。

从促销的心理效果看，通过对各种活动的赞助，拉近了消费者与企业和产品的距离，培养了消费者对产品的信任和好感，树立了良好的品牌形象和企业形象。

（资料来源：摘自中国营销网）

【案例思考】

1. 从案例中分析移动梦网的目标市场在哪里，分析其市场定位的原因。
2. 移动梦网促销组合是否完善，你有什么好的建议？

策划实训

实训项目：饮料的广告创意策划、洗发水公关促销策划、小食品的推销策划。

实训目的：加深对各种促销策划理论和方法的理解，培养各种促销策划能力。

实训方式：要求提出活动要点，形成策划方案，模拟策划内容。

实训组织形式：将全班分成若干小组，每组4～6人，选出一名负责人，组织小组撰写促销策划书。

实训考核：每组提交一份促销策划书在全班讨论并交流，对其创意的新颖性和可行性给予评价，最后实训指导教师给予评析和等级。

参考文献

1. （美）菲利普·科特勒：《市场营销管理》，清华大学出版社，2005 年版。
2. 郭国庆：《市场营销学通论（第三版）》，中国人民大学出版社，2005 年版。
3. 郭洪：《品牌营销学》，西南财经大学出版社，2006 年版。
4. 李福学、管惟琦：《市场营销策划实务》，大连理工大学出版社，2007 年版。
5. 赵轶、韩建东：《市场调查与预测》，清华大学出版社，2007 年版。
6. 苏徐：《广告学》，北京理工大学出版社，2007 年版。
7. 张科平：《营销策划》，清华大学出版社，2007 年版。
8. 杨明刚：《营销策划创意与案例解读》，上海人民出版社，2008 年版。
9. 秦宗槐：《营销策划》，安徽人民出版社，2008 年版。
10. 孟韬、毕克贵：《营销策划—方法、技巧与文案》，机械工业出版社，2008 年版。
11. 叶万春、叶敏：《营销策划》，清华大学出版社，2008 年版。
12. 吴泗宗：《市场营销学》，清华大学出版社，2008 年版。
13. 陈阳：《市场营销学》，北京大学出版社，2008 年版。
14. 王唤明：《营销策划》，合肥工业大学出版社，2008 年版。
15. 董从文：《营销策划原理与实务》，科学出版社，2008 年版。
16. 李本辉：《营销策划学》，中国经济出版社，2008 年版。
17. 李世杰：《市场营销与策划》，清华大学出版社，2008 年版。
18. 方志坚：《营销策划技术》，中国农业大学出版社，2008 年版。
19. 秦宗槐：《营销策划》，安徽人民出版社，2008 年版。
20. 张光忠：《营销策划》，中国财政经济出版社，2009 年版。
21. 卢玮、吴理门：《市场营销学》，对外经济贸易出版社，2009 年版。
22. 孟韬：《营销策划》，东北财经大学出版社，2009 年版。
23. 屈冠银：《市场营销理论与实训教程》，机械工业出版社，2009 年版。
24. 张昊民：《营销策划》，电子工业出版社，2009 年版。
25. 阮文杰：《企业形象设计与企业发展》，《商业研究》，2004 年 9 月。
26. 张守真：《对当前顾客满意评价中几个问题的思考》，《山东企业管理》，2005 年。
27. 邓健：《导入 CS 战略超越顾客期望》，《集团经济研究》，2007 年 10 月。
28. 黄书平：《VI 设计对企业品牌战略的重要性分析》，《黑龙江科技信息》，2007 年。
29. 彭荣：《CI 与 CS 战略》，《科技创业月刊》，2008 年 1 月。